富勒將軍 J. F. C. Fuller——著　鈕先鍾——譯

亞歷山大的將道

The Generalship *of* Alexander the Great

序言

我第一次對亞歷山大大帝感到興趣是在一九一七年，當時我正在法國前線上新成立的戰車兵團中，讀到了道奇上校（Col.T.A. Dodge）所著《名將集》（*Great Captains*）中，有關亞歷山大的那兩卷書。我感覺到亞歷山大的作戰是如何的近代化，和從他的會戰中可以學到許多教訓，那都是可以應用在戰車作戰上面的。一九二三年，我到康貝里（Camberley）參謀大學充任教官，我的工作之一即為講授軍事史，我沒有選擇第一次大戰，或是石牆賈克遜（Stonewall Jackson）的戰役來當作講授的主題，因為自從一九〇〇年以來，那是經常被採用的題材，反之我決定要使我的學生學到一點對下次戰爭具有歷史價值的東西。我認為最好的選擇即為亞歷山大的戰役。結果遂構成了一套約二十次的講稿，我想那應該是非常外行的，因為我還有其他的任務，使我除了以道奇的著作和阿利安（Arrian）的《亞歷山大東征記》（*Anabasi's of Alexander*）為根據外，即未能作任何深入的研究。我發現我的主題是如此的有趣，和極端的近代化，所以在一九二五年遂決心再作進一步的研究後，為亞歷山大寫一本專書。這並不是一本亞歷山大的新傳，因為那種書已經很多，而是一本對於其將道的分析。據我所知，直到目前為止，還沒有一本書是專門研究這個主題的，很僥倖的，我一直等了很久才開始動手寫作，因為自從一九二五年以來，關於亞歷山大又已經有許多有價值的文獻出現了。

不管讀者是一個學院派的學者也好，或是像我自己，僅是一個研究歷史的人也好，都可能會發現下述一個重要事實。亞歷山大與凱撒完全不同，後者有自己的著作，也還有西塞羅（Cicero）等人的著作可供參證，可是關於亞歷山大卻毫無原始資料可供研究。有許多話據說是他曾經說過的，還有一些信件，多半真偽難辨，但是除了這少許的斷簡殘篇外，從他有生之日算起，直到羅馬共和國末期和羅馬帝國初期為止，中間三百年內幾乎沒有任何有關他的著作。於是此後我們才有了狄奧多拉斯•希卡拉斯（Diodorus Siculus，公元前一世紀），普魯塔克（Plutarch，公元後二世紀），寇修斯（Rufus Curtius，公元一—二世紀）和阿利安（公元二世紀）等人的歷史，最後一種是最傑出的，因為它是以現在已經喪失的古史為根據：一個是托勒密（Ptolemy）的著作，他是亞歷山大的名將之一，他並曾用過亞歷山大的「官方史誌」（Ephemerides）。另一種為亞里斯托布拉斯（Aristobulus）的著作。他是地理學家，也是亞歷山大的主要技術專家之一。

在羅馬人的歷史之前，除了托勒密和亞里斯托布拉斯以外，當然也還有一些其他的著作。可是除了斷簡殘篇以外，現在已經不再有完整的書存在著。這些書的作者似乎多數屬於亞里斯多德（Aristotle）學派，或是斯多噶（Stoic）學派：前者痛恨亞歷山大，因為他曾經殺他的史官，卡里希尼斯（Callisthenes），那是亞里斯多德的侄子。後者憎恨亞歷山大的作風，照他們看來，他是一個暴君，與其理想中聰明仁厚的統治者大不相同。這些具有主觀偏見的歷史使亞歷山大的名譽，許多年來都被虛偽和虛構的煙幕所遮掩著。僅僅直到最近，大部分應該感謝威廉，塔恩（William Tarn）爵士，這種煙幕才算是被廓清了。照我個人看來，塔恩對於有關亞歷山大的史料來源已做了最徹底的考查，我會徵詢某些學者的意見，他們也都支持我的看法，所以我決定採取他做為我的南針。我也深知並非所有的學者都同意他的某些結論；但是我不是一個學者，而學者又都是喜歡立異鳴高的。做為一個研究歷史的人，我自己最好還是接受一家之言以來當作指導，而不願意捲入幾種辯論的旋渦中，而其是非曲直卻是我所不能判斷的。

與此有關的，又有當時文獻的可靠性問題。這是每個下級軍官所知道的，報紙上對於他所曾參加過的某次戰鬥所作的報導，往往幾乎與真相完全不符的。對於官方的史書與報告也是一樣，因為經過了慎重的選擇和刪削，就可以把真相完全掩蔽起來。從當代的文獻發掘事實的真相，都已經夠困難了，所以一個學者，不管他是如何的誠實和博學，要想考證二千年前的史實，其困難就更是可想而知了。這並不是說他不能夠證明某一種說法是錯誤的，不可能的，高度不可信的，或為後世的曲解或宣傳，而是說當某一可靠的史學家，例如阿利安，說亞歷山大曾經做過什麼，或說過什麼，但那卻似乎是不可靠的時候，就應該根據亞歷山大的已知性格和行動來判斷真偽，而不應只是嘗試發現其來源是否可靠——這是一種比較安全的辦法。有時，甚至於不可靠的歷史家也一樣能提供可靠的史料——君子不以人廢言。

幸運地，在這個對於亞歷山大將道的研究中，我卻不必要事事請教人家，因為戰爭的藝術，尤其是它的要義，在亞歷山大的時代中還是與今天一樣，我在第十章中將有更詳細的說明。假使我們不能判定哪些經典權威著作的可信度時，就可以根據這種藝術來考驗亞歷山大的軍事能力。在經典性的史籍中，由於那些作者缺乏地圖，作戰命令和戰鬥報告等資料，所以對於戰術及其他的細節往往是語焉不詳的，用這種「想當然耳」的方法就都可以將其補充起來。這並不是說可以保證其正確性；而是說，一旦對於一位將軍的性格和才能已經有了研判，他的目標和問題也已經明瞭，其作戰的條件也已經了解，那麼對於某種環境中所發生的事情，即可能獲得一種高度可靠的想像，即令是公元二千年前的歷史也還是如此。

我把這一本書分為兩個部分（篇），一為紀錄，另一為分析，儘管這種辦法將會引起少許無可避免的重複。第一篇對於亞歷山大做為是政治家和軍人的經歷，做了一個簡單扼要的敘述，連同其背景在內。第二篇則對於亞歷山大的大會戰、圍城戰和小戰加以相當詳細的分析。最後，才估計其做為一個政治家和將軍的價值。我相信若能對於歷史上的半打以上名將，每一個都能照這樣寫一本書，再把它們濃縮成一本單獨的書，那麼對於將道也就可以產生一本「無價之寶」的教範了。這種工作至今還沒有人做過，實在是令人大惑不解，因為在十九世紀開始時，拿破崙即曾奉勸所有想變成一個成功的將軍的軍人們，應該一讀再讀亞歷山大、漢尼拔、凱撒、古斯塔夫、屠雲尼、尤金和腓特烈等人八十三次戰役的記載，並以此為模範。他說：「這是變成一個名將並發現藝術祕密的不二法門。」為了強調這一點的重要性，這本書有一個簡短的結論專論歷史的價值。在這個結論中我曾指明，當代的政治家和大將們若能熟習公元前四世紀的希臘史，則他們對於他們在第二次大戰中所犯的許多大錯，也許就都可以避免。

目錄

第二篇　分析

地圖目錄

亞歷山大的將道

THE GENERALSHIP OF ALEXANDER THE GREAT

第一篇　紀錄

第一章　背景

城市國家的崩潰

照大家所猜想的，當歷史上號稱為希臘人的印歐民族（Indo-European）部落們，穿越巴爾幹的山地，移入較肥沃的谷地時，他們就構成了許多農業社會的小圈圈，彼此間切斷了關係。最初，每個村落成羣的集結在領袖的設防據點附近。這種據點就叫作「衛城」（Acropolis）；但是後來，為了加強保護起見，這些村落也被包括在城牆之內，與其衛城共同構成一個要塞化的城鎮。這就是「城市國家」（City-state or polis）的起源，每一個都是一個小型的「民族國家」（Nation）——在克里特島上就有五十多個這樣的小型城市國家。在這些國家中，其公民權的共同基礎即為原有征服者的子孫：公民享有一切的財產，行使一切的政治權利，和擔負一切的軍事義務。在這個「史詩時代」（Heroic Age）中的社會組織核心即為「部落」（Tribe）與「氏族」（Clan）。尼斯托（Nestor）對阿加曼儂（Agamemnon）說：「用部落和氏族來區分人類，部落與氏族之間可以互助。」

每個城市為一個具有主權的單位，有自己的國王、法律、軍隊和神祇，每個公民僅向自己的城市效忠。只有四個區域對於這個通律構成了例外，每一個都大致構成一個地理單位。斯巴達（Sparta）和阿哥斯（Argos）兩個王國，它們聯合起來占了伯羅奔尼撒（Peloponnes）的相當部分；由雅典人（Athens）所統治的阿提卡（Attic）半島；還有波提亞（Boeotia），那裏的城市國家雖倚未被吞併，但卻已接受底比斯（Thebes）的領導。

荷馬時代的制度是國王雖為部落的領袖，但卻要受到族長（Chiefs）會議的指導，而他的決定也要經過市民大會的批准。國王是主祭者、大法官和最高軍事統帥；他自稱為神的後代，並有親兵的保護。

希臘城市的政治生態不是無止盡的城市間戰爭，就是城牆之內的內亂。柏拉圖（Plato）曾指出，這些城市間的戰爭大部分都是由於人口過多引起的，有時移民也可以使局勢緩和一下。這是一種永無休止的野心，個人的妒嫉，黨派的紛爭，和牲畜的刼奪所構成的生活。在海洋上，由於商業的競爭，也是經常在戰爭狀態之中。公元前七世紀，詩人阿爾齊羅恰斯（Archilochus）對於海上自由船的生活曾有下述的描寫：「我的長矛中有肉有酒，當我飲食時，就臥在我的長矛上。」

因為公民是以戰爭為生的，所以他們沒有時間去兼顧和平的職業，那就只好交給農奴、奴隸和異邦人去擔負。公民軍人（Citizen-soldier）與農業勞動者的劃分，形成了兩個主要的階級，貴族與農民，他們之間的鬥爭也就變成了城市政治中的決定性問題了。在公元前八世紀之後，當共和國代替了正在沒落中的部落王國時，從這種階級鬥爭中產生了各種形式的政府——即所謂貴族制、寡頭制、民主制、暴君制等。不過有一點必須注意的，除了斯巴達已經採取了一種雙君王政以外，其他的希臘城市沒有一個能夠發展出一種穩定的政府形式。

在城市之間，除了共同的語言和偉大的體育比賽以外，即便無其他的連繫，後者是在宗教儀式之下舉行的，所有的希臘人都有資格參加。其中最著名者為奧林匹克大會（Olympic Game），創始於公元前八世紀中葉，每四年舉行一次，以祭獻奧林匹亞的宙斯（Olympian Zeus）為目的。此外還有皮西亞大祭典（Pythian Games），以祭獻德爾菲的阿波羅（Apollo of Delphi）為目的，早在公元前六世紀中，就是由安費克托尼會議（Amphictyonic Council）來管理。僅僅當澤爾西斯（Xerxes，公元前四八五—四六五年）指揮的波斯大軍逼近時，才使所有的城市國家感到極大的威脅。這個威脅雖在公元前四八〇年和四七九年的沙拉米斯（Salamis）和普拉提亞（Plataea）兩會戰中宣告解除，但卻多少使希臘人產生了一種共同的愛國心，並促成雅典帝國的興起，以及伯里克里斯（Pericles）的統一夢想。在伯羅奔尼撒戰爭（公元前四三一—四〇四年）中，雅典帝國被擊垮了，其統一的夢想也隨之破滅。誠如巴克爾爵士（Sir Ernest Barker）所指明的，雅典和它的同盟國，都同樣受到城市國家思想的束縛，而不能把許多民族聯合成為一個偉大的國家，使其具有共同的公民資格。因為雅典的公民資格要求必須土生土長，並充分參加雅典的局部生活方式。同樣的，其他城市也是同樣重視其公民資格。他又說，希臘人對於城市的崇拜已經變成一種宗教。這種宗教造成了雅典帝國的崩潰。反之亞歷山大的大帝國也是以宗教為基礎的，那卻是所有城市共同崇拜一個神意的統治者。

伯羅奔尼撒戰爭，幾乎把所有的城市國家都捲進去，對於希臘政治體系是一個極大的災難。

由於毀滅了雅典帝國，也就推翻了希臘與波斯之間的權力平衡。公元前三八六年，斯巴達與波斯的同盟簽訂了可恥的「國王和約」（King's Peace），又稱為「安塔西達斯和約」（Peace of Antalcidsa），由阿爾塔澤爾西斯二世（Artaxerxes II，公元前四〇四—三五八年）強迫希臘各國接受。根據這個條約，亞洲的希臘城市和塞浦路斯島都劃給波斯。而斯巴達在希臘境內的領導權則被承認，任何國家若不接受這個和約，波斯就會用武力來強制。所以波斯的「大王」（Great King）變成了希臘的仲裁者，具有永遠干涉的權利。

同樣重要的，這個希臘時代的「三十年戰爭」，也在城市之內散播了崩潰的種子。它不僅毀滅了阿提卡的農業，使千萬的農民變成了失業者，而且由於連年征戰的結果，做為城市制度的支柱的古老民兵制也隨之而崩潰了，長期的服役使軍人變得益趨於職業化。雖然早在波斯人侵入之前，冒險成性的希臘軍人和水手就已經接受外國君主的僱用，而早年的希臘暴君也用傭兵來當作親信的衛士，但到伯羅奔尼撒戰爭時，他們才有大規模就業的機會。到了公元前四世紀開始時，希臘公民式的民兵，就完全為職業性傭兵所取代了，後者變成了希臘戰爭中的典型現象，這又產生了兩種結果：㈠傭兵並不效忠於任何城市國家，誰的價錢出得高，他們就幫誰賣命。有了這種工具，民主也可以用暴力來推翻。㈡因為大家都競用傭兵，所以到了公元前四世紀時，波斯陸軍中的多數步兵都已經是由希臘傭兵組成。公元前四〇一年，為了征伐兄長阿爾塔澤爾西斯二世，小居魯士（Cyrus the Younger）召募了一萬三千餘名希臘籍傭兵，其中有半數以上是為饑饉所迫的。在居魯士失敗後，這支軍隊的殘部由色羅奉（Xenophon，公元前四三五—三五四年，又譯為色諾芬）

率領，退回到托德（Troad），變成了職業軍人。塔恩爵士說：從他們起，在希臘歷史上產生了一個與城市國家分離的新世界——一個傭兵的世界。

修昔提底斯（Thucydides）告訴我們，當伯羅奔尼撒戰爭爆發時，雅典的公民是準備為了雅典的光榮冒險犯難和忍受痛苦的。但是到了後來，逐漸依賴傭兵保衛這些城市，一般的公民就開始感到軍事服役是一種負擔；他們變得愛好和平，和專心於工業和專門職業——換言之，為了賺錢。誠如巴克爾爵士所說，「城市已經不再是一種高貴生活的結合，而變成了一種商業性的組織」。

哲學家的改革

城市國家精神的崩潰，與城市間連年戰爭的破壞結果，結合在一起，動搖了希臘人的意識，使一些哲學家紛紛發言。他們也像十八世紀的伏爾泰，盧梭，康德等人一樣，開啟了一個啟蒙時代，但這不僅不能使城市國家的體系復興，反而卻增快了殘餘部分的朽壞。這些自命為改革家的人們中，最傑出的為蘇格拉底（Socrates，公元前四六九—三九九年），柏拉圖（Plato，公元前四二九—三四七年）和亞里斯多德（Aristotle，公元前三八四—三二二年）。

這些哲學家所不能了解的，是問題並非依照一種理想的城市制度，以來改革各城市國家的憲法，而是要擴大國家的範圍，把所有的希臘小國都合併成為一個整體。蘇格拉底為三大賢中最早的一個，因為他本人不會留下任何的著作，所以我們對於他的一切都是從柏拉圖、色羅奔和亞里斯多芬尼（Aristophanes，約公元前四四八—三八八年，編按：希臘最傑出的喜劇大師，在《雲》

〔*Clouds*〕一劇中譏諷蘇格拉底）的記錄中得來的。他自認是奉有天命來教育世人的，色羅奉告訴我們，他是像「聖女貞德」一樣，受到神意的指示。他冗長的問答語錄足以混亂聽眾的心靈。假使柏拉圖的著作足以正確的代表其觀點，那麼保守性的雅典人認定他在妖言惑眾，毒害青年的看法也就似乎不無道理。

假使我們翻閱柏拉圖的《理想國》和《法律篇》等著作，即可以明瞭這個道理，那上面曾經說明蘇格拉底的城市國家理想建構的草案，也是一切改革指向的天意典型。這些書中所作的建議，可以說它是喀爾文（Calvin）、羅伯斯比（Robespierre）、馬克思和列寧等人思想的混合物，就全體而言，也可以稱之為一種「超級布爾什維克主義」，公元前四、五世紀中的雅典民主人士反對這種思想，正與今天西方民主人士反對馬克思布爾什維克主義恰好類似。

在這種理想的自保、自足和自制的城市國家中，公民是分為兩個階級——統治者和受統治者。前者叫做「保衛者」（Guardians），是哲學家兼軍人，而且男女俱有。後者則為普羅階級，包括一般的農工商等勞動者都在內。因為他們必須把全部的時間都用在公義方面，所以保衛者不准有私產，生活在一起，在公共食堂中用饍，也沒有金錢，並受普羅階級的供養。他們的妻子也是共有的，婚姻受著管制，兒童都不知他的父母是誰。這樣才能使國家變成一個大家庭。

對於一般的平民，也絲毫不准有個性的表現：他們的婚姻，年齡被定為男子在三十到三十五歲之間，女子則是在十六歲到二十歲之間，必須結合，這樣的控制可以使人口維持不變的水準。國內設有公安委員會，並實行祕密警察制度，其任務即為捕捉異端。到處都是特務，一切的錯誤行為都會受到檢舉。

所有四十歲以下的公民絕對禁止出國，四十歲以上的人也必須經過批准，而且在回國後，還要向他的後輩們說外國的制度是如何的落後。苟合的行為和飲酒都受到禁止，任何未經警察檢查的詩句，也不准詩人傳誦。不准借債，國內貨幣也不准輸出。任何公民也不准有私自的信仰，否則殺無赦。

柏拉圖的目的是無情的——它要使所有的人都善良，而且不准有非善良的思想。只問目的而不擇手段，目的就是至高無上的主權；國家的存在就是為了要把每個城市變成一個神聖的蟻穴。

亞里斯多德比較溫和。他雖然對城市國家所代表的希臘生活也是一個堅定的信仰者，但他所主張的卻是改革而非革命。他雖然認為柏拉圖的共產主義是不合實際的，但他也認為任何「公民」都不應從事於勞動，因為他們必須要有空閒的時間，以來執行對國家的義務——勞動耕種都應由奴隸負責。他也像柏拉圖一樣，認為野蠻人是天然的奴隸，並且認為希臘人是應該統治野蠻人的。

柏拉圖和亞里斯多德都不具有天下一家的理想，只有雅典的依索克拉提斯（Isocrates，公元前四三六—三三八年），曾經指出了一條比城市國家要更好的政治路線。在公元前三八〇年，也許就是柏拉圖寫作《理想國》的後幾年，依索克拉提斯發表了他的高見，認為希臘世界應不根據血統而根據共同的心靈以來尋求統一。他勸雅典和斯巴達應捐棄舊嫌，共同對抗波斯。可是他的忠告卻完全被拒絕，因為他主張對抗波斯鬥爭的領導權應屬於雅典，那是斯巴達絕對不會同意的。

馬其頓的菲利普二世

一旦當「國王的和約」已經使斯巴達能夠擺脫了亞洲方面的糾纏之後，它就開始回到其統一希臘的政策。在公元前三七八年，這種政策遂使斯巴達與底比斯開戰，在這次戰爭中雅典是支持斯巴達的，戰爭一直拖延到公元前三七一年為止，雙方才同意開始和談。但是因為斯巴達人拒絕承認底比斯有權代表整個波提亞。於是底比斯人又決定打下去，若非他們的指揮官，艾帕米隆達斯（Epaminondas）智勇無敵，則他們毫無疑問的是會戰敗的。

他是一個天才戰術家，也是歷史上的第一位希臘將軍，能夠了解對敵軍正面上某一個選定點上集中優勢兵力的重要。他深知斯巴達人十分保守，必然不會改變傳統的戰術，這種戰術的成功就完全要靠平行序列的前進，其方陣（Phalanx）中的全部長矛都同時打擊在敵軍的正面上，所以他發明一套新的戰術，可以不讓敵人長矛同時達到正面，並使方陣發生混亂。這實在是一種極簡單的觀念，他不把部隊擺成與斯巴達軍平行的橫線，而將其排成斜行序列（Oblique order），左端向前而右端向後縮回。在左翼方面他集中一個縱深極大的縱隊，以便用超級的衝力來對抗敵人的衝力，並且還能有足夠的預備兵力來繞過敵軍的右翼，將其向中央壓迫。公元前三七一年七月間，他使用此種新戰術，在波提亞的南部，路克特拉（Leuctra）地方，徹底的擊敗了斯巴達軍，並殺了他們的領袖、國王克羅門布羅塔斯（Cleombrotus）。這一戰使斯巴達的威望掃地，並結束了其短命的統一夢想。

到公元前三六二年為止，底比斯已經有機會做到雅典和斯巴達所不曾做到的事：把希臘的城市國家結合成一個聯邦。它建造了一個艦隊，削弱了雅典在海上的勢力，在艾帕米隆達斯和皮羅皮達斯（Pelopidas）的領導下，它獲得了希臘的領導地位。但是它的優勢卻是寄託在一個人的生命上——艾帕米隆達斯。在公元前三六二年的夏季中，在阿卡地亞（Arcadia）的曼提尼亞（Mantinea），他又用同樣的戰術擊敗斯巴達人。但是這次的勝利對於底比斯的優勢也是一個致命的打擊，因為到了會戰結束時，艾帕米隆達斯也被殺害了。當指導底比斯的光線熄滅，其陸上和海上的權力也就隨之而崩潰。所以希臘的三大城市國家，雅典、斯巴達和底比斯，都不曾建立一個希臘大聯邦，於是他們就只好等候外來的征服了。這個征服者即為馬其頓的菲利普（Philip of Macedon）。

馬其頓尼亞（Mocedonia）的主體由沿著提爾美克灣（Thermaic Gulf），夾在哈萊克蒙（Haliacmon）和艾卡斯（Axius）兩條河流之間的海岸平原所組成。依照希羅多德（Herodotus）的記載，一個叫做馬其德尼（Macedni）的多里亞（Dorian）部落占領了這個地區，與原先住在那裏的伊利里亞（Illyrian）和色雷斯（Thracian）部落混血，於是從希臘人的眼中看來，他們變成了野蠻人，而不再是純正的希臘人了。他們是由一個原始化和世襲制的王室所統治著，國內有地主式的貴族和自由的農民。雖然他們並不知道城市國家的結構，但是他們的制度卻大致與史詩時代中的希臘相似。他們是一支好戰的民族，他們的國王死在床上被視為一種例外。

公元前三六四年，皮爾地卡斯三世（Perdicas III）承繼了馬其頓的王位，公元前三五九年，他在經常發生的邊境戰爭中，為伊利里亞人擊敗和殺害。因為他的兒子阿明塔斯（Amyntas），還是一個嬰兒，皮爾地卡斯的兄弟菲利普（出生於公元前三八二年）被指定為攝政王。皮爾地卡斯的死亡使馬其頓發生了紛亂，當時有五個可能的繼承人，而野蠻的酡奧尼亞人（Paeonians）和伊利里亞人也都同時起來侵襲邊疆。菲利普奮發有為，力撐危局，在菲利普做了攝政王不久之後，馬其頓陸軍即罷黜了阿明塔斯，並宣布擁立菲利普為王。

當菲利普十五歲的時候，他會被送往底比斯作人質，根據狄奧多拉斯的記載，他在艾帕米隆達斯的宮庭中，接受畢達哥拉斯學派（Pythagorean）學者的教育，學會了欣賞希臘文化。更重要的，留居底比斯的三年當中，因為與艾帕米隆達斯和皮羅皮達斯交往，也學會了底比斯的戰爭藝術。

菲利普是一個傑出的人才，講究實際，有遠見而且毫不猶豫。他是一個高明的外交家，和冷靜的投機者，認為只要能成功，可以不擇手段。他英勇過人（他曾經受過多次的傷，瞎了一隻眼睛，碎了頸骨，且失去了一手一足），但是他不像許多的勇將有勇無謀。只要賄賂或虛偽的友誼能夠更便於達到目的，他會立即放棄武力的使用。他具有相當的天才，能夠測知敵人的心思，當他在戰場上被擊敗時，他會接受失敗而來準備勝利。在其一生中，他從來不曾放鬆他的目標——使希臘的全境受到他的統治。誠如霍加斯（Hogarth）所說的，他的帝國原理是「陰謀走在實力的前面，但是實力卻是最後的」。在他死後，他偉大對手狄莫西尼斯（Demosthenes）曾經說過：「第一點，他對他的部下是至高無上的指揮官，在戰爭裏這是關係勝負中最重要者。第二點，他們手中是經常握著兵器。此外，他也有極多的金錢，可以揮霍無度，他可以為所欲為，不必經過公開的宣布、公眾的辯論，也不害怕任何的反對。他不向任何人負責，他是絕對的專制帝王，指揮官和一切人物的主人。而做為是對手的我，又是誰的主人呢？根本誰都說不上！」

雖然我們不知道在公元前三五九年，菲利普心中所想的是什麼。但是我們對於他的一生事業作了一番回顧後，即可以明顯的認清，從一開始起，他的意圖就是想做巴爾幹半島的主人，並將希臘的文化輸入馬其頓尼亞，使其故鄉配得上他的帝國。誠如歷史所表現出的，他知道他的實力雖然很單薄，但是因為受了政治性的限制，那些希臘城市國家並無聯合起來對抗他的可能性。他同時也知道他的人民是討厭希臘人的，絕不會自動採取希臘人的生活方式。反之，他也不能把希臘人，像對色雷斯人和伊利里亞人一樣的併入其帝國之中。所以他採取了一種新的合併方式，一方面可以保住城市國家的面子，另一方面又可以保持對於他們的優勢。因為這與公元前三八六年「國王和約」的內容相違背，所以必將與波斯衝突，因此他想到應由馬其頓領導，把所有的希臘國家聯合組成一支對抗波斯的十字軍。他認為這樣可以激起民族的愛國心，並將希臘人團結起來。為了使馬其頓文明化——在希臘人眼中看來，它還是一個野蠻國家——並使它成為這個同盟中的領袖，他禮聘了許多希臘人到宮殿中做客卿，並強迫他的庭臣和貴族說雅典話。有兩件事是非常重要的：㈠雅典在希臘還是最強大的海權國家，若是雅典與波斯合作，則他的統一計畫即不可能實現。所以必須要使它中立。㈡同時，他也必須爭取雅典的好感，因為它是希臘文化的中心，他希望利用它的文化來將其帝國的零散，凝結成一個整體。雅典是他的整個計畫中的核心。

在伯羅奔尼撒戰爭當時和以後的時代，傭兵的數量日益增多，這樣也就破壞了城市國家的基礎，它們的公民都喪失了尚武精神，安全被掌握在一羣對城市並不效忠的人們手中。經常戰爭的另一個結果是創出了兩個對立的階級——貧民與豪門——這樣也破壞了一個城市國家中的內在團結。在雅典，這些變化的效果，加上其民主政府，從柏拉圖所說的話中即可以使我們獲得其梗概：「在這個城市中，即令你有統治能力，也還是無統治之必要。又或是你不願意，就可以不接受統治。全城主張和平，你也可以戰爭，反之亦然。假使法律禁止你做一個行政官或司法官，但是只要你有決心，你也還是可以達到你的目標。」

柏拉圖對於民主成性的雅典人有下述的描寫：「他們天天以享樂為生活，飽食終日，遊手好閒，空談哲學。他們也常常喜歡談論政治，頓足高呼說出他們的意見。他們想到什麼就說什麼，毫無任何的顧忌。」

狄莫西尼斯的評論也是同樣的深刻。他說：「在過去雅典的人民是有行動和戰鬥的勇氣，他們控制著政客。現在反過來，政客控制著錢袋並管理一切，而你們這些人民，被剝奪了神經與肌肉，財富與同盟，降到了走狗和乞丐的地位。每當政客們給你們一點小惠，你們就會搖尾乞憐，高呼萬歲了。」

雅典本來應該領導希臘人來對抗馬其頓，可是由於雅典政治的不穩定，再加上菲利普的軍事天才，於是菲利普才能貫徹他的政策和達到他的目標。民主竟為專制所打倒了，因為像神話中的九頭蛇（Hydra）一樣，民主是頭太多了。

安費波里斯與第一次神聖戰爭

菲利普在公元前三五九年到三五七年之間的外交成就，足以證明從執政之日開始，他就是一直在利用雅典內部的政治不和。他最初處於四面夾攻之中，於是決定首先對付那些伸手可及距離之內的王位爭奪者，他用重賄收買配奧尼亞人，接著始去進攻自立為王的阿爾高斯（Argaeus），後者獲有雅典強大艦隊的支援。在擊敗了阿爾高斯之後，為了安撫雅典人並使其放鬆戒備起見，他又不索贖金就把雅典籍的俘虜都釋放了，同時也放棄對安費波里斯（Amphipolis）的主權要求，這個城市早被其兄長皮爾地卡斯所占據的（註：安費波里斯在公元前四三七年即已為雅典的殖民地。但在伯羅奔尼撒戰爭中卻又為斯巴達布拉西達斯〔Brasidas〕人所奪去。此後，雖然雅典始終不曾放棄其主權要求，但事實上，它已經變成了一個獨立城）。於是他著手改組馬其頓的陸軍，召募人員使兵力擴充到騎兵六百、步兵一萬的標準。他想藉這支兵力鞏固其北疆與南疆，在兩個迅速的戰役中，把配奧尼亞人和伊利里亞人逐出了馬其頓尼亞，並暫時使他們降服。

當菲利普用放棄安費波里斯的主權要求為手段，以來安撫雅典人的同時，他也與他們簽訂了一個祕密條約：假使他們同意他攻占皮德那（Pydna）——這是一個不在雅典人掌握中的自由城——則他將為雅典人征服安費波里斯。愚蠢的雅典人竟鑽入了他的圈套。他無意永遠放棄安費波里斯，因為它保衛著潘格亞斯山（Mount Pangaeus）的金礦，而那裏的金條也是其推行計畫時的必要財源。所以當他解決了配奧尼亞人和伊利里亞人之後，他就再度向安費波里斯進兵，因為在

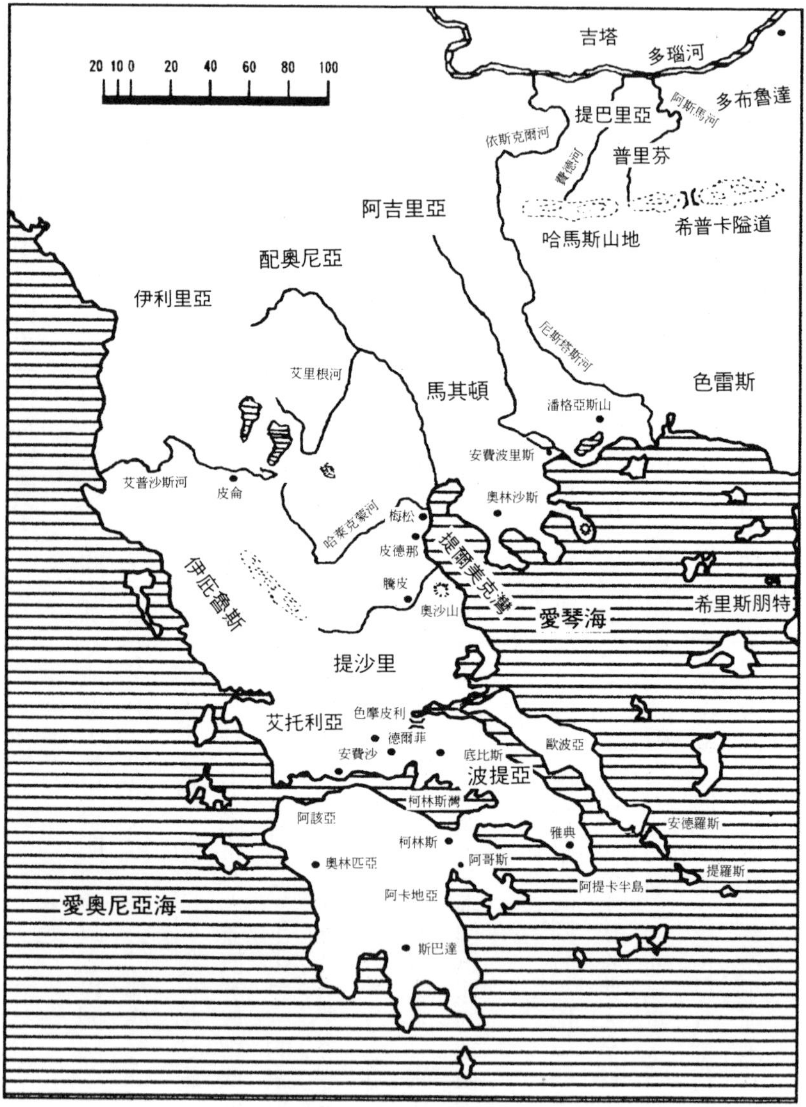
20 10 0 20 40 60 80 100
吉塔
多瑙河
多布魯達
阿斯馬河
提巴里亞
依斯克爾河
費德河
普里芬
阿吉里亞
哈馬斯山地
希普卡隘道
配奧尼亞
伊利里亞
尼斯塔斯河
艾里根河
馬其頓
色雷斯
潘格亞斯山
安費波里斯
艾普沙斯河
皮侖
奧林沙斯
梅松
哈萊克蒙河
皮德那
提爾美克灣
伊庇魯斯
騰皮
奧沙山
愛琴海
希里斯朋特
提沙里
色摩皮利
艾托利亞
德爾菲
安費沙
底比斯
歐波亞
波提亞
柯林斯灣
阿該亞
安德羅斯
柯林斯
雅典
奧林匹亞
阿哥斯
提羅斯
阿提卡半島
阿卡地亞
愛奧尼亞海
斯巴達

圖一　希　臘

他撤走皮爾地卡斯的駐兵時，早已在該城中布置了一個親馬其頓的勢力——第五縱隊——所以儘管安費波里斯人曾英勇的抵抗，但他們還是將這個要塞出賣給他了。他接著又攻占了皮德那和波提達（Potidaea），為了引誘奧林沙斯人（Olynthians）不向雅典人求援起見，他又將波提達交給他們接管。所以在這一連串的運用之下，他確保了那個金礦，使他每年固定有一千台侖（Talent）的收入，他也獲得了潘格亞斯山地上的森林，那可以供給建造艦隊的木材，並且更孤立了奧林沙斯（Olynthus），這是他準備留待後來再解決的——於是除了梅松（Methone）以外，雅典人在提爾美克灣的海岸上就無其他的立足點了。同時在公元前三五七年，為了安撫伊庇魯斯的尼普托里馬（Neoptolemus of Epiras）並鞏固馬其頓的西南側面起見，菲利普又與他的女兒奧林匹亞斯（Olympias）結婚，公元前三五六年，她為他生了一個兒子，這就是亞歷山大（Alexander）。

在簡短的強盛期中，底比斯人曾經控制著安費克托尼會議（這本是住在色摩皮利〔Thermopylae〕周圍的十二個古代希臘部落所組織的同盟。因為在路克特拉戰役中，弗西亞人（Phocians）曾經幫助斯巴達人，他們遂透過這個會議向弗西亞人提出威脅說，由於弗西亞人曾經耕種德爾菲附近的土地，這是一種對阿波羅神的大不敬行為，所以必須交納大量的罰金，否則就要向他們宣戰。在菲羅米拉斯（Philomelus）領導之下的弗西亞人表示拒絕，於是在公元前三五五年，底比斯人遂以這個同盟的名義向弗西亞人宣戰。底比斯的同盟中包括著波提亞，羅克萊斯（Locris）和提沙里（Thessaly）等國家，菲羅米拉斯則獲得雅典、斯巴達、阿該亞（Achaea）的支援。他占領了德爾菲，奪取那裏的財物，並用它建立了一支傭兵部隊。這樣就展開了公元前四世紀中的第一次神聖戰爭，菲利普就決定利用這次機會贏得希臘境內的權力平衡。

菲羅米拉斯擊敗了提沙里人，但又卻為波提亞人和阿羅馬巧斯（Onomarchus）所擊敗。菲利普並沒閒著，他把精神放在提沙里的身上，想利用混亂的機會，來加強提沙里人的內部分化。提沙里的暴君賴可弗隆（Lycophron），向阿羅馬巧斯求援，他派他的兄弟費拉斯（Phayllus）率領一支軍隊去幫助他。當菲利普擊敗了費拉斯之後，阿羅馬巧斯親自率領全部大軍去支援賴可弗隆，並在兩次會戰中擊敗了菲利普。菲利普於是退回馬其頓，他說這不過是養精蓄銳，以圖再舉而已。當菲利普退出之後，阿羅馬巧斯在公元前三五二年的春季中侵入了波提亞，但不久又被召回到提沙里來對抗菲利普，後者已經乘機說服了提沙里人，要他們捐棄敵意，以來共同對付搶劫神廟的強盜，接著在一戰之中，阿羅馬巧斯被擊敗並喪失了生命。菲利普遂占領了費萊（Pherae），並控制了提沙里。但是在公元前三五二年的夏季中，他向色摩皮利進軍，企圖奪取進入希臘中部的門戶時，他發現雅典人終於參戰了，並派了一支遠征軍去據守該地。菲利普不願意直接與雅典人衝突，遂又回到馬其頓。在秋季中他又前往色雷斯海岸上，接著就害了病。

就在這次戰爭中，菲利普的偉大對手狄莫西尼斯，首次出現於政治舞台之上。他是一個雄辯滔滔的演說家，一個狡猾的政客，善於歪曲事實以來達到他的目的。他用種種刻薄的言語，把對方罵得體無完膚，但他本人卻又是一個偉大的愛國者，他對於雅典有無比的信心，認為它應為自由的盟主，他把馬其頓當作一個野蠻國家來看待。他提倡人民的自治以來對抗菲利普的專制暴政，雖然他生活在公元前四世紀中的雅典，但他的言行卻好像還是在伯里克里斯的時代中一樣。

在他與菲利普之間的幾次挑戰中，他的目的就是要喚起雅典人正視當前的危險，並力勸他們建立一支常備陸軍，以便能隨時應戰。他向他們大聲疾呼，因為他們既不願意在戰爭中去冒生命的危險，而又不肯打開錢袋以來僱用傭兵替他們打仗。在公元前三五一年，他用下述的話來痛斥其國人，希望他們知恥振作：

> 當你們聽到菲利普在齊爾松尼斯（Chersonese），就投票派一支兵力前往該地，聽到他在色摩皮利，你們又投票派一支兵力前往那裏：假使到了其他地方，你們又還是一步一趨的跟著走。你們是聽候他發出行軍命令，卻從來不曾為自己擬定任何的作戰計畫。你們從來不預知任何事情，都是事後跟著敵人後面趕。……我們現有的制度是如此的惡劣，以至於每一位將領在一生當中，都要在你們的法庭中受到兩三次審判，但卻沒有一個人敢在戰鬥中慷慨捐軀。……我們的工作不是要猜想將來所可能發生的一切，而是可以確定的說，除非你們正視事實，並同意負起你們的責任，否則浩劫將無可避免。

當此之時，神聖戰爭仍繼續打下去。公元前三五〇年，底比斯人因為財政困難，遂向波斯的阿爾塔澤爾西斯三世（公元前三五八—三三八年）求援，後者很高興的送給他們三百台侖。於是在次年中，奧林沙斯人本已同意不與雅典人締結同盟，現在卻背棄了菲利普，向雅典求援，並勸雅典人直接攻擊菲利普。結果雅典人同意與奧林沙斯人締結同盟，並派了一支不充足的兵力去援助他們。接著，顯然的是菲利普的陰謀，雅典人又在歐波亞（Euboea）被捲入戰爭漩渦。當他們正在糾纏著不能脫身時，菲利普卻直趨奧林沙斯，公元前三四八年的夏季，菲利普預先埋伏在城內的第五縱隊把這個城獻給他了。此後，為了加緊其在色雷斯的控制，然後再躍入希臘中部起見，他又宣傳其和平的願望，和表示對雅典人的好感，於是雅典的人民大會對他這種態度頗表歡迎，遂與他展開談判，公元前三四六年，在費羅格拉提斯（Philocrates）的動議下，雅典派了一個使節團前往佩拉（Pella），在那裏受到菲利普的熱烈款待。根據費羅格拉提斯和約的條件，雅典人同意菲利普可以保留安費波里斯，但他卻不應干涉齊爾松尼斯，不過做為是馬其頓同盟國的卡地亞（Cardia）卻例外，雖然雅典的使臣是極想挽救弗西亞，但菲利普卻胸有成竹，根本置之不理。於是使節團回到雅典，這些條件被提到人民大會中等候批准。他們若不接受條件就得繼續戰爭，所以雅典人與他們的同盟國就都只好宣誓接受和平，於是使節團又返回佩拉，接受菲利普和其同盟國的宣誓，等到完成了手續之後，他們就打道回國。但當他們尚未到達雅典之前，消息就已經傳來，說菲利普已經到了色摩皮利。雅典人還不感到驚慌，他們對於菲利普表示感謝，並要求弗西亞人把阿波羅的神廟交還給安費克托尼會議，並且放下他們的武器。這個通牒還只剛剛發出，驚人的消息又再度傳來了，在色摩皮利指揮弗西亞兵力的法萊卡斯（Phalaecus），已經向菲利普投降，獻出了這個隘路。這個消息使雅典人大為驚恐，於是其使節團第三次趕往佩拉，設法用一切手段去安撫菲利普。法萊卡斯似乎是錢用完了，所以無法使其傭兵守住其自己的崗位，也可能是菲利普把他收買過來了。

弗西亞人的命運由安費克托尼會議來決定。他們的城市被拆毀，他們奉命分年償還其所奪去的神廟財產，而他們在安費克托尼會議中的投票權，也轉讓給菲利普，為了表彰他起見，更指定他充任下一屆皮西亞大祭典的主席。

依索克拉提斯的泛希臘計畫

因為城市國家中是派系紛紜，其外交政策是由感情用事的人民大會來決定，而菲利普卻是一個人同時指揮戰爭和運用外交政策，所以能使馬其頓由一個野蠻小國，一躍成為希臘的領袖國家。他的成就是那樣的偉大，以致在其凱旋之日，那個已經九十三歲的老學者依索克拉提斯，又向他上書，重申其在公元前三八〇年的主張，請菲利普推行一種「泛希臘計畫（Panhellenic Programme）。

他說：「我們經常為了極小的問題而彼此苦鬥不休。」他認為除非有一個領袖國家，決心平息希臘內部的鬥爭，而率領全體國家向亞洲進行戰爭，否則希臘人絕不可能過著和平的生活。所以他忠告菲利普說：「我希望你能負起領導之責，一方面調和希臘人，另一方面遠征野蠻人（即波斯人）。前者使用說服的手段，後者則使用武力（註：依索克拉提斯並子王張把希臘統一起來，共戴菲利普為君主。他所主張的團結是各國的「協和」（Homonoia），即消除彼此間的仇恨）。

他又勸菲利普不必理會那些演說家，那些人只顧私利，而不重視公益。他認為只要菲利普肯振作有為，則可以使希臘人信服，野蠻人畏懼。他說只要阿哥斯、斯巴達、底比斯和雅典四個大國能夠合作，則其他小國也就會被迫附和了。

他認為波斯是外強中乾，不堪一擊的。他又告訴菲利普可以不必憂愁兵力的來源，希臘到處都是遊民，是很易於組成一支大軍的。

他又利用菲利普的種族虛榮心，他說海克力斯（Heracles）並非專門以力服人的，他是具有驚人的智慧，光榮的雄心和正義感。他認為菲利普不用到外國去尋找榜樣，只要效法其祖先即可。

他向菲利普建議，為了征服波斯起見，他應首先使那些屈服於波斯人統治之下的愛奧尼亞（Ionic）城市獲得自由，並把這種諾言向亞洲傳播，即足以使波斯帝國自動崩潰。在勝利之後，就應將整個波斯帝國毀滅掉，或盡量征服其領土，並在征服地區建立城市，把在希臘各處流浪的人民移殖到那裏去。因為這些人若沒有安身立命之所，則對於希臘人和野蠻人都是一個莫大的威脅，讓他們定居下來，也使他們對於希臘構成了一道邊牆。

他又勸菲利普應該把整個的希臘當作祖國。並應行仁政，爭取不朽的名譽。

拜占庭與第二次神聖戰爭

當雅典人擺脫了戰爭的威脅後，國內的不滿情緒也就立即高漲；費羅格拉提斯被指控為賣國賊，狄莫西尼斯也痛詆菲利普的腐化。以後，當他說到這個時期的往事時，狄莫西尼斯指控菲利普是在煽動各黨派彼此互鬥，但是他卻不曾了解他自己和那些其他的政客們，對於國內的不和，也應負主要的責任。到了此時，政治的不安已經使每個城市都岌岌可危，誠如巴爾克（H. W. Parke）在《希臘傭兵制》一書中所說的話，因為有傭兵的出現，以及他們隨時都準備出賣自己的事實，遂使各種形式的革命很容易發生。菲利普在對他具有敵意的城市中，設法建立親馬其頓的黨派，這種辦法使他獲得了很多的幫助。當時有一位叫做塔克提卡斯（Aeneas Tacticus）的作家，曾經寫了一本軍事教範，其中有一半以上的篇幅都是用來研討如何防範陰謀和撲滅革命的，從今天的觀點上來看，它也許可以稱之為一本反冷戰的教科書。

當雅典的政客還正在互相攻訐，你爭我奪之際，菲利普卻利用這三年的和平時間，征服邊疆上的部落，以便一旦有機會時，即可以集中全力來執行其大計畫。不過最大的成功還是在提沙里。公元前三四四年，他獲得了提沙里人的擁護，被推戴為他們的終身統治者（Tagus）。這使他獲得了希臘的最優秀騎兵。

一旦提沙里臣屬於他後，他又將注意力轉向色雷斯的內地，雅典人立即看出了這是足以威脅他們的運糧路線（Hellespontine corn route）。狄莫西尼斯說：「他對雅典擬定了一個攻擊計畫，因為知道我們對於穀物的消費多於任何國家，所以他準備控制穀物的運輸。」為了要確保這條運輸路線，公元前三四三年，雅典就派送移民前往齊爾松尼斯；但是當他們到達後不久，就與卡地亞的人民發生了衝突，這是一個親馬其頓的城市。公元前三四一年，對於這次衝突應負主要責任的狄莫西尼斯，在第三次關於菲利普的演說（Third Philippic）中，對菲利普發動了一個極猛烈的口頭十字軍；比較更有效的是他訪問了拜占庭，並贏得了其公民的擁護。

菲利普看到這種敵意的表現也就立即起而應付，他要求皮林沙斯（Perinthus）和拜占庭（Byzantium）——都是名義上的同盟國——援助他，當受到他們拒絕時，菲利普遂圍攻皮林沙斯。

因為這對於博斯普魯斯（Bosporus）海峽與小亞細亞都是一種威脅，所以波斯國王阿爾塔澤爾西斯遂命令希里斯朋特—佛里幾亞（Hellespontine-Phrygia）的總督（Satrap）阿爾希提斯（Arsites）去支援皮林沙斯人，並由雅典人阿波羅多拉斯（Apollodorus）率領了一支強大的傭兵部隊去援救他們：於是波斯公開的與菲利普為敵，當菲利普發現皮林沙斯是一顆太堅硬的乾果，一時夾不碎，於是菲利普就突然的抽回他的兵力，而改行圍攻拜占庭；但雅典已派了兩個支隊的海軍去援助它，使他無法包圍海上的這一邊，經過了長期圍攻之後，他還是被迫放棄了他的企圖。為了挽回他的面子起見，他遂對於在多布魯達（Dobrudja）的西徐亞部落進行了一番膺懲性的遠征，然後於公元前三三九年初返回馬其頓。

菲利普在這次失敗後，不要很久的時間就獲得了一個翻本的機會，因為在他返國的途中，另一次神聖戰爭又爆發了。這一次是安費沙的羅克萊斯人（Locrians of Amphissa）被指控耕種了阿波羅的聖地。最初安費克托尼會議向底比斯和雅典兩國提出申訴，但未能獲得他們的回應，於是遂轉而請求菲利普去懲罰羅克萊斯人。這是一個上帝送來的好機會，所以有許多歷史家疑惑是菲利普本人發動這種邀請的。菲利普立即接受了這個邀請，但他卻不向安費沙（Amphissa）前進，而去占領已經毀壞了的艾拉提亞（Elatea）要塞，那是足以控制進入西波提亞的大道，從那裏他又派了使臣去勸說底比斯人一同侵入阿提卡。

當菲利普占領艾拉提亞的消息傳到雅典後，它的公民大為震驚，在狄莫西尼斯的建議下，他們派遣了一個代表團前往底比斯，要求共組軍事同盟來對抗菲利普。這個使命成功了，於是在卡里斯（Chares）率領之下，一支雅典的傭兵趕往增援正在據守從波提亞進入弗西斯（Phocis）的隘道的底比斯部隊。菲利普先不作任何認真的努力，一直到公元前三三八年夏季中，才向安費沙發動一個閃擊戰，擊敗了卡里斯，並攻占了在柯林斯灣（The Gulf of Corinth）上的勞巴克塔斯（Naupactus）——即李班多（Lepanto）。因為這個前進威脅了聯軍的南側面，所以後者遂自動撤出了隘路，而集中在恰羅尼亞（Chaeronea）。菲利普於是返回艾拉提亞，通過其在南面七哩遠的巴拉波塔米（Parapotamii）隘路，大約是在八月二日或九月一日，進逼他的敵人。他一共有三萬步兵和二千騎兵，聯軍的實力則不可考。

在聯軍方面，是底比斯人在右，小國的聯軍居中，而雅典人在左。在馬其頓方面，菲利普指揮右翼，而讓他的十八歲的兒子亞歷山大，指揮左翼。關於這次會戰的紀錄很不完全，但至少在觀念上，菲利普的戰術似乎是與路克特拉會戰中所使用者相似。據我們所知道的，是菲利普首先故意後退，以來引誘雅典人進到聯軍中央的前方，這個行動是很巧妙，立即使雅典人的主將命令其部下向菲利普的這一翼追擊（註：菲利普能夠做這樣的運動，即足以證明其部隊的紀律與訓練是如何的優良，在當時的戰鬥中，最困難的事情就莫過於在敵前撤退，然後再做迂迴的進攻）。同時，亞歷山大也就向底比斯人發動了猛烈的攻擊，經過了一番苦鬥之後，他終於衝散了他們的陣線。於是菲利普也前進，突破了雅典部隊，於是父子二人分別向中央夾擊，將聯軍中央部分殲滅殆盡。聯軍驚懼潰散，狄莫西尼斯也落荒而逃。

恰羅尼亞會戰是具有決定性的，在這個現在尚存在著馬其頓人墳墓的古戰場上，為獨立的城市國家制度敲響了它們的喪鐘。當逃兵潰卒帶回了聯軍大敗的消息之後，雅典人大感驚慌，以為大禍即將臨頭了，可是這種恐懼卻是多餘的，因為菲利普正在計畫對波斯進行戰爭，要求著雅典的善意，尤其是艦隊的支援。菲利普是很寬厚的，姑且不說是慷慨大方。他的條件是他保證不侵入阿提卡，並讓雅典人保有其愛琴海中的各島嶼；但卻要求雅典割讓齊爾松尼斯，為了補償起見，他又願以一個叫做阿羅普斯（Oropus）的波提亞城市來當作交換。雅典同盟應即解散，雅典也變成了馬其頓的同盟國。此外，為了安撫雅典人起見，菲利普又無條件釋放雅典的俘虜而不勒索贖金。並派了代表團前往雅典，由亞歷山大和帕爾米尼奧（Parmenion）率領著，把在恰羅尼亞戰死的雅典軍人骨灰途回本國去。這樣的寬大使雅典人大感意外，為了表示感謝，他們把阿提卡的公民資格贈與菲利普和他的兒子，並且在他們的廣場（Agora）中建立了一個菲利普的塑像。但是對於底比斯，菲利普卻一點都不客氣：它的反馬其頓領袖們不是被處決就是被放逐，被俘的軍人都被出賣為奴，其對於波提亞的霸權也被取消，而其衛城（Cadmea）也由馬其頓的駐軍來加以占領。

柯林斯大會

二十年來，菲利普的目標就是想在希臘境內擴張權力，但是和許多征服者不同，他很聰明的知道若不能贏得被征服人民的好感，則帝國就只不過是一場春夢而已。為了達到這個次要的目標，他就要在自己的政策與依索克拉提斯的泛希臘計畫之間，設法獲得一個折衷路線。為了使權力加上一件合法的外衣，他要求所有的希臘國家派代表到柯林斯來，與他共商新秩序的建立問題，除了斯巴達以外，其他各國均同意派遣代表出席（註：當依索克拉提斯已經活到了九十八歲就快要死的時候，他還曾對菲利普作了最後一次的上書。勸他趕緊發動對波斯的戰爭，迫使現在號稱「大王」的人聽從他的指揮。若能如此，則菲利普也就可以像其祖先海克力斯，一樣的成為人類崇拜的神話英雄了。最後說他能活得這樣的久，眼看著他青年時期的夢想由於菲利普的努力已經接近實現，真是非常的愉快，死可瞑目矣）。

公元前三三八年年底，柯林斯大會（The Congress of Corinth）開幕，這也是菲利普在政治方面的最大成就。其重要性是的確非常巨大，因為其決議構成了亞歷山大對希臘關係的基礎。當會議進行時，菲利普提出了他的建議，但形式卻不是命令式的，而是採取共同討論的基礎。因為他極希望贏得希臘人的同情，所以才採取這種微妙的手段，這個建議的要點是有如下述：希臘諸國與馬其頓之間應締結一個永久性的攻守同盟。前者應合組一個希臘聯盟（Hellenic League），代表這個聯盟的為理事會（Synhedrion），每個國家均有權派代表出席，其代表人數依照其軍事力量的大小來決定。理事會集會的地點或為柯林斯，或在偉大的泛希臘性節日大會舉行的同時舉辦。理事會的日常性任務又是委託給五個常任理事去執行，因為馬其頓並不是聯盟中的會員國，所以菲利普並不參加這一部分的工作。他的地位是聯盟部隊的大元帥，換言之，也是被選舉為終身的盟主。所有聯盟中的會員國都可以受到聯軍的保護。各國現有的憲法不受到擾亂，也不須在財力上貢獻。理事會具有最高法庭的權威，可以對違約國家採取任何適當的行動。一旦宣戰時，盟主有權決定每一個會員國出兵多少，並代表聯盟指導戰爭。

在條約中也規定了一種普遍的和平，其維持辦法可以列舉如下：

(一)希臘聯盟與菲利普之間的和平應由每一個會員國來建立，它們分別宣誓不會企圖推翻菲利普及其子孫的王權。

(二)在各國之間的和平，應由所有各會員國宣誓共同維持。私掠的行動應嚴加禁止，而海上的自由與安全也受到聯盟的保護。

(三)每個國家內部的和平，應由每個會員國宣誓保證，絕不破壞其憲法，並嚴懲任何企圖私通外國，以來反對聯盟或菲利普的人民（這些條文是特別為了制止城市內部的鬥爭和阻止希臘傭兵為波斯服役）。

所以靠著菲利普的政治才能——這幾乎是史無前例的——所有的希臘人，除了斯巴達人以外，都聯合起來組成了一個統一的希臘聯盟了。

在無異議的通過了這個條約之後，各國的代表紛紛返回本國，公元前三三七年的夏天裏各國所選出的理事在柯林斯舉行了第一次理事會。於是菲利普就在會中提出其最後的計畫——對波斯的戰爭。雖然他內心裏也許認為這是一次侵略性戰爭，但他知道這種目標對於聯盟中各會員國是不會具有號召力的。所以他宣布這是一次報仇性的戰爭，因為波斯人曾經侮辱希臘的神廟；這是一次宗教戰爭，或是一次十字軍，因為只有這樣才能使希臘人有同仇之感。他的想法一點都不錯；代表們投票宣戰，並共推菲利普為最高統帥，具有無限的權力。菲利普於是返回馬其頓，在公元前三三六年的春季中，派帕爾米尼奧與阿塔拉斯（Attalus），率領著一萬人的前衛，渡過了希里斯朋特海峽，即今之韃靼尼爾海峽，在亞洲建立了一個橋頭陣地，並煽動在小亞細亞的希臘人背叛波斯。這就是他的宣戰。命運卻決定他永遠無機會完成這個偉業。

由於阿塔拉斯的姪女，克羅巴特拉（Cleopatra）有驚人的美色，所以菲利普決心捨棄奧林匹亞斯，而立她為后。這樣也就會影響到亞歷山大的繼承權，於是接著就引起了一場嚴重的家庭糾紛。奧林匹亞斯回到她兄弟的國家中去，那就是伊庇魯斯的阿歷山達（Alexander of Epirus），亞歷山大又前往伊利里亞，也許是為了煽動伊利里亞人起而反對菲利普。因為在他的側面上存在著一個眾叛親離的伊庇魯斯和伊利里亞，對於菲利普是十分不利的，於是在柯林斯的狄馬拉塔斯（Demar-atus）調停之下，安排了一種家庭和解的辦法，亞歷山大回到了佩拉，而菲利普與奧林匹亞斯所生的女兒，也叫做克羅巴特拉，則嫁給她的母舅，伊庇魯斯的阿歷山達。接著在公元前三三六年的仲夏，當菲利普主持這個婚禮時，就受到了普沙尼亞斯（Pausanias）的暗殺，他是一個馬其頓的青年貴族，與阿塔拉斯有私人的怨仇，因為菲利普拒絕過問，所以遂懷恨而行刺。其他的人當然也牽涉在這個陰謀之中，因為照情形來判斷，奧林匹亞斯是有很大的嫌疑。不過她是否為主謀還是難以斷定的，但一般人卻都認為亞歷山大是清白的，儘管他的敵人宣傳他有弒父君的罪嫌。

第二章 馬其頓的陸軍

在菲利普以前的希臘戰爭

亞歷山大從他父親手中承繼了一支軍隊，在古代史中，其組織、訓練和裝備都要算是最好的。這也是菲利普的傑作，只要把它與過去軍事組織的遲緩進步作個對比，就可以顯示出他在建軍時所表現出的天才。

在史詩時代中的希臘戰爭，戰士都是貴族。他們駕著戰車（Chariots）進入戰場，然後下車與對方做肉搏戰。他們裝備惡劣的隨從就只是在老遠喝采助威而已，這種戰鬥僅是個人勇力的表演。這種戰鬥要的是一種機警的戰士，只裝備著輕兵器和輕裝甲。在防禦方面，這些戰士主要依賴一面圓形的防盾，在其背面的中央有一個單獨的把手，另外有一條帶子繞在頸上，以方便他退卻時，可以把防盾掛在背上保護背面。他的攻勢兵器為一兩支輕矛和一把佩劍。通常是先向對方投擲他的矛，若是不能將敵人擊倒，就繼續用刀劍來砍殺。弓矢被當作一種怯懦的兵器，很少使用。

在公元前七世紀的初期，這種個別對打的方式就開始為集團戰鬥所代替。經濟日益繁榮，治金的技術也日益進步，裝甲成本減低，使多數的平民也能和貴族一樣獲得全套的甲冑，包括一頂金屬頭盔，一副胸甲、脛甲、股甲、防盾、矛劍等。這是一種平等和民主的轉變，使有錢的平民能與貴族在戰場上立於平等的地位。於是重步兵（Hoplite）就開始以行列來戰鬥，而不再是個別的格鬥了。長矛不再是一種投擲兵器，而是改供衝刺之用。防盾也擴大了，用左前臂穿過其背面中央的把柄來挽著，在邊緣上另有一個用手抓的把柄。頸帶被取消了，因為在行列中的戰士，是不可能單獨後退（註：布里〔Bury〕在其所著的《希臘史》中說過：「值得注意的，是提沙里始終不曾採用重步兵的體系，而以騎兵為陸軍的核心，所以在這個國家中民主思想也始終不曾發達。」像重步兵的長矛一樣，火槍也是一種「民主化」的兵器，近代民主政治的興起與近代步兵的興起，其間是具有密切關係的）。

由於戰士數量的增加，於是城市國家的陸軍也開始誕生了。從這個時候起，又有兩個因素決定了其戰術與組織——城牆與其周圍的田野。

在圍攻的機器尚未發明之前，城牆對於攻擊者而言，事實上是攻不破的，於是攻城的方法通常就只有兩種：一，饑餓；二，內奸。前者的意義即為封鎖，因為圍攻軍的補給工具都是原始化的，所以除了圍攻海岸上的城市，圍攻軍的補給可能獲得水運之便外，一般的圍城戰在時間上都是很短促的。就後者而言，在傭兵制尚未盛行之前，要想使守軍叛變，是非常困難的，但是一個城市的田野卻是可以攻擊的，所以想迫使敵人放棄戍守城牆，用野戰的方式決定勝負，最有效的方法就是毀滅或沒收敵人的作物和牲畜。這也就是說戰爭只能局限於夏季的幾個月中，那正是農作物生長和牲畜放牧的時候。

因為冬季是無戰爭的，所以不需要常備軍；因為軍人都是民兵，作戰地區僅以平原為限，所以方陣（Phalanx）實為最簡單的組織。由長矛兵組成橫線，縱深約為八到十列，其戰術僅限於推送其長矛。方陣與方陣以平行的序列交戰，勝負既分之後，戰勝者在戰場上建立了一個勝利紀念物之後，就開始毀滅敵人的作物與牲畜，更為有利的方式是據為己有（註：安德魯所教授〔Prof A. Andrewes〕認為第一個提倡方陣戰術的人，可能是公元前六七五年的阿哥斯的費登〔Pheidon of Argos〕，見所著《希臘暴君》一書。在亞洲：方陣更是一種非常古老的戰鬥隊形）。

方陣要維持其團結，就只能用緩慢的步調在平地上前進，在這種情形下，誠如波利比亞斯（Polybius）所說的，它在面對面的戰鬥中是無敵的。但是一但遭遇到破碎的地形，它的組織馬上就會喪失。除此以外，它也不能改變正面，做迅速的側進，或維持有秩序的追擊。像一個攻城槌（Battering-ram）一樣，它的設計只有一個目標，即衝破敵軍的正面。

在所有的城市國家中，斯巴達對於戰爭的組織要算是最好的，其原因有二。其一，它始終是採取君主政體，在兩個國王統治之下，它要比其他的民主或寡頭政治的國家，較不易於發生內在的衝突。其二，根據法律，這個國家是整個建立在軍事基礎之上的。誠如逃亡去國的斯巴達國王狄馬拉塔斯（Demaratus）向波斯國王澤爾西斯所解釋的話，他說：「雖然我的人民都是自由人，但是他們並非在所有方面都是自由的。法律是人人都要遵守的。它禁止他們臨陣脫逃，不管敵人的數量是如何強大，他們都必須挺身而鬥，不是戰勝就是戰死（註：除了斯巴達以外，希臘的公民軍隊都是受到民主紀律的控制，其軍官是民選的，所以很難以執行嚴格的紀律）。」

因為斯巴達所依賴的是重步兵的優勢，所以斯巴達是一直到第二世紀都沒有城牆。其原有的居民則降級為「農奴」（Helots）或「邊民」（Perioeci，編按：他們為居住在斯巴達鄰近一百多個鄉鎮的居民，有個人自由而無政治權利），後者雖維持一部分的獨立性，但在戰時仍有為斯巴達服役的義務。換言之，有高度訓練的斯巴達陸軍還有一支民兵來當作支援。在公元前四七九年的普拉提亞（Plataea）會戰中，斯巴達的方陣是由五千名重步兵所組成，分為五個地區性的團，並由五千名「民兵」支援。在菲利普尚未興起之前，在希臘世界中只有斯巴達一國算是全國皆兵。

因為方陣的步調是不能加速，否則行列就會發生混亂，又因為維持團結是衝力的必要條件，所以機動作戰是被嚴格禁止的。雖然把騎兵及輕裝部隊與重步兵聯合使用，這種限制即可以部分的放寬，可是在很長久的時間當中，這些混合方式卻還只是偶一為之。其原因是軍人具有一種傳統的保守性，而重步兵也看不起輕裝部隊。同時誠如亞里斯多德所指明的，因為只有富人才養得起馬，所以騎兵是有利於寡頭政治的建立，這種看法對於重裝備的步兵也可以適用，只不過程度上略有差異而已。反之，輕裝部隊與水手卻總是支援民主政治的。當他們的數量太多時，一旦有叛變發生，社會組織中的其他部分就會處於不利的地位了。

儘管有這些限制，從最早時代起，就也還是使用少量的輕騎兵及輕步兵，以供偵察和突襲之用。在公元前四九〇年的馬拉松（Marathon）會戰中，希臘方面是完全沒有騎兵參戰，十一年後在普拉提亞會戰中，在希臘方面的唯一騎兵就是提沙里人，那完全不是波斯人的對手。在公元前四一五年的敘拉古（Syracuse）圍攻戰中，雅典的總司令尼西亞斯（Nicias），所攜帶的馬還不到三十匹。但不久以後，為了保護其征發隊起見，他發現騎兵非常的重要，遂向本國要求增派二百五十名騎兵，並在西西里島上召募了四百名當地的騎兵。自從一個世紀以前，有一千名提沙里騎兵曾經向斯巴達人設在法里龍（Phalerum）的橋頭陣地發動突擊後，對於騎兵的缺乏了解已成為一個普遍的現象。在敘拉古之圍以後二十年內，這種情況又完全反轉過來了，公元前三九四年，斯巴達的國王，艾吉希勞斯（Agesilaus），曾建立了一支效率極高的騎兵，並擊敗了提沙里的騎兵。色羅奔說艾吉希勞斯非常高興，因為提沙里人素以騎術優良自豪，現在卻為他的騎兵所擊敗了。

在伯羅奔尼撒戰爭後，傭兵開始支配著戰爭，因為建立輕裝的傭兵部隊成本比較低廉，所以運用機會不斷的增加，效率也不斷的提高。雅典的傭兵將領依費克拉提斯（Iphicrates，公元前四一五—三五三年）算是首先了解輕裝部隊的威力是如何可怕的人，他以色雷斯的標槍（Javelin）兵為模範，建立了一支輕步兵兵力（註：這種標槍兵通常被稱為是"Peltasts"，以其所攜帶的小型圓盾〔Pelta〕得名）。他訓練其部隊能在各種不同的地面上做迅速而有協調的進退，並同時能做投擲和肉搏兩種形式的戰爭。他把色雷斯人的輕型標槍和短劍都加長了一半，並發明一種叫做Iphicratides的「綁腿」。公元前三〇〇年，憑著他的輕型部隊，他在柯林斯附近，殲滅了六百名斯巴達重步兵，從那時起有訓練的輕步兵遂成為重步兵的必要助手，尤其是在崎嶇的山地中，他們更可以代替騎兵。

直到公元前四世紀為止，在攻城戰方面還是殊少進步，儘管城牆大部或全部是由日曬的泥磚和木材所構成，但是想一鼓作氣的將其攻下還是非常困難。在城牆底下挖掘隧道的辦法也常使用，有時還積土成山，從頂上即可以控制城牆。修昔提底斯曾經提到攻城槌、雲梯、火攻和抵抗火攻工具。他說在公元前四二九年的普拉提亞圍城戰中，普拉提亞人用皮革蓋在城牆上，以保護其木質部分不為火箭所焚燬。在公元前四一二年的敘拉古圍城戰中，敘拉古人也曾用液體火來燒斷雅典人的攻城槌。同一年，在狄侖（Delium）的圍攻戰中，米加里亞人（Megarians）更曾使用一種巧妙的火攻工具：

> 他們把一根大木柱，鋸開挖空，再將其拼合起來成為一支管子，外面又用鐵皮加以包紮。然後用鐵鍊懸掛在車上，將其送到城牆附近，那主要是由木材所構成的。在管中裝滿了燒著了的煤塊、硫磺、柏油等物，一端裝置一個大風箱，從鐵管中將風送入，於是另一端即發出巨大的火焰，將城牆點燃。守軍馬上受不了，開始棄城而逃，這樣就把這個要塞攻下了。

公元前三八五年，斯巴達國王，艾吉希波里斯（Agesipolis）在曼提尼亞的圍攻中，又發明了另外一種高明的辦法。他在一條流過城市的河川上建立一道水壩，使水面漲過了城牆的基礎，那是由泥磚所築成的。於是磚塊融化，當城頭開始要崩潰時，敵人就向他投降了。

在攻城術（Siegecraft）方面第一個真正的進步，應歸功於戴奧尼索斯一世（Dionysius I），他是敘拉古的暴君（公元前四三〇—三六七年），他曾與迦太基人（Carthaginians）交戰，其最著名者即為公元前三九八年的莫特亞（Motya）圍攻戰。它是一個建築在小島上的要塞，與大陸只隔了一條狹窄的水道。戴奧尼索斯跨著水道上建起一道隄岸，在其頂端又建起一個裝有車輪的六層木塔。在最低的一層他裝上強力的攻城槌，在以上各層中，就裝上可以發射矢石的彈射機（Catapults）。當攻城槌撞擊下面的城牆時，投射機就掃射其牆頭，於是就在城牆上打開了一個缺口。其次他把他的攻城塔推入城內，再從頂層中放下天橋，達到一些屋頂上，他的兵員就從天而降，衝入街道，占領了全城（見狄奧多拉斯的著作）。

活動攻城塔和彈射機的使用，使攻城戰有了徹底的變化。前者為一個古老的發明，可以回溯到公元前九世紀的亞述人（Assyrians）。在艾夏爾（Ashur-Nazir-Pal III）的故宮中還有這樣的浮雕，其底層使用著攻城槌，而在頂層上的弓弩手則用箭掃蕩敵方城上的守軍。色羅奉曾描述過一種野戰性的衝車，那是一個裝在車上的木塔，由八對牛拖著走。他說：「居魯士認為若能有相當數量的衝車，在戰場上是大有用處的。這種木塔每一個可以容納二十人。」就觀念上來說，這也就是一種「戰車」（Tank）。

扭轉性的彈射機似乎是腓尼基人（Phoenicians）的發明。根據大小可以分為輕重兩種型式。輕型者（Katapeltes）可以投擲箭、標槍、石塊，和小型鉛彈，能夠透穿防盾（Pelta）。重型者（Petrobolos）可以投擲重達五、六十磅的石塊。其動力來源為兩條扭緊了牛筋或人髮繩，使用八磅重的彈丸，輕型的最大射程約為四百五十碼。以後在希臘或羅馬的時代中，又發明了一種威力更大的投石機（Ballista 或 Onager，即為一種榴彈砲的形式）。公元後四世紀的羅馬史學家，安美拉斯（Ammianus marcellinus）對於這些投射機器曾有極詳細的敘述。

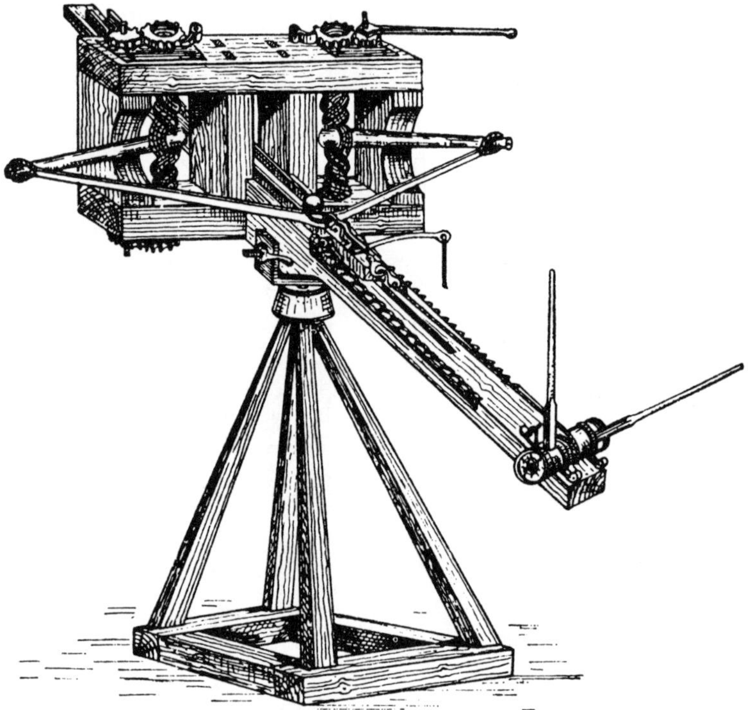

彈射機

希臘人在什麼時候才使用彈射機，已經是不可考了。大約在公元前三五〇年，塔克提卡斯曾經提及它。根據狄奧多拉斯的記載，菲利普在皮林沙斯的圍攻戰中，曾經同時使用射箭的彈射機與活動的砲塔，後者高達一百二十呎。

個別兵種的發展，必然會引起如何將它們互相配合，成為一職業性軍隊的問題。雖然這個問題直到菲利普改組馬其頓陸軍時，才獲得了完全的解決，但是在他之前卻也還是有兩個偉大的先驅者。那就是兩位暴君；敘拉古的戴奧尼索斯一世，和費萊的賈遜（Jason of Pherae，公元前三八〇—三七〇年）。

戴奧尼索斯建立了一支包括所有各兵種在內的陸軍，據說其中包括著八萬人的步兵。布里教授在其《希臘史》中對他有下述的評論：

「在軍事發明中他是偉大的馬其頓人的先驅，也是他們所使用的各種方法的創始者。他是第一個想到並訓練一支完整陸軍的人。他把軍隊中的各種不同部分——陸軍與海軍，騎兵與步兵，重型部隊與輕型部隊——加以有系統的組織，使其在行動上像是一個有機體一樣。」

又或者如普魯塔克書中所記載，雅典傭兵將領依費克拉提斯所說：「輕裝部隊像手一樣，騎兵像腳一樣，方陣本身像胸膛和胸甲，而將軍則為其頭腦。」

費萊的賈遜，在個性和行動上與菲利普極為相似，他第一次在歷史上出現是在公元前三八〇年。法爾沙拉斯的波里達馬斯（Polydamus of Phorsalus）對於他有下述的評論：

「他能夠利用夜間的時間像日間一樣；當他忙碌時，連吃飯的時候也都在注意著公事。僅僅在達到了目的後，他才肯休息。他不擇手段，一心只要想成功。」

這些話對於菲利普也同樣可以完全適用。

當賈遜自立為提沙里的統治者時，他手中有二萬名重步兵，八千名騎兵，六千名傭兵和足夠與全世界作戰的輕步兵。他的軍隊待遇頗佳，紀律嚴明，其意圖是為了想征服波斯。公元前三七一年，底比斯人在路克特拉獲得了勝利後，因為斯巴達人決定繼續戰爭，於是底比斯人遂向賈遜求援。他立即率領了一千五百名步兵和五百名騎兵出發，用極高的速度衝過了弗西斯的領土，有些城市在尚未獲得消息以前，就已被他攻占了。但是他的目標顯然是使他自己變成整個希臘的盟主，並率領希臘人去對抗波斯人。於是他匆匆的簽訂了一個休戰條約，迫使斯巴達人放棄這次戰爭。在以後的一年中，他準備前往祭祠德爾菲神廟，並充任皮希亞大祭典的主席，然後同時宣布其對波斯的宣戰。但是在他尚未能出發之前，卻遭到了暗殺，於是壯志未酬的死去了。

菲利普的新型陸軍

從遠古時代起，馬其頓的陸軍就一直分為三個部分：一，國王侍衛隊，由騎馬的貴族組成，他們叫做 Hetairoi，其意義就是「國王的伙伴」（Companions）。此外還再加上「皇家騎兵」（Royal Squadron），由較低級的貴族所組成。這兩支由貴族組成的騎兵部隊，其責任為在戰鬥中保護國王的個人安全。二，一支小型的禁衛步兵，叫做 Agema，其任務為在平時保護國王的安全。三，由各部落所提供的步兵，那是由農民或山地中的牧羊人所組成的。馬其頓的騎兵，也像提沙里的騎兵一樣。是騎術精良的部隊，他們使用胸甲與短矛（Xyston）來做接近戰鬥（註：應記著希臘人是騎赤背馬而不用鞍蹬的，而馬的體型也很小。正式的馬鞍是在公元後四世紀才被採用。沒有鞍和蹬，中世紀騎士式的長矛衝鋒自然不可能，所以在古代的騎兵衝鋒，能使用短槍來做衝突式的混戰。此外，馬蹄鐵也是在公元前二世紀才被採用的，但直到公元後五世紀才普遍化）。禁衛步兵是一支常備的職業兵力，至於各部落的兵力則僅為烏合之眾，他們使用劍與矛和一個藤質的防盾。當公元四二九年，色雷斯侵入馬其頓時，修昔提底斯的記載中說，皮爾地卡斯二世認為他的民兵殊少價值，但是其騎兵卻是極為優秀，只要一衝鋒，即所向披靡。菲利普在開始建軍時，就只有這一點基礎，但在尚未討論到其如何工作之前，最好還是對這整個問題做一次檢討。

菲利普是一個有遠見的人，他知道在他這個時代中的戰爭，是日益變成了專家的事業，因為傭兵的不可靠，所以必須有一種更可靠的軍人。他決定要使傭兵的技術，與城市民兵的忠貞相結合，因此必須要將部落性的民兵變成一個職業化的陸軍，並使其具有民族精神。更有進者，因為他的政治目標是要擴大支配權，使其及於整個的希臘，所以其陸軍所要求的條件自然與城市民兵不同，而必須是一種聯合兵種，它應有重騎兵與重步兵以供密集戰鬥序列的會戰之用；有輕騎兵與輕步兵以供保護和寬鬆序列作戰之用；有砲兵與工兵以供圍攻之用。因為他已經有了一支效率很高的騎兵，並已在實戰中證明了其價值，所以決定了應以騎兵為其決定性兵種；換言之，要用它來代替方陣以當作衝突的工具，反之，方陣卻被當作是騎兵行動的基礎。方陣並不突擊，而只是表示此種威脅，其前進足以形成一種恐怖，使敵人精神癱瘓，不能動彈，以便騎兵來做決定性的衝鋒。輕騎兵和輕步兵的任務是偵察，搜索，掩護重打擊兵力的正面和側面，以及山地戰和游擊戰等。砲兵與其彈藥縱列也構成陸軍中一個完整的部分。這個陸軍是由各兵種組成的聯合兵力，無論冬夏，無論在哪一種地形上，都隨時可以準備作戰。

在其第三次的「討菲利普檄文」中，狄莫西尼斯曾經把菲利普的新戰法拿來與傳統性方法作一個比較。他說：

我認為再沒有比戰爭的藝術更有革命性進步的了。在過去的時代中，所有的國家都是在夏季中花費四、五個月的時間，用重步兵及民兵去侵略敵國，然後再退回本國去。這些人都是良善的公民，從來不會用金錢去收買敵人，他們的戰爭是一種公正和公開的遊戲。反之，菲利普的戰法卻完全不同，他之所以能夠所向無敵的原因，並不是因為他領導著一個重步兵的方陣，而是因為他擁有輕步兵、騎兵、弓弩手、傭兵等等不同的部隊。他一方面依賴這個兵力，另一方面也使用一切的手段來分化敵人的內部。冬夏對於他是毫無區別的，並不會因為季節的改變而停止其行動。

對於菲利普的軍事改革，除了其結果之外，更無所知。所以我們能夠做到的就是首先考慮其結果，然後再倒轉過來推斷其所可能採取的步驟。

他是一講求實際的人，並不曾發明一種新陸軍，而只是把舊有的合併成兩種陸軍。他把他的封建性騎兵和禁衛步兵改組成一支御林軍（Royal Army），由他本人親自指揮。同時又把部落的部隊改編成一種地方軍（Territorial Army）。他採取這種辦法不僅是因為這是最簡單的，而且兩種軍隊可以互相制衡，足以使貴族與平民都不會擁有太多權力。當兩個主要社會階級之間既能維持權力平衡，則全體的可靠性也就有了保障。

御林軍又分兩支兵力，皇家騎兵和皇家步兵。菲利普把原有的皇家騎兵擴大為八個中隊（Squadrons or ilai），每個中隊約為二、三百名騎兵，其武器為短矛，由一個騎兵將領負責指揮。其原有的禁衛中隊，在戰鬥中仍負有保護國王之責。

皇家步兵（Royal Hypaspists）也擴充為三個營，每營一千人，但原有的一營則仍負有禁衛之責。所以國王的御林軍包括八個騎兵中隊，其中一個為禁衛中隊；和三個步兵營，其中一個為禁衛營。

馬其頓皇家步兵的兵器與裝備是怎樣的，現在已經不可考。塔恩認為他們是重步兵，其裝備是像方陣一樣的重，所以他們與希臘重步兵（Hoplites）的區別是在歷史、召募方式和身分等方面，而不是在軍備方面。威爾肯（Ulrich Wilcken）則認為他們是輕裝步兵，其目的是在戰鬥中快速前進，以便構成騎兵與方陣之間的連繫。格羅特（Grote）則認為他們固然是重步兵，經常也保持著方陣的形式以供接近戰鬥之用，但是他們的裝備卻較輕，要比一般的方陣步兵更能適合複雜的環境和地形。所以他們的地位是介於方陣式重步兵與輕步兵（Peltasts）之間的。因為根據阿利安的記載，亞歷山大曾經使用他們去追隨騎兵，攻擊有城牆的陣地，執行快速的夜行軍和其他的機動作戰，所以他們的裝備應該較一般重步兵為輕。

地方軍的目的就是為了給御林軍構成一個運動的樞軸——戰術性的行動基礎。其任務據說就是釘死敵人的方陣，以便御林軍來進行攻擊。菲利普把舊有的馬其頓部落兵力，組成了六個團（Taxeis）的常備軍，這是真正的方陣步兵，馬其頓語稱之為 Pezetairoi。每個團為一五三六人，分為三個營（Pentacosiarchies），每營五一二人。其最低的單位為一行（file），共為十六人。每一團都有其自己的指揮官，但方陣卻無總指揮官，每一行有一個「行長」（Decadarches）——根據這個名詞，似乎可以推斷每一行原有的人數是十個——行長站在第一列，在他後面的兩個人也是要選勇敢和技巧兼備的人員，每行最後一個人也是精選的人員。阿希里皮阿多塔斯（Asclepiodoths）是公元前一世紀的一位軍事作家，他說每行中的第一個和最後一個都是本領最高強的。他又說行長所組成的第一線對於方陣而言，就好像是刀劍的鋒刃一樣。

馬其頓重步兵與希臘重步兵之間的顯著差異，在於後者所用的是九呎長的矛，握在右手中；而菲利普的重步兵卻裝備著十三、四呎長的長矛（Sarissa），用雙手來運用，其防盾是掛在左肩上。把重步兵的主要攻擊兵器放長了一半的長度，使他們對於傳統的方陣，具有一種決定性的優勢。這好像是把火器的射程延長了百分之五十。因為當兩個方陣相遇時，那個使用較長兵器的一方面就可以先行殺傷敵人，而敵人卻對他們莫可奈何。這種辦法在過去一直不曾被採用，實在是很奇怪，一個可能的原因就是希臘人不願減縮其大防盾的體型和重量，那是會占去一隻完全的手臂。

除了長矛以外，馬其頓的重步兵又還帶著一把短劍，一個圓形輕盾，並穿著胸甲、綁腿和頭盔，有時則為寬邊帽（Causia）。除了長矛以外，菲利普的地方軍還有一個優點，那就是它是一種常備兵，其人員的召募是以民族為基礎，所以精神士氣都優於傭兵。此外，地方軍人員是經常在訓練中，所以也是真正的職業軍人。

到了其統治的末期，菲利普也從附庸和同盟國中召募了大量的兵力。提沙里供給了二千餘名重騎兵，其裝備與馬其頓相當，不過素質也許略有遜色。在輕騎兵方面，他召募了一千二百名色雷斯、配奧尼亞和阿德里西亞（Odrysian）人、還有一些希臘的傭兵。色雷斯騎兵中又有一團長矛兵，其作戰的方式與哥薩克人頗為相似。在會戰時，輕騎兵掩護著方陣與重騎兵的側面——有時還有正面——在行軍時，他們的任務為搜索偵察。所有這些輕騎兵也像馬其頓人一樣分為「中隊」（Ilai），並由馬其頓軍官指揮。

在輔助步兵方面，柯林斯聯盟把希臘式裝備的重步兵七千名，和希臘傭兵五千人（輕重步兵都有）。從色雷斯、配奧尼亞、伊利里亞等與馬其頓接壤的好戰部落中，菲利普又召募了六千名輕裝的步兵，其中最著名者為阿吉里亞人（Agrianians），他們是超級的標槍手。除了這些部隊以外，他又召募了兩隊弓弩手，其一為馬其頓人，另一為克里特人（Cretan），後者為當時最優良的弓弩手。

他的砲兵與攻城縱隊的詳情也已經不可考，可能是以戴奧尼索斯一世的部隊為模範。不過從亞歷山大對他們的使用情形上看來，足以證明他們都是具有高度組織和效率的。攻城縱隊中包括著有塔、槌等部分，所攜帶的僅為其必要部分，至於木質的部分則利用當地的材料加以建造。亞歷山大在最快速的行軍中，也都一定帶著野戰砲兵一同走，所以它必定是像近代化的山砲兵一樣，分解為幾部分用馱馬來運輸的。

關於菲利普的指揮、參謀和後勤體系，也不太可考，尤其是很難分別哪些部分應歸功於他本人，而哪些部分又應歸功於他的兒子。他們兩人都是同樣的握有三套指揮權：一、所有全部兵力的總司令；二、馬其頓御林軍的指揮官；三、希臘聯盟的聯軍統帥。對於這兩位國王，帕爾米尼奧都是他的副帥。為了協助國王起見，他手中又有一個私人的幕僚組織，和一羣少數經過挑選的高級軍官，根據威廉·塔恩的說法，所有高級職務都是由這些人員中去選拔。

亞歷山大的技術勤務組織，大部分也應歸功於菲利普。威廉爵士說：

亞歷山大身邊經常帶著一批希臘技術家，對於他們，我們所知極其有限。他有一個攻城縱隊，其中有負責建造攻城機器的工程師，其總工程師為提沙里人戴地斯（Diades），他也是為亞歷山大攻下泰爾（Tyre）的人。此外又還有掘溝架橋的土木工兵，水道和礦業的工程人員，和建築師，像設計亞歷山大城的戴羅格拉底（Deinoerates）。屬於這個集團的還有歷史和地理學家，例如亞里斯托布拉斯（Aristobulus）。他們還有一個測量組（Bematists），負責搜集有關行軍路線和設營地點的情報資料，並記錄行軍的距離，亞歷山大本人還要加以核對，在很久的時間中，它們都構成了亞洲地理的基礎。還有補給縱隊和軍需人員，對於每一個已征服的地區，都要搜集物資以供下一次前進之用。祕書處則由卡地亞的歐米尼斯（Eumenes）主管，他負責撰寫官方的遠征日誌。

同時還有軍醫，例如阿卡拉尼亞的菲利普（Philip the Acarnanian），他是國王的御醫，海軍專家與科學家，此外還有史官，他是奧林沙斯的卡里希尼斯，也是亞里斯多德的姪子。

因為補給為戰略與戰術的基礎，所以關於馬其頓陸軍的補給問題缺乏資料，的確是很令人感到煩惱的。若認為他們是完全依賴就地取食的辦法，那實在是不通之論，因為三、五萬人的大軍，不可能專靠徵發的手段來獲得適當的補給。若是沒有一個大規模和高效率的補給制度，亞歷山大也就不可能做那許多次的快速行軍，他曾經越過山地沙漠，各種人口稀少的地區。此外，其大量的騎兵在飼料方面也會感到困難，專憑當地的青草是絕不夠吃的。

這個問題是並非無人知道，例如色羅奉在其《回憶錄》（*CyroPaedia*）中，就會充分認清其重要性——這大致說來，也是一本論將道的教科書。不過古往今來的軍事史學家對於這個問題卻往往予以忽略。

馬其頓陸軍中還有一個特有的組織，那就是由高級貴族子弟所組成的「侍衛團」（Corps of Royal Pages）。這些青年人經常生活在國王的周圍，日夜不離，要算是真正的宿衛之臣。這也是優秀軍官的培養所，亞歷山大的許多指揮官都是從這些人中間選拔的。同時這也具有人質的效果，當國王在國外作戰時，可以保證這些人的父親在國內不敢為非作歹。

最後，馬其頓雖然不像雅典或波斯，是一個海洋國家，但菲利普也還是建造了一個相當可觀的艦隊。那是一種無甲板的輕型結構大划船（Galleys），長約一百二十呎，寬約二十呎。每艘船上約有二百名船員，帆槳並用。每邊有一排槳架，每槳用三個人來搖。此外也還有較大的船隻，即每槳用四個人或五個人來搖。這種大船是由塞浦路斯人和腓尼基人來駕駛，他們原先都是替波斯人服務。值得注意的，這種大划船雖然是古代的一種標準軍艦，而且也沿用頗久（最後一次偉大的大划船會戰是一五七一年的李班多會戰），但卻是一種威力有限的船隻。它們在惡劣的天氣中非常不安全，所以很少駛到看不到陸地的深海中，因為害怕風暴的突襲；因此也就無法維持嚴密的封鎖。關於這種限制我們必須記在心裏，否則就不能了解當亞歷山大侵入亞洲時，為什麼波斯艦隊不能做有效的干涉。

第三章 亞歷山大

青年時期與教育

根據普魯塔克的記載，亞歷山大是出生於公元前三五六年，百牛大祭期（Hecatombaeon）中的第六日（即相當於七月八月之間）。在那一天，以弗所（Ephesus）的阿特米斯（Artemis）神廟失火被燒成了平地。這是一個災難，所以奉承他的人就說這象徵著在世界上的某一地方已經點著了一支火炬，有一天會把整個亞洲燒掉。

儘管這個「預言」只不過是一種事後的想法，但若承認它是真的，則在當時的世界上就只有一個人，能夠在這位新出生的馬其頓太子的幼小心靈中，點燃這支火炬，那就是他的母親奧林匹亞斯——她是一位伊庇魯斯的公主，其祖先據說就是英雄阿奇里斯（Achilles）。從各方面看來，她都是一個野性的、神祕的和跋扈的女人，從女孩子的時候起，她就參加了酒神戴奧尼索斯（Dionysus）的祭典，這個神是宙斯（Zeus）與施美樂（Semele）的兒子，後者又是底比斯王卡德馬斯（Cadmus）的女兒。依照神話的說法，當戴奧尼索斯長大成人之後，曾經路過敘利亞，訪問埃及，又走遍亞洲並達到了印度，他沿途教授人民種植葡萄和引進文明。

普魯塔克所講的故事中說，當她與菲利普結婚前夕，奧林匹亞斯夢到一個雷霆落在她身上，點起了一個大火，火光四射，很久才熄滅。這雖然又是神話，但卻很能顯示其性格。這也似乎是十分可能的，她會告訴她的兒子，他是像戴奧尼索斯一樣，宙斯為其精神上的父親。因為據說當亞歷山大發動偉大遠征前，她會把他出生時的祕密告訴了他，並囑咐他應該表現其勇氣，庶幾無愧於其神聖來源。

雖然亞歷山大未必相信他自已真是神的兒子，可是他的母親對於他的影響卻是非常的鉅大。他從她的身上獲得了熱情和講求實際的精神。他雖然崇拜阿奇里斯，但他選擇來當作模範的，卻還是其父親的祖先，海克力斯——這是一位為人類福祉而努力的英雄，依索克拉提斯也曾力勸菲利普應以其為模範。

亞歷山大中等身材，他的體格比例極佳，好像是一個奧林匹克大會中的運動員，他長得十分俊美，皮膚細白，眼睛大而明亮，頭髮金黃，鬍子刮得光光的。雕塑家李希普斯（Lysippus）為他塑了銅像，畫家艾皮里斯（Apelles）為他畫了水彩畫，而皮爾哥提里斯（Pyrgoteles）則用寶石雕成他的頭像。雖然所有這些實物都已經毀滅，但是其拓本和模倣品卻一代又一代的流傳了下來，其中存留下來最生動的遺像，要算是賴希馬巧斯（Lysimachus）所鑄造的錢幣上的頭像。賴希馬巧斯（公元前三五五—二八一年）是亞歷山大的繼承人之一。

在他的幼年時期，是由他的乳母，南尼絲（Lanice）來撫養的，他把她當作第二個母親來看待。

以後，她的兒子們都在戰爭中為他捐獻了生命，而她的兄弟號稱「黑人」（The Black）的克里塔斯（Clitus），也是他的最親信的大將。他是禁衛騎兵的指揮官，在格拉尼卡斯（Granicus）會戰中曾經救過亞歷山大的生命，但最後卻慘死在亞歷山大自己的手中。當他在孩童時代，就由其母親的至親，里昂尼達斯（Leonidas）擔任監護人，並由一位艾卡拉尼亞人（Acarnanian），賴希馬巧斯（Lysimachus），充任其啟蒙的教師。

當他十三歲的時候，菲利普將他交給亞里斯多德去教育，後者為柏拉圖的高足弟子。亞里斯多德的父親，尼可馬巧斯（Nicomachus），曾經一度在菲利普父王，阿明塔斯二世的宮庭中任御醫。所以當菲利普還是一個小孩子的時候，他就已經認識了亞里斯多德。當他接受這個職務時，亞里斯多德已四十歲，住在米查（Mieza）的村落中。他在那裏對這位好奇心和求知慾極為發達的青年施教了三年之久。他教他學習哲學、科學、醫學、植物學、動物學和地理學，並激發其對於詩和希臘文化的熱愛。他為他註解了一本荷馬的《伊利亞德》（*Iliad*），據說亞歷山大以後在許多次戰役中都經常的攜帶在身邊。此外，他也把個人對於波斯人的憎恨，傳授給這位青年王子，並指導他走上征服的途徑，因為波斯曾經殘殺了亞里斯多德的好友，赫美亞斯（Hermias of Atarneus）。

根據普魯塔克的記載，由於受了亞里斯多德的三年教誨，亞歷山大才變成一個好學不倦，極愛讀書的人。所以當他在亞洲的腹地中，感覺到無書可讀時（除了那本荷馬史詩以外），他就命令哈爾巴拉斯（Harpalus），把很多的書送來供他閱讀，其中有許多的悲劇和詩集。普魯塔克又更強調的說，他愛讀書的習慣一經養成後，就永遠不曾減退。

至於亞歷山大是否曾經讀過希羅多德、修昔提底斯和色羅奉等人的歷史著作，卻不得而知，不過色羅奉是一個時代很接近的人，而且也是一個著名的騎兵戰術家，所以亞歷山大很可能曾熟讀過他有關波斯戰爭的著作。另外一個使亞歷山大受到確實影響的作者就是依索克拉提斯，在他逝世前不久，還曾上書給亞歷山大。亞歷山大對於依索克拉提斯的上菲利普書，是一定曾經熟讀過的，因為我們看出來亞歷山大對於希臘人和波斯人的政策，是與依索克拉提斯的主張完全符合的（註：根據尼爾巧斯〔Nearchus〕的記載，當希臘醫師不能治療印度蛇的咬傷時，亞歷山大把所有印度的名醫都集中在他的御營中，然後通傳各營說凡為蛇咬傷者，都應前往御營求治。由此可知他深通醫學。亞歷山大對於勝利品中的珍奇動植物，也很喜款研究以來增廣其自己的學識）。

天才與個性

當公元前三三六年，亞歷山大承繼馬其頓的王位時，年僅二十一歲，再過十二年他卻崩殂了（據阿利安的記載，他在位的時間共為十二年八個月）。有許多偉大的人物，在和他一樣的年齡時，甚至於還只剛剛開始他們的事業，而他卻不僅已經征服了他那個時代的古代世界，而且也使它繞著一個新軸去旋轉。威爾肯曾經說過：「若不研究亞歷山大的一生事業，則對於以後的整個歷史過程，和一切的政治、經濟、文化生活，也都無法了解。」在幾個世紀以後，亞歷山大城的艾皮安（Appian of Alexandria）也曾把他的短期統治比做一道閃亮的電光，那是如此的光耀奪目，所以僅僅到了最近的時代，歷史家才開始完全了解其重要性。

他這個人完全包裹在他的命運之中，並且完全專心於他的職務。他除了狩獵以外，幾乎毫無其他的物質享樂。除了愛他的母親與乳母以外，他也幾乎不愛任何其他的女人，他雖然曾經兩次結婚，但那卻都是政治性的，而不是浪漫性的。他從來沒有一個情婦，同時也並非像那些誣蔑他的人所說，是陽萎無能，或是有同性戀的癖好。他是抑制了自然的本能而專心於事業，使他脫離了常人的境界，而加入了那些極少數稀有的異人集團中。這些人具有鋼鐵一樣的意志，具有自制能力，終身盡瘁於事業，並使所有與他們接觸的人都感受到吸引的磁力。誠如卡萊爾（Carlyle）對拿破崙的批評：「這個人是獨具慧眼的，具有敢作敢為的靈魂。他理所當然應該即位稱王的，所有的人都認為他是應該如此的。」

他具有一種內在的帝王之才，從他一生驚人的事業中，到處都可以發現出來。他的「王道」（Kingship）不是以權力為基礎，而是以高貴的生活，和俠義的行為為基礎。他認為站在「王道」的觀點上來說，征服自己比征服他人還要重要。當他還是一個青年人時，有些朋友知道他跑得很快，就勸他去參加奧林匹克大會。他說他不去參加，除非是所有和他一起競賽的人都是國王。這個原因是毫無疑問的，因為他自己若是與職業運動家為伍，那麼會有損其帝王身分的尊嚴。

他的帝王大度和對於敵人的俠義態度有很多的例證。以下是最著名的一次：在依沙斯（Issus）的大捷後，他知道大流士（Darius）的母親西希剛比斯（Sisygambis），和他的妻子都已經被俘，而且因為聽到大流士已經陣亡，所以更是悲傷無比。他馬上就派里昂拉塔斯（Leonnatus）去安慰她們，並且告訴她們大流士並未陣亡，而且她們仍可保持王后的頭銜，和應有的身分與扈從，因為他並不是懷著仇恨的心理，以來對大流士進行戰爭的。第二天，他又與他的密友，希法斯辛（He-phaestion），一同去看西希剛比斯。她把後者誤認為國王，向他跪拜敬禮，等到發現了錯誤後，她感到非常難為情。於是亞歷山大立即設法使她消除難堪，他親自將她扶起，並對她說：「你並沒有錯，夫人，因為這個人也叫亞歷山大。」以後他發現大流士的遺體，他就命令將其送往波斯波里斯（Persepolis），葬在波斯的皇陵中，像其他的波斯國王一樣。當他遠征印度回來，他發現波斯帝國始祖居魯士的陵墓被人盜掘了。他立即命令亞里斯托布拉斯將其修復，對於已被盜的祭器也都用倣造品來代替，並在封閉墓道的混凝土上加蓋御璽。在他所有的帝王舉動中，最標準化的莫過於對波魯斯（Porus）的待遇。當他在海達斯配（Hydaspes）河岸上，將波魯斯擊敗後，因為覺得波魯斯也是一個具有帝王風度的人，於是就問他希望獲得何種待遇。阿利安曾經把波魯斯與他的談話記錄如下：

波魯斯說：「亞歷山大，你照一個國王應有的風度來接待我好了！」亞歷山大對於這個答覆很高興，於是說：「波魯斯，就我自己的立場而言，你理應受到這種待遇的，但是就你本身而言，你所希望的條件又是什麼？」但是波魯斯卻說，他所要求的一切已經完全包括在內。亞歷山大對於這種說法是更感到愉快，於是不僅讓他繼續統治其自己的印度人，而且還另外把一個國家交給他統治，那是比他的本國要大得多了。所以他的確是照一種國王的風度來待這個勇敢的人，而後者從這個時候起，也就完全向他效忠了。

這種帝王的大度是從本性中的浪漫和神祕自然流露出來的，而且他也的確相信他自己是海克力斯和阿奇里斯的後代，是真正承受天命的。他覺得他自己是天縱之聖。他的動機是真誠的，雖然他的任務是征服，但是他卻希望能夠盡量以德服人，而不以力服人。他保留著對方的宗教，親自到他們的神廟中去祭祠，因為他們的神也正像希臘的神是一樣的，都是「萬王之王」。

他與旁人不同的美德，就是他對於他人的同情與慈悲。塔恩說：「亞歷山大的這種慈悲作風，是當時人們所很難了解的。」從歷史上看來，希臘的政治家沒有一個人有這種情感，他們認為悲天憫人是有損男子氣慨，那是詩人與哲學家的事情。在以弗所，他制止人民屠殺反對派，因為他知道若不加以制止，一定有許多善良的人會在混亂中送命。在米利都（Miletus）之圍時，他發現有少數守軍逃到一個小島上，準備死戰到底，亞歷山大對於他們很同情，並認為他們是夠勇敢和忠貞的，於是派人去招降，並將其編入自己的部隊。在依沙斯會戰後，他對於底比斯的使臣表示慈愛，因為他對於底比斯的毀滅很感遺憾。當他從印度回來，經過吉德羅西亞（Gedrosia）沙漠時，發現某些派在那裏守衛穀倉的軍人，因為飢餓而擅自動用了存糧。當他知道這是不得已的，遂赦免了他們的罪行。

幾乎在所有的時代中，女人問題都是被認為是軍人的合法汙點。亞歷山大在這一方面的行為更足以明白的表現出他的慈悲心。他不僅是以王族之禮來優待大流士的妻女，而且更痛恨對婦女的強暴行為，在那個時代中這也是戰爭中的常例。有一次當他聽到帕爾米尼奧部隊中的兩個馬其頓兵，曾經侮辱其他傭兵的妻子，於是他命令帕爾米尼奧將這兩個「野獸」處死。另外有一次，米提（Media）的總督，阿特羅帕提斯（Atropates），把一百名打扮得像騎兵一樣的少女送給他，亞歷山大把她們立即璧還，並且不准馬其頓人和野蠻人侵犯她們。當毀滅波斯波里斯城時，他又命令部下不得侵犯婦女。塔恩指明出來，這種對於婦女的仁慈，要算是其自制的第一成果。他說：「這樣的事情在世界舞台上還是第一次出現，而世界也沒人能了解它。也許正因為這個原因，所以阿利安才認為亞歷山大真是非常人也。」

對於亞歷山大的將道，在本書的第二篇中，還會加以更詳細的分析，但是做為一種導言起見，在這裏似乎可以把阿利安對於他的評論引述如次：

他是一個秀外而慧中的人，其心靈非常的活躍，具有極大的勇氣，尊重榮譽，愛好冒險，和恪盡責任。對於物質的享受，他有完善的自制；在精神方面他最不喜歡人家歌功頌德。當其他人還覺得沒有把握時，他卻能夠立即作成決心，他對於未來的猜想非常準確。在軍事方面，他精通一切的藝術，他善於鼓起部下的勇氣，使他們對成功充滿希望，在危險中以身作則，排除軍人們的畏懼心理。即令對於結果並無十分的把握，他卻依然照樣的勇往直前。他又善於引誘敵人上當。他對於已經作成的協定，總是忠實的遵守。他很少花錢在個人的享樂，但為獎勵他的部下，卻是千金無吝嗇的（註：亞歷山大常常大開宴會，作長夜之飲，但他自己並不喜歡，其目的只是為了他的部下而表示聯歡之意）。

普魯塔克對於亞歷山大在平時的生活，也曾經作過下述的記載：

在他休閒的時候，在早起和祭神之後，就立即坐下來吃早餐；於是就開始一天的生活，狩獵、處理政務及軍務，或讀書。當他在行軍時，若是不太匆忙，他也會順便的練習騎射。為了變換生活起見，他也會沿途獵取鳥獸。當夜間宿營後，他一方面享受沐浴和塗油，另一方面則指導其首席廚師如何安排他的晚餐，等到天已經黑了以後，他才開始晚餐，他對於菜選擇得很周詳，以免偏食和刺激。他不喜飲酒，但願為了談話之故而坐很久的時間。

惡行

我們一方面應記著公元前四世紀的道德標準，另一方面又應記著亞歷山大還是一個青年人，而任務、危險和困難又都非常的艱鉅。基於上述這些觀念點加以觀察，即可以知道若比起其他偉大的征服者，他的惡行實在是非常少。這是應該感謝塔恩爵士的功勞，他為亞歷山大洗刷了許多冤枉，有許多傳說中的罪狀都是後人誣蔑他的，現在都已由塔恩為其昭雪，所以在這裏都可以略去不論了。而且即令它們是真的，對於其將道也還是不會有任何的貶損。

那些不應有疑問的惡行是由阿利安所記載的，因為他在其所著的《亞歷山大傳》一書的序文中，曾經告訴讀者說，他的記載是以托勒密和亞里斯托布拉斯的古史（現已散失）為根據，他認為這些記載要比其他的可靠。這兩個人都曾經隨伴著亞歷山大四處征戰，而尤其是托勒密本人也是一位國王，他的地位使他更不會說假話。此外，這些歷史都是在亞歷山大身後才寫的，所以不必顧慮獎懲而可以盡量說實話。阿利安在做為歷史家的身分上固然不無弱點，但他卻是有名的忠實作者，因為他是一個軍人，而且在公元一三四年曾經擊敗過埃蘭（Alan）的大舉入侵，所以他也了解戰爭；同時他又是艾皮克提塔斯（Epictetus）的一個門徒，後者的教條是認為天下再沒有比真實更有價值的東西。

阿利安歷史中所記載的惡行可以分為兩大類：一，是在戰爭中做不必要的殘暴行為；二，是個人的罪惡。關於第一點，可以列舉者為亞歷山大對於底比斯人、泰爾人（Tyrian）和加薩人（Gazan）的虐待，以及其對於索德吉亞人（Sodgians）和馬里城（Malli）的屠殺——這是常為人所譴責的（註：在亞歷山大的戰役中，馬里的屠城是殺人最多的。塔恩認為其原因是軍人們恨透了，所以才有這樣的暴行）。不過若是從古代的一般戰爭標準上來看，則這些暴行實在是沒有什麼了不起。誠如傅利曼教授（Prof.Freeman）所云：希臘人與野蠻人的戰爭在當時被認為是事理之常。甚至於在希臘人與希臘人之間的戰爭中，也都是非常的恐怖和野蠻。果樹被砍倒、田地被踐踏、房屋被焚燒等所有各種不同的野蠻行動應有盡有。對於被攻占的城市，屠殺其男人和出賣其婦孺，均為常例，而不違背戰爭的規律。假使根據這種原則來加以檢討，那麼我們就絕不能說亞歷山大對於波斯帝國的攻擊是不合於正義的，同時所帶來的暴行也並無任何驚人的意義。

所謂個人的惡行，包括對於帕爾米尼奧和克里塔斯的殺害，以及卡里希尼斯的處決。其事實的真相又可以分別概述如後。

帕爾米尼奧為菲利普手下最主要的將領，我們可以這樣的假定，當亞歷山大開始發動對波斯的戰爭時，因為他是那樣的年輕而無經驗，所以馬其頓人對於帕爾米尼奧的依賴程度，或許還有過於其國王。因為亞歷山大對主要的將領，是非常優待的——他的母親曾經斥責他說：「簡直是把他們看得與國王平等了」——所以也就更無形中增高了帕爾米尼奧的重要性。不過儘管帕爾米尼奧的經驗非常豐富，可是直到阿貝拉會戰時為止，亞歷山大卻早累次不聽他的忠告，而到了此時，帕爾米尼奧是七十多歲了，在這次會戰中的表現也不太好，所以不久以後，亞歷山大即免去了他副帥的職務，命令他留在艾克巴塔納（Ecbatana），率領一些色雷斯的傭兵，守衛儲存在那裏的財物，並保護大軍的交通線。於是在公元前三三〇年的仲夏時節，亞歷山大出發追擊大流士。當他發現大流士已被殺害，根據征服的權利，他也就成為波斯的國王。因為他已經即位為波斯王，所以無論從軍事及政治的觀點上來說，他都有使其波斯臣民立於與馬其頓人平等的地位，可是馬其頓人對於這一點卻表示激烈的反對，他們始終認為波斯人是被征服的奴隸。很可能的，會有人想擁護帕爾米尼奧和他的兒子費羅塔斯（Philotas）——禁衛騎兵的指揮官——來背叛亞歷山大。

事實的真相是怎樣，當然只能出之於猜度，不過我們卻知道當亞歷山大到達在德蘭吉亞納（Drangiana，即 Seistan）深處的普拉達（Prada）之後，就破獲了一個想刺殺他的陰謀，而費羅塔斯也被牽涉在內。阿利安，根據亞里斯托布拉斯和托勒密的記載，說在埃及時，費羅塔斯即曾牽涉在一個類似的陰謀中，但是亞歷山大卻不相信有這樣的可能性，因為他們之間有極深厚的友誼，而他對費羅塔斯也非常信任。根據慣例，費羅塔斯和其他一切涉嫌叛亂的人都被交付軍法審判，其中包括阿明塔斯（Amyntas），一位步兵團長和他的兩個兄弟。費羅塔斯承認他曾經知道有某種謀刺國王的陰謀存在，但他卻知情不告，所以被處了死刑；阿明塔斯與其兄弟則被釋放。

雖然費羅塔斯曾經受過公平的審判，應該是毋庸置議的，不過亞歷山大若只是免去他的職務，使這個事件平息，則似乎是不失為更聰明的舉措。在殺了費羅塔斯後，亞歷山大就面臨著一個極大的難題。在普拉達，他與艾克巴塔納之間，已經相隔了八百餘哩的距離，中間隔著一個鹽質的大沙漠，假使帕爾米尼奧為了替兒子報仇，利用其所控制的資源，在亞洲腹地中發動一個叛變，則亞歷山大的交通線就會被切斷，全軍都有覆歿之虞。無論如何，至少為了平亂起見，其軍隊是必須要撤回的。因為並無證據足以證明帕爾米尼奧曾經參與這個陰謀，所以亞歷山大似乎不便將其拘捕審訊，同時更不能免去他的職務，因為那是更足以刺激他的反感（註：不過根據寇修斯〔Curtius〕的說法，馬其頓的法律是規定謀反者的親屬應一律處死的）。亞歷山大當然不能自毀基業，所以決定將他暗殺，在處決了費羅塔斯後，他也就派人用最快的速度越過沙漠，命令在米提的將領將帕爾米尼奧處死。誠如塔恩所指明的，雖然殺費羅塔斯是完全合法的，但殺帕爾米尼奧卻是純粹的謀殺。儘管如此，亞歷山大卻已經建立了他的威信，他使諸將們認清了他是主人，他這一個打擊是具有恐怖的效力。使他的部下都認清了這個教訓。他平安的過了六年，才再動手做第二次打擊。

雖然克里塔斯的被殺，與帕爾米尼奧的情形不盡相同，可是其根源卻是一樣——馬其頓人對於亞歷山大的波斯政策表示反對。這個事件是發生在索格地亞那的馬拉康達（Maracanda）。當時亞歷山大正在大開宴席，被邀請的人有克里塔斯、托勒密和皮爾狄卡斯等人，都是親信大將。他們談論一些英勇的故事。其中有些人為了恭維亞歷山大，曾經將他和始祖海克力斯相比，並且說他的功業是已遠在父親菲利普王之上。克里塔斯本是菲利普的舊部，他對於亞歷山大採用某些波斯的風俗深感不滿，憤怒的回答說，亞歷山大的成就是應該歸功於馬其頓的部下，並且對阿塔拉斯和帕爾米尼奧的被害，發出極激烈的怨言，當面直斥亞歷山大的罪惡。亞歷山大大怒，跳起腳來喊他的衛兵，但是卻被坐在他旁邊的人拉住，不讓他衝向克里塔斯。同時，托勒密也把克里塔斯拖到室外去了。但是幾分鐘之後，克里塔斯掙脫了又跑進房裏來。亞歷山大一看見了他，實在忍不住了，從衛士手中搶過了一支長矛，口中喊著說：「現在請你到菲利普、帕爾米尼奧和阿塔拉斯那裏去吧！」就這樣把他刺穿了。接著他認清了自己犯了極大的錯誤，他殺死了這個在格拉尼卡斯曾經救過他生命的人，而且又是其乳母的兄弟。他因此悔恨莫及，倒在他的床上，三天都拒絕飲食。

造成這個悲劇的最大原因，就是因為克里塔斯和亞歷山大都是在大醉之後。亞歷山大是因為喝醉了酒而喪失了自制，這是有確實的紀錄。對於他的悔恨，阿利安曾經說過：「我認為亞歷山大真是值得加以讚揚，他是一點都不文過飾非，他自認是犯了罪。他是人，當然難免會犯錯。」他又說：「在古代帝王中，像亞歷山大這樣勇於認錯的人，就只有他一個人。」

雖然其第三個惡行，與上述的殺害是又不相同，但其根源卻又還是亞歷山大的親波斯政策。公元前三二七年，亞歷山大在巴克特拉（Bactra）為了推動其政策，他決定採波斯宮庭中的「朝拜」（Proskynesis）儀式。這是一種古已有之的東方禮節，表示臣民對於統治者的心悅誠服，而與宗教儀式無關。但是希臘人和馬其頓人卻只拜神不拜人，認為向人禮拜是一種奴隸的行為。亞歷山大似乎是希望卡里希尼斯能夠支持他採取此種朝儀，因為他一直都在向他諂媚，稱他為宙斯之子，在他的史記上甚至於還寫下了這樣的神話，說當軍隊在里西亞（Lycia）的克萊馬克斯山（Mount Climax）下的海岸上經過時，海裏的波浪向亞歷山大朝拜，好像他是神一樣。但是在一次宴會中，正要行朝拜禮時，卡里希尼斯卻拒絕參加，很顯然的他是要討馬其頓人的好。他勸亞歷山大把希臘和馬其頓臣民與波斯臣民分開，採用兩種不同的敬禮方式。這使亞歷山大頗為憤怒，拒絕給與卡里希尼斯以習慣的一吻。

儘管亞歷山大極不愉快，但是他知道卡里希尼斯的話足以代表軍隊的情感，所以他暫時不再提及這種儀式，經過了一度沉默之後，他又准許波斯人向他朝拜，而對於其舊部則不勉強。但是他對於這個一向阿諛取容的人突然開他這個玩笑，卻還是深感憤怒。而在不久後，就發生了青年侍衞謀刺事件，而卡里希尼斯也被牽涉在內。

這些侍衞除了擔負夜間警衞外，就是扈從國王出獵。有一個叫做希摩勞斯（Hermolaus）的侍衞，本是卡里希尼斯的學生，因為出獵時失儀而受到了懲處，於是懷恨在心，決定趁亞歷山大熟睡時來行刺。他已經贏得了幾個同夥的支持，但是其中有一個感到害怕而把祕密告訴了托勒密。

於是陰謀者都被捕了，阿利安根據托勒密和亞里斯托布拉斯的記載，說這些青年人供出主謀者為卡里希尼斯。不過阿利安卻又補充著說：「但是有許多作家不同意這種說法，認為亞歷山大本來就非常厭惡卡里希尼斯，同時又知道希摩勞斯與他有極密切的關係。」結果是所有被牽涉的人都全被處死。

事實上，卡里希尼斯似乎是一個無恥小人，他當面恭維亞歷山大，而背後卻又批評他。所以提瑪烏斯（Timaeus，公元前三五六—二六〇年）說他實在有愧於他的哲學，而且死在亞歷山大的手中也一點都不冤枉。不過誠如塔恩所指出的，不管他是否有罪，卡里希尼斯卻已經做了他的報復，因為他是亞里斯多德學派中的一份子，他的死使亞歷山大身後也蒙上了許多汙點。在他所著的史書結論中，阿利安曾經對於亞歷山大的惡行做了一個總檢討如下：

> 凡是痛罵亞歷山大是惡人的人，讓他們去胡說好了，但是首先應請他們認清除了這些被認為是應該受到譴責的行為外，亞歷山大也有其偉大的成就。他毫無疑問的是一個統治兩大洲的大皇帝，其功業真可以說是前無古人。而批評他的人卻都是一些不足道的小人。照我個人看來，在那個時候，幾乎是沒有一個種族，沒有一個城市，沒有一個個人，不對亞歷山大感到敬服。因為這個原因，我覺得這個英雄是的確與任何常人完全不同的，此乃天授，而非人力所能致之。

第四章　戰場

公元前四世紀的地理

今天若是沒有精確的地圖當作戰略家或戰術家的指導，則任何大規模的軍事行動都將很難描繪。不過這種地圖也只是近代才有。為了解亞歷山大出發遠征時所面臨的困難和危險，必須先簡略說明當時世界的概況，以及他對戰場所可能獲得的了解。

從地理上來說，在公元前四世紀所想像的世界只不過是實際大小的幾分之一而已。就歷史記錄而言，在公元前六一〇年出生的安納希曼德（Anaximander of Miletus），是第一個繪製世界地圖的希臘人，一個世紀後，這張地圖又為第一位希臘歷史家希卡塔斯（Hecataeus）所採用，他也是米利都人，曾經參加過公元前五〇〇—四九四年的愛奧尼亞叛變。在這張地圖上，世界被畫成一個圓盤形，分為兩個半月形的陸地，一個在北面代表歐洲，一個在南面代表亞洲和非洲，它們中間包圍著一個內海——地中海。這個世界的中心為博斯普魯斯海峽，它是歐亞兩洲的連接點，環繞著這整個的世界則均為大洋。它從地中海的西端出口處（即所謂海克力斯之柱〔The Pillars of

Hcrculesl」），向北流，然後再轉東達到裏海（當時稱為海爾卡尼亞〔Hyrcanian〕海），當時被認為是歐洲極東側面上的一個海灣。地中海，以及黑海（Euxine）和亞速海都畫得很準確。多瑙河（Ister）被認為是從現在法蘭西的北部某處，向東南流入黑海中。尼羅河的來源則被認為是印度。印度被畫在裏海的正南面，尼羅河先向西南流一大段距離，然後才向北急轉通過埃及流入地中海。

在希仁塔斯之後就有希羅多德（Herodotus），他出生於公元前四八四年。其地理知識大部分是以廣泛的旅行和沿途所搜集的知識為基礎，這比起愛奧尼亞的地圖家要算是一個極大的進步。他把一個圓形的世界改成了一個長方形的世界，其較長的一邊為自東到西，他把世界分為三大洲——歐洲、亞洲和利比亞（Libya）——他認為利比亞的各方面都為海水所洗刷著，只有蘇伊士地岬使其與亞洲連接著。此外他又記載著說，埃及王，尼可（Neco，公元前六一七—六〇一年）曾派腓尼基人繞著它航行，從紅海起到海克力斯之柱為止。不過他卻懷疑這個故事的真實性，因為這個故事中說，當環繞著利比亞航行時，在其西側面上，太陽會自右手邊升起。事實上，這若不是杜撰的，就正足以證明這種環繞航行是真的。

他認為歐洲的邊界還是不可知的，沒有一個人能夠確定是否有海洋環繞其北面或東面，至於長度方向毫無疑問的也像其他兩個洲一樣。他指出琥珀是來自歐洲的北部，駁斥一切有關「錫島」（Cassiterides）的理論，對於黑海以北的地區講了很多，尤其是西徐亞（Scythia），它是位置在多瑙河與亞速海之間的。在河川之中，他提到了依斯特河（Ister，即多瑙河），布里希尼斯河（Borysthenes，即聶伯河）和塔萊斯河（Tanais，即頓河）。

希羅多德要比他以前的地理學家，以及以後的多數地理學家都要更前進一點，他正確的指出裏海是一個湖而不是一個灣。其西邊為高加索，其東面則為廣大的平原，居民大部分為馬沙吉塔人（Massagatae）。當他在埃及作深入旅行時，發現有一個狹窄的海灣（即紅海）從艾里斯拉亞海（Erythraean Sea）——即印度洋——深入陸地夾在阿拉伯與埃及之間，其長度為四十個「划船日」。他又說在這個海中，潮汐每天都有一次漲落。照他的說法阿拉伯為亞洲南面的最後一塊有人煙的土地，衣索比亞則為在利比亞的最後一塊有人煙的土地。

他對於亞洲的知識僅限於波斯帝國，他在該國西部曾作深入的旅行，儘管印度是很遙遠的，他對於該國也曾經說了很多的話。不過他的印度卻還是僅限於旁遮普地區，他認為這是東方最遠的人類居留地。以外就是一片沙漠而更無他物，他並不知道還有南面的那個大半島。他說那裏人口稠密，部落很多，語言複雜，有些是遊牧的，有些則否。他們又拒絕殺生而以植物為食。他又說有一個國家叫做巴克提卡（Pactyica），用棉花來織布，在印度河（Indus）中也像在尼羅河中一樣可以找到鱷魚，但很奇怪的卻不曾提到象。

在這裏所提到的最後一個地理學家就是亞里斯多德，那也是與亞歷山大同時代的人。他認為地是不太大的球，位置在宇宙的中央，甚至於比某些星還要小。它是為水所包圍著，在印度與海克力斯柱之外，除了大洋就更無它物。他也知道紅海與大洋之間是由一條「狹窄的水道」來溝通著，他又提到兩個內海，一為海爾卡尼亞海，一為裏海，都是與外洋不連接的。除非他是把一個海錯成了兩個海，否則這兩個海就應該是裏海及鹹海（The sea of Aral）。他曾經舉出來許多的歐洲河流，而在亞洲方面他的觀察是有如下述：

亞洲的多數河流，以及其中最大者都是從叫做巴爾拉沙斯（Parnassus即興都庫什）的山脈上發源的，通常它也被認為是東南方的最高山。因為當你越過了它，即可以看到外面的大洋，那是我們這一部分世界中的人類所不知道其極限的。從這個山脈中發源的河流很多，其中有巴克特拉斯（Bactrus），即奧薩斯河（Oxus），恰斯配斯（Choaspes），即卡侖河（Karun），和阿拉克斯（Araxes），即賈克沙爾提斯河（Jaxartes）；從最後者中又分出了塔萊斯河（即頓河），流入馬提斯湖（Lake Maeotis），即亞速海。印度河也是從那裏發源，它是所有河中最大的一個。從高加索也流出了許多河流，其中有一條即為費希斯河（Phasis）——今之里昂河（Rion）。高加索也是東北面的最大山脈。

當亞歷山大出發遠征時，以上所述即為地理知識之總和。這是一個狹小有限的世界，除了希臘以外，歐洲即更無足稱的地區；埃及是屬於波斯的，而波斯帝國也就包括整個有人類居住的亞洲在內，再下去就是大洋。據說當亞歷山大從印度回到巴比倫時，曾經嘆息著說已經沒有更多的陸地可供他征服了，這個故事是否真實固不可考，但即令是真的，也毫不足怪，因為他對實際世界的知識當然不會超出同時代地理學家所知道的範圍以外。

雖然亞歷山大的世界只不過是現在大家所知道的一個零頭而已，可是其戰場卻還是很遼闊。它從多瑙河以南，延伸到印度河的彼岸上；又從西爾達里亞河（Syrdaria）一直延伸到尼羅河。除了巴爾幹半島以外，以現在的地名而言，它包括著土耳其的亞洲部分、敘利亞、巴基斯坦、半個埃及、伊拉克、伊朗、阿富汗、旁遮普、辛德（Sind）巴勞齊斯坦（Baluchistan）、和土耳其斯坦的南部。全部面積約兩百萬方哩，即約相當於美國的三分之二，估計約有人口五千萬人。

它包括著各種不同的地形：肥沃的平原，乾燥的沙漠，巨大的山脈和偉大的河流——一個複雜而困難的戰場。現在的伊朗，即為當年波斯帝國的中部與東部，包括著高地的大部分，這個高地是從印度河以西一直伸展到底格里斯河（Tigris）為止；乾燥的高原在克爾曼（Kerman）與依斯法漢（Isfahan）為海拔五千呎，在希拉茲（Shiraz）與依茲德（Yezd）為四千呎，在德黑蘭（Tehran）與米西德（Meshed）為三千呎。在冬季溫度有時降到零度及零度之下，在夏季則可以高達華氏一二九度。不過在歷史上，氣候卻是常有變化的，也許在亞歷山大的時代中，這個地區的氣候是比較溫和而土壤也比較肥沃。杭庭頓（Ellsworth Huntington）在其所著《亞洲的脈息》一書中，即曾指出在那些乾燥地區中，還可以找到許多的古城廢墟。當年亞歷山大的軍隊在克拉提拉斯指揮之下，曾經順利的通過阿富汗行軍而並無特殊的困難。但在今天，克拉提拉斯要想率領著其象隊和輜重，從希爾孟德（Helmund）走到拉馬希爾（Narmashir），則將是一種奇蹟，因為這一百八十哩長的行軍中，大部分都是「絕對的沙漠」。

有些河川已經乾涸，有些則已經改道，其中例如奧薩斯河不僅流入鹹海，而且也還沿著烏茲波（Uzboi）運河流入裏海。當杭庭頓在一九〇三年勘察這個地區時，他發現在比裏海現有水位高六百呎的地方還有擱淺的遺物，所以他認為在二二〇〇年以前，裏海大約要比現在高出一百五十呎，而且幾乎與鹹海結合在一起。

在旁遮普地區，河流的改道更是頻繁，但是到阿拉伯人在公元七一二年侵入之後，對此才有較可靠的記錄。從那時起，拜斯河（Bias）已經放棄了其古代過去的河床，而變成了沙特里（Sutlej）河的支流，而在印度，基拉姆（Thelum），齊納布（Chenab），和拉費（Ravi）等河也曾一再改變河道和交點。從阿卡巴（Akbar）的時代起（一五五六—一六〇五年），印度河的三角洲已經推進了五十餘哩，海岸線的形狀也發生了很大的改變。因為在阿拉伯人尚未侵入印度時的一千年前，也同樣會發生這一類的改變。所以在亞歷山大時代的河川位置，有許多與今天的已經大不相同，甚至於已經完全不可考了。

波斯帝國的組織

公元前五五二年，當居魯士，安申的王子（Prince of Anshan），反叛了米提（Media）時，波斯人幾乎還是一個無人知道的民族，他們住在波斯灣以北的地區中，但是在他和他的兒子，康拜西斯（Cambyses）的領導之下，在一代人的時間中，四個大王國——米提、里底亞（Lydia）、巴比倫（Brbylonia）與埃及——被合併成為一個波斯大帝國，在以後二百餘年間一直都是世界歷史的中心。這些征服之所以能如此的迅速，並非僅是完全憑藉武力，而且也還有對被征服人民的容忍態度。但是康拜西斯無子，所以當他公元前五五二年逝世時，這個尚未完全鞏固的帝國，就立即陷入混亂之中，在這個階段中，終於由大流士（Darius，公元前五二一—四八六年）獲得了控制。他是居魯士的族人，帕爾提亞和海爾卡尼亞總督，海斯塔培（Hystaspes, Satrap of Parthsa and Hyrcania）的兒子。一旦當鞏固了權威之後，他就開始增強其帝國的邊疆。首先在公元前五一八年，把居魯士沿著興都庫什山脈西坡建立的東疆，推進到了印度河的彼岸上。六年後，在公元前五一二年，他又把在馬爾馬拉海上的西疆推進到多瑙河上，於是也展開了波斯與希臘之間的長期鬥爭。

不過大流士在歷史上的地位，並不是一個征服者，而是一個帝國組織者和行政者。照布里斯提德（Breasted）在《文明的征服》一書中所批評的，他的工作姑且不說是在世界史上，至少在東方古代史上，要算是一個最驚人的成就。羅賓遜（Robinson）也說，它的成就對於以後所有的帝國，都可以算是一個模範，包括羅馬在內，若無它作基礎，則亞歷山大的征服也將不可能。

大流士所統治的帝國，很像不列顛帝國，不僅幅員廣大，而且也包括著許多不同的民族，他們之間缺乏共同的種族，語文和宗教。也像不列顛帝國一樣，他的問題是三方面的：一、如何贏得和維持其臣民的忠忱；二、如何分授權力而不喪失中央的控制；三、如何使整個帝國得免於內憂和外患。

為了達到第一個要求，那又是第二和第三兩個要求的基礎，他很聰明的採取一種容忍的政策。雖然他是一個絕對專制的國王，他卻能承認每一個種族集團的權利和特權，並尊重他們的傳統和習俗。在巴比倫他即位為巴比倫國王，在埃及他也承襲了法老（Pharaoh）的尊號，並被當作是阿蒙—拉（Ammon-Ra）的子孫。在塞浦路斯和腓尼基他們則維持著自己的王室，在愛奧尼亞的希臘城市中則維持其原有的暴君。雖然他本人是一個祆教徒（Zoroastrian），但他卻尊敬臣民所信仰的神祇，並且用國庫中的錢來為他們修建神廟，其中有一個即為在錫瓦（Siwah）的阿蒙廟。其所加在臣民身上的擔負只有兩種，一為進貢納稅，另一為戰時供給兵力。誠如格雷博士（Dr. G. B. Gray）所指出的，在歷史上他是第一個人企圖把許多不同的種族，納入一個單獨政府的統治之下，他尊重全體人民的權利與特權，但也使國內各部分都能分擔責任和擔負。

一旦當他建立了其統治之後，他就把其帝國分為二十個省區（Satrapies），每一個省區設一個總督（Satrap）。這也不是新發明，在亞述，巴比倫，和米提的帝國中，都早已採取此種制度，色羅奔曾經提到在居魯士治下的六個省區，但是大流士卻改進了這種制度，而且在過去也從未做如此大規模的實施（註：希羅多德曾經列舉出來二十個省區的名稱，和其應交納的貢款數量。其總數達一萬四千六百台侖之鉅。大流士又鑄造了一種金幣和銀幣，其價值幾乎恰好相當於英國的鎊和先令。一個台侖的黃金，分為三千個 daric，即相當於三三一三鎊。一個台侖的白銀，分為六千個 siglos，即相當於三三一鎊）。

總督或省長一定是出身高貴的人，有時為皇族中的分子。他們的任期不定，有自己的法庭和警衛兵力，並且在自己的省區裏是最高的法律權威。他們的職務極為廣泛，軍政兼管，主要的責任為收集貢款，維持法律和秩序，確保交通，並在戰時動員各省的民兵，增援國土的正規陸軍。

這種制度的弱點就是有野心的總督，經常會有獨立為王的趨勢；這種趨勢以後也曾經使亞歷山大的征服獲得了很大的便利。大流士對於這種離心的傾向採取了下述的預防措施。

除了各省的民兵以外，他自己維持著一支常備陸軍。在平時它可以監視各省，使這些總督們不敢造反，而在戰時則由民兵來當作常備軍的後盾。他們的組織為每一萬人組成一個師，師分為十個營，每營千人，再以百十為區分，每個單位都有其指揮官。但因為民兵是只在戰時才動員，所以他們的組織常常只是一個空架子。

常備軍中有國王的禁衛軍步騎各二千人，和一個號稱「不朽」（Immortals）的步兵師，共一萬人。在戰時還要加上大量的波斯騎兵。所有這些部隊均為波斯人或米提人。在戰爭及行軍中，陸軍的補給由所經過的各省負責擔負，這似乎可以暗示出來在平時即早已建立了補給倉庫。

為了對總督作進一步的牽制起見，全國的城市和戰略要點都是由波斯兵負責警衛。並且經常有號稱「國王的眼睛」（King Eyes）的高級官吏，被派往全國各地去視察並報告總督的行為。除了保證能夠培養忠貞的官吏起見，在蘇沙（Susa）又建立了一個士官學校。色羅奉曾經說過：「因為所有波斯貴族的子弟都必須在國王的宮中接受教育，他們在那裏只會學到善事，而不會接觸惡事，所以他們是在兒童時期就學會了治理和服從的道理。」這種說法固不無可疑；但這卻是一種監視總督與貴族的的好方法，因為這些青年可以當作人質，以來保證父親的順從行為。

因為這個帝國是如此的巨大，所以部隊的運動必須迅速，同時為了刺激貿易起見，大流士把舊有的商道發展成為軍路，雖然並無證據證明它們是可以與羅馬的媲美，但至少為可以通行的大道。在河川的渡口上都備有橋梁和徒涉場，每隔四「波里森」（Parasangs，編按：一波里森約三點四哩），就有一個郵亭驛站，並備有馬匹以供驛使之用。希羅多德對於這種驛站制度有下述的描寫：

> 任何人的旅行都不可能比這些波斯使者更快。這整個架構都是波斯人的發明，其方法是這樣的：沿著道路全線上都設有驛站，一人一馬每天規定要跑一定的距離，不受雷雨、冷熱、黑夜的影響。這樣傳送下去，好像希臘人的火炬接力賽跑一樣。

這些軍用大道又可能分為兩部分，西部及東部。在前者方面，主要的大動脈為大西路，又稱為「皇家大道」（Royal Road），希羅多德對它有很詳細的敘述。在後者方面，主要的為大東路，克提賽斯（Ctesias）在波斯古史中也有很詳細的記載。

「皇家大道」連接在沙爾提斯（Sardes - 即 Sart）與蘇沙（Susa，即 Shust）之間，共長一千五百哩，平均要走九十天，但是利用驛站制度，帝國的傳騎卻只要七天就夠了。從沙爾提斯，其西半段，大致沿著現有從斯麥那（Smyrna）到依斯康地侖（Iskanderum）灣的鐵路線走，經過依普沙斯（Ipsus，在 Ak Shehr 的東北），依可流門（Iconium，即 Konia），在陶拉斯山（Mt. Taurus）的西里西亞門（Cilician Gates），以達依沙斯（Issus，或即為 Alexandretta 以北的 Aisse）。從依沙斯起，其東半段在佐格馬（Zeugma，即 Balkis）渡過幼發拉底（Enphrates）河，於是再經過卡爾海（Carrlae, 即 Herran），尼希比斯（Nisibis，即 Nisibin），並在尼尼微（Nineveh，在 Mosul 附近）越過底格里斯河。此後再達到阿貝拉（Arbila，即 Erbil），轉向東南而以巴希提格里斯（Pasitigris，即 Karkheh）河邊的蘇沙為其終點。從依普沙斯另有一條環繞的路線，取道皮希拉斯（Pessinus），安卡拉（Ancyra，即 Ankara），在卡帕多西亞（Coppadocia）的普提里亞

（Pteria）達到了哈里斯（Halys）河，然後渡過該河通到馬查卡（Mazaka）及西里西亞門。

尼尼微為一個道路中心，有一條路向北通到在黑海岸上的特拉皮查斯（Trapezus），另一條向西通到塔普沙卡斯（Thapsacus），從那裏它又向南轉，通過敘利亞、取道大馬士革（Damascus）、泰爾（Tyre）、加薩（Gaza），以達埃及的皮魯蘇門（Pelusium）和孟斐斯（Memphis）。

從巴比倫和蘇沙，大東路通過艾克巴塔納（Ecbatana），萊格（Rhagae），及裏海門（Caspian Gates）以達米西德（Meshed），從那裏其北支前往巴克特拉，和奧薩斯河上，其南支則前往希拉特（Herat）。在希拉特，道路又分叉為二，一支向東達到哈里魯德（Hari-Rud）河以達到喀布爾（Kabul），然後再到印度河上的艾托克（Attock），另一支往南，通過賽斯坦（Seistan），康達哈爾（Kandahar）及莫拉隘道（Mulla pass），以達印度河。從康達哈爾又有一條路向東南以達古拉德吉爾德（Gulashkird），再前是波斯波里斯和帕沙加達（Pasargadae），從那裏又分叉，一條往艾克巴塔納，另一條往蘇沙。

為了更進一步改善交通起見，大流士又命令希臘人，賽拉克斯（Scylax），去發現一條在印度與波斯之間的海路。依照希羅多德的記載，賽拉克斯從巴克提卡（Pactyica）國的卡斯巴塔（Caspatya，地址已不可考）出發，沿著印度河順流入海，從那裏繞過波斯與阿拉伯的海岸，駛入紅海，而在蘇伊士的附近登陸。在這一次著名的航海之後，大流士征服了印度，並利用了那一部分的海洋。他同時也挖掘了一條運河，從尼羅河以達紅海，由此在印度與地中海之間也就建立了水上的交通。

公元前四世紀的波斯

自從大流士死後，波斯帝國就開始衰頹。當他的兒子澤爾西斯（Xerxes，公元前四八五—四六五年）在沙拉米斯和普拉提亞兩次戰敗之後，在歐洲的立足點遂被迫放棄。在其承繼者阿爾塔澤爾西斯一世（Artaxerxes I，公元前四六四—四二四年）和大流士二世（公元前四二四—四〇五年）的時代中，國政操在婦女的手中，以至叛亂常起，在公元前四〇四年失去了埃及。公元前四〇一年，小居魯士背叛了兄長阿爾塔澤爾西斯二世（公元前四〇四—三五八年），雖然他在庫那克沙（Cunaxa）被擊敗，但中央政府與各省間的鬥爭卻永無已時。在這個階段中，大流士一世所征服的興都庫什以東和黑海以南的地區也就永遠喪失了。阿爾塔澤爾西斯三世（公元前三五八—三三八年）繼位，再度征服了埃及，埃及的神廟也受到了極大的侮辱，神廟被當作馬廐，聖牛在宴會中被當作了燒烤物。公元前三三八年，他為其首相巴果斯（Bagaos）所暗殺，後者遂即帝位，稱為大流士三世（公元前三三六—三三〇年）。他是一個性格懦弱的人，根本不足以應付如日東升的馬其頓。

色羅奉對於波斯的衰頹，曾經作過下述的評論：「在過去，高貴的成就才是建立名譽的途徑，只有為國王冒生命危險，或開疆闢土的人才會被尊敬。但是現在，一切無恥小人都可以獲得最高的榮譽，好像只有他們才能為國王獲得利益一樣。在這種風氣之下，所有的亞洲人都變得寡廉鮮恥，和缺乏正義感了。人們通常總是上行下效的。所以終至於法紀蕩然，盜賊蜂起。不僅是罪犯，無辜的人也一樣會被拘捕，並毫無理由的被迫交納罰金。這真是匹夫無罪，懷璧其罪了。在這種情形之下，這個國家的內部是早已眾叛親離。所以當任何人對波斯進行戰爭時，都可以縱橫無忌，直抵其心臟地區，其兵力不堪一擊，因為他們已經忘記了神意，又對同胞不公正。無論在哪一方面，其心靈都是已經大不如前了。」

這些話中間固然有許多的事實，但同時也有反波斯的宣傳。色羅奉把波斯的陸軍，尤其是騎兵，說得一錢不值，認為他們是毫無戰鬥價值。從亞歷山大的戰鬥內容中看來，他這判斷是很荒謬的。不過他的批評中有些也還是正確的：例如他說居魯士的騎兵本來是裝備著短矛，以後改成了標槍，那是一個很大的錯誤。他又說波斯人是重量而不重質，想依賴大批沒有訓練的烏合之眾，和僱用外國傭兵來補充其所缺乏的民族精神。柏拉圖所說的也大致相同。他說：「就理論上來說，他們的兵力是多到了無法計算，但卻都是不堪一擊的。所以他們只好僱用傭兵和外國人，好像自己沒有部隊一樣。」

大流士三世的陸軍實際上並不像阿利安和其他史學家所想像的那樣巨大，毫無疑問的，這是不無宣傳作用的，又可能只是紙上的數字，即能夠召集的人數，而並非實際已集中的數字。其皇室的陸軍似乎仍像過去一樣，還是由國王的禁衛軍所組成，可能為四千人，另有二萬名希臘傭兵，和數量不一定的騎兵，據塔恩的估計，最多為五萬人，不過大流士卻從來不曾集中這樣大的兵力。所謂一萬人的「不朽軍」似乎是已經消失了。

所以在公元前三三三年，環境似乎是對於入侵者有利的，儘管必須經過巨大的距離，始能達到這個帝國的要害，而制海權也還是握在波斯人的手中，此外波斯國王手中也擁有極大的財富，可以用來收買敵人的軍隊。這個波斯王是懦弱無能的，他的總督們不可靠，他的民兵戰鬥力頗低，所以儘管其帝國是有高度的組織，還擁有良好的道路，可是這卻反而使一個智勇兼全的敵人坐收其利。

第五章　戰略述要

國內基地的鞏固

當菲利普遇刺時，亞歷山大還只有二十歲，他是那樣的無經驗和沒有經過考驗，所以所有的希臘人都以為馬其頓帝國是就快要崩潰了。他的繼承權也發生了疑問，因為有許多馬其頓的貴族主張推立阿明塔斯，那就是菲利普的兄長，皮爾地卡斯的兒子，此外也有人主張推戴林西斯提（Lyncestian）世系的王子。對於亞歷山大而言，要算是很僥倖，他的兩員大將安提帕特與帕爾米尼奧，都還向他效忠。安提帕特留在馬其頓，而帕爾米尼奧則與阿塔拉斯進駐亞洲；他是阿塔拉斯的岳父，他若是叛變了，則後果將不堪設想。

在雅典，菲利普被刺的消息傳來後，立即受到了極熱烈的歡迎。人民開會慶祝，對於刺殺菲利普的兇手表示感謝，並致書給阿塔拉斯勸他不要承認亞歷山大。狄莫西尼斯是這一次叛變的靈魂，他在人民大會中歡呼，告訴雅典人說亞歷山大是一個乳臭小兒，勸人民廢除其同盟統帥的職務，並準備戰爭，再度與波斯國王建立關係。整個希臘成了燎原之勢：艾托利亞（Aetolia）召回菲利普所放逐的人；安布拉西亞（Ambracia）驅逐馬其頓的駐軍；底比斯、阿哥斯、艾里斯（Elis）與阿卡地亞（Arcadia）都準備獨立，而反馬其頓黨在提沙里也占了上風。國內外的情勢是如此的危急，所以亞歷山大的顧問們都勸他放棄提沙里以南的希臘地區，並趕緊安撫蠢蠢欲動的伊利里亞、配奧尼亞和色雷斯等部落，他們都想擺脫菲利普加在他們身上的枷鎖，並侵入馬其頓本部。

天才是一個很微妙的名詞。它既不是一種高度的才能，也不是一種傑出的智慧，也不是一種學問、紀律或訓練的產品。它是一種創造性的天賦能力，在表現上是本能的和自動的，它使其享有者具有像神一樣的權力，足以達到某種不可思議的目標，這不是常理所能說明的。這是既不可以分析又不可以解釋的，自從亞歷山大即位之始，我們就經常感到這種充沛的天才存在。面對著這種使最勇敢的人都要發抖的局勢，他卻既不害怕也不猶疑，他不理會一切的忠告，在任何陰謀者尚未能採取行動之前，就把所有叛徒領袖處死了，接著他馬上就束裝就道，不是為了鞏固疆界，不是為了懲罰叛徒，而是要向全希臘宣布他是它的主子（阿明塔斯和阿塔拉斯及他的一切男性親屬，除了帕爾米尼奧以外，都被處死，還有兩個林西斯提的王子。此外，奧林匹亞斯也把菲利普的次妻和幼女都殺害了）。

若是要想為他的天才尋找一個證明，那麼值得注意的就是其行動的神速：任何情況都不足以使他感到猶豫，一切的困難都是立即加以解決，雖然是冒了極大的危險，但是他似乎覺得成功是已經注定了的。時間是他的經常盟友，他抓著一切的時機，從不浪費一分鐘，所以在他人議論未定之前，他卻已經達到了他的目標（拿破崙也具有這種氣質——「在戰爭的藝術中，也像在力學中一樣，時間為重量與力量之間的一個主要因素。」其他許多名將也多少是如此的）。

亞歷山大不等到其王國改組完成，或是使邊界上的部落向其效忠，就先像旋風一樣向南沿著海岸衝入了提沙里。在騰皮（Tempe）提沙里人請他在隘道以外暫停，以便考慮是否允其入境。亞歷山大為了避免戰鬥，而又能繞過這個隘道起見，就命令其部下在奧沙山（Mount Ossa）臨海的一面上，開闢階梯，當他在隘道的後面出現時，提沙里人真以為他是從天而降的。這樣就足夠使他們死心塌地的服從他了，他被選為提沙里聯邦的領袖，並把一支強大的騎兵交給他指揮。

從騰皮他又進到了色摩皮利（Thermopylae），這也是希臘中部的門戶，安費克托尼會議正在那裏開會，也立即承認他是這個同盟的盟主。他繼續前進，進入了波提亞，並宿營在底比斯的前面。於是距離雅典只有四十哩了。雅典人並無對抗圍攻的準備，於是改變了對他的態度，派了一個使節團向他求和，其中也包括狄莫西尼斯在內。亞歷山大正需要雅典人的合作，所以，很願意寬恕他們，他的態度是那樣的寬大，使雅典人大喜過望，於是對於他的尊崇也就有過於其父親。一切的抵抗勢力都崩潰了，同盟代表大會選他為終身盟主，並繼任統帥以來進行對波斯的復仇戰爭。所有這些成就都是兵不血刃而獲得的。速度就是他的兵器，它使敵人都癱瘓了。

當他返回馬其頓時，他順道前往德爾菲去向阿波羅問卜，想知道亞洲的遠征能否順利成功。根據普魯塔克的記載，當那個女巫因為當天不是法定的問卜日而拒絕執行其職務時，他在一怒之下就把她拉到了神鼎的前面，她為他的神威所懾，就向他說：「我的孩子！你是無敵的！」聽到了這句話以後，亞歷山大就很滿意的說不必再問了。

當他平定了希臘後，亞歷山大的次一個任務就是在前往波斯之前，先鞏固其國內的基地。底比斯與雅典都是被迫投降的，而斯巴達還存有敵意而且並未加盟。為了想在他離開時仍維持其權威和同盟的團結起見，他決定把安提帕特留在希臘，給與足夠監視斯巴達和壓平叛亂的兵力。在他出發之前，他並不曾征服斯巴達，這本是他的實力可以達到的，因為他的使命是要向波斯宣戰，雖然從戰略上來說，在他離開希臘之前先剷除斯巴達本是有利的，但他若是這樣，就有把他的同盟政策變成了暴政之嫌了。在他的一生當中，亞歷山大總是以政策為主而戰略為僕的，這也是大戰略的精義。

為了使安提帕特的兵力可以對斯巴達和叛變都能應付裕如起見，又必須解除其防守北疆的任務，所以在他前往波斯前，亞歷山大決心先征服在馬其頓與多瑙河之間的野蠻部落，並用這一條天然防線來當他的北疆。況且波斯人不是曾經渡過多瑙河麼？難道他的將才還不如大流士一世麼？這個戰役的目的不僅是為了征服，更是為了建立威望，這一戰足以使其大名傳揚在希臘全境之內。這是其偉大劇本的一個序曲，在這裏他是扮演著「馬其頓居魯士」的角色。

公元前三三五年的春季中，亞歷山大命令一支艦隊從拜占庭出發，向多瑙河溯江而上，到某一未經指定之點以求與其陸軍會合。於是他從安費波里斯出發，越過了尼斯塔斯河（Nestus，即Mesta）和羅多普（Rhodope）山地，並達到了哈馬斯山地（Mount Haemus，即巴爾幹），可能在希普卡（Shipka）隘道上為一個色雷斯山地部落所阻（關於這次作戰可參看第八章）。他用一個巧妙的迂迴運動肅清了這個隘道，越過了巴爾幹山地，進入了提巴里亞人（Triballians）的領域，達到賴吉拉斯（Lyginus）河上，那是多瑙河的一個支流。提巴里亞人的國王賽爾馬斯（Syrmus），聽到他來了，就命令他的陸軍去抵抗他，而自己則率領婦孺退到多瑙河中一個叫做普斯（Peuce）的小島上。當亞歷山大來到後，用一個巧妙的迂迴迫使提巴里亞人接受會戰，將其殺死三千人之多，並推進到多瑙河邊，與艦隊會合。他本想占領該島，後來發現水流過急，而島上的坡度又太陡，於是才放棄了這個意圖。

此時，一個住在多瑙河以北地區中的吉塔人（Gates，也是色雷斯部落中之一個）正在集中兵力阻擋他的進路。這是亞歷山大所不能逃避的一個挑戰，既然大流士能夠渡過該河，所以他也必須渡過。他搜集一切所能尋得的船隻，用帳幕包著稻草來當作浮筏，乘著黑夜，祕密的把一千五百名騎兵和四千名步兵，渡過了北岸，藏在一個作物長得很高的田地中。這樣使吉塔人受到了奇襲，而完全被擊潰了。雖然就戰術而言，這個作戰是一件小事，但是其精神效果卻十分巨大。他能夠像大流士一樣，在一夜之間不用橋梁渡過了最大的河流，這個事實使一直遠到愛奧尼亞灣（Ionion Gulf，即亞德里亞海岸）的各個部落都大感震驚，他們都一致承認他是無敵的，所以紛紛派代表來向他表示願意臣服。

當這個戰役剛剛結束後，亞歷山大馬上就聽到了一個壞消息：兩個伊利里亞的酋長，克萊塔斯（Cleitus）和格勞卡斯（Glaucias），已經締結同盟，而且克萊塔斯並已攻佔皮侖（Pelion），這是在艾普沙斯（Apsus。即 Devol）河上的一個重要的馬其頓西疆要塞。他立即兼程趕去，想在格勞卡斯尚未能支援克萊塔斯之前，就先把它奪回（關於此次作戰可參看第八章）。因為未能用突擊的方式將這個要塞攻下，他就決心改用圍困的方式，可是當他剛剛開始挖掘工事時，格勞卡斯卻率領大軍來到他的後方，占領了皮侖以東的丘陵地，阻塞了亞歷山大的道路。因為亞歷山大急於想收復皮侖，所以才使他在判斷上犯了一個錯誤，他現在發現自己處於兩軍夾攻的危急地位上。他用了一個卓越的佯攻與迂迴，重新打開了交通線，三天之後，當他知道格勞卡斯已與克萊塔斯會合，而且均已宿營在皮侖城外時，他對他做了一次夜間的奇襲。許多敵人都在睡夢中送了性命。他乘勝收復了皮侖，這次勝利是如此具有決定性，在其一生當中，以後馬其頓的北疆與西疆就只再發生過一次叛變。

當亞歷山大正在有事於色雷斯與伊利里亞時，大流士三世深知波斯現在所面臨的危險，乘著亞歷山大離開希臘的機會，就派了使臣前往希臘各國，帶了大量的黃金去策反。只有非同盟國的斯巴達公開接受了這種賄賂，不過毫無疑問的，在這些城市中有許多反馬其頓黨派的領袖人物們也都乘機揩油，譬如說雅典雖然拒絕了波斯的黃金，可是狄莫西尼斯本人卻接受了三百台侖，並用這筆錢來為底比斯人購買武器，有許多被放逐的人也都回到了雅典。接著就有謠言傳播，說亞歷山大已經在伊利里亞陣亡，這個謠言雖然不一定是狄莫西尼斯所編造的，但他卻對它做了極大的利用，以來煽動叛變。

不久這個謠言就被許多人信以為真了，於是底比斯的流亡分子祕密的返回本國，並鼓動居民發動叛亂。亞歷山大的兩個官員被殺害，他們宣布該城已獲自由，並圍攻據守卡德米亞河（Cad-mea）的馬其頓軍隊。這個消息傳出了之後，艾托利亞、阿卡地亞和艾里斯都準備支援叛徒，而在狄莫西尼斯鼓動之下，雅典人也在準備戰爭。

在這裏應該說明的，底比斯人的起事並不只是背叛亞歷山大，更是反抗同盟，因為底比斯也是會員國之一。假使亞歷山大已死，這個同盟也就自動解散，它的行動還可以勉強算是合理的，但是因為他還健在，所以這就要算是背叛盟約的罪行了，於是遂使亞歷山大以盟主的身分，獲得了一個天賜的機會。可以代同盟討伐叛徒，而同時逃避了其暴行的指責。所以狄莫西尼斯的輕舉妄動反而使他居於有利的地位，他現在是以同盟盟主的身分來向希臘貫徹意志，而不僅是馬其頓的國王而已。

當叛亂的消息傳到亞歷山大耳中時，他還只剛剛占領了皮命，他距離底比斯在三百哩以外，其部隊也非常需要休息。但是因為他害怕雅典、艾托利亞和斯巴達會與底比斯聯合起來反抗他，所以他的問題又還是時間：他能否在聯合陣線尚未組成之前，搶先趕到底比斯呢？因為要爭取時間，他立即排除萬難，用強行軍通過馬其頓西部的無路山地。在離開皮命十三天後，他進入了波提亞，在那裏與弗西亞、普拉提亞和波提亞等國的盟軍會合。他的進度是那樣的神速，所以直到他達到了底比斯西北面七哩遠的昂齊斯塔斯（Onchestus）時，底比斯人都還不知他已經過了色摩皮利。甚至於他們自己還在繼續欺騙自己，硬說他是已經死了，並且認為來攻的軍隊是安提帕特從馬其頓帶來的。第二天一切的疑惑都沒有了——亞歷山大親自站在底比斯的城下。

他首先向底比斯人招降，請他們尊重盟約，因為他希望所有的希臘城市都是他的同盟者而不是敵人。因為沒有反應，他第二天就把營地移到了艾里克特拉門（Electra gate）邊，以便控制通雅典的道路，並可以接近卡德米亞河。他仍不想進攻，希望底比斯人能夠悔悟。可是底比斯人卻送來了一個侮辱性的回答，並攻擊其前衛。於是亞歷山大催動方陣，逐回底比斯的兵力，並跟在他們的後面攻入城中。卡德米亞的守軍也投入了戰鬥，一共殺死六千名底比斯人。

一旦底比斯被攻下後，亞歷山大就以盟主身分召開一次臨時同盟理事會，因為懲罰底比斯是他們的任務而不是他的任務。因為只有鄰近的同盟國才來得及派代表參加，而他們都是仇視底比斯的。所以遂決議底比斯城應夷為平地，全部居民都應出賣為奴。毫無疑問的，亞歷山大是可以修改這個決議，使它不這樣殘酷，有許多人都認為這是他主要罪行之一。同時也有紀錄認為他以後對於底比斯的毀滅內心很感到遺憾。但在那個時候，假使他要想在他領兵進入亞洲後，能夠確保一個安定的國內基地，那麼在戰略上，他是有使希臘人受到一個不易忘記的教訓之必要。而且，當底比斯毀滅後，在希臘所剩下來的不易駕馭的重要國家就只有雅典和斯巴達兩個了，因為在它們之間隔著一個柯林斯地岬，不僅是不易聯合起來，而且只要有一支相當小型的馬其頓兵力駐在這個地岬附近，也就能夠使這種聯合變得不可能。

底比斯的毀滅對於希臘人好像是一個青天霹靂一樣，無論遠近都大感震驚。阿卡地亞人將其反馬其頓派領袖處死，艾里斯人歡迎那些親馬其頓的流亡者回國，艾托利亞人向他求饒，最無恥為雅典人，居然還派一個使節團去慶祝他從伊利里亞的安全歸來，最初他要求雅典人把禍首狄莫西尼斯以及其他八個人（大部分都是演說家）交出。於是狄莫西尼斯大為恐懼，用了五個台侖去賄賂一位親馬其頓派的領袖狄馬德斯（Demades），去向亞歷山大求赦。經過了相當的考慮後，他接受了這個要求，因為他不願意使雅典人過分屈辱，並且希望趕緊前往波斯。此外，狄莫西尼斯現在也已經不為國人所信任，親馬其頓派的狄馬德斯與弗西恩（Phocian）已經握得了政權，而最重要的，是他希望保留雅典的艦隊，不讓它落入波斯手中。

他前往柯林斯地岬，主持一次正式的同盟理事會，決定各會國應擔負的兵力，於是再前往德爾菲，並在公元前三三五年冬季以前回到馬其頓。

海外基地的建立

當亞歷山大在希臘作戰時，帕爾米尼奧沿著亞洲海岸向南前進，雖然其軍隊的一部分為門農（Memmnon）所擊敗，後者是波斯方面的希臘傭兵指揮官。但他仍能堅守其在艾拜達斯（Abydus）的重要橋頭陣地。亞歷山大回到了馬其頓後，就召回帕爾米尼奧，命令他幫助他與安提帕特整編遠征軍。

他決定把安提帕特留在希臘，做為馬其頓的攝政，兼同盟副盟主，他率領了九千名步兵和一些騎兵以來防守國內基地。遠征軍由亞歷山大親自指揮，帕爾米尼奧任他的副帥，共為步兵三萬人，騎兵五千人——這只不過是一個概數而已。在步兵中，一萬二千人為馬其頓部隊，六個團為方陣步兵（共九千人），由克拉提拉斯（Craterus）、皮爾狄卡斯（Perdiccas）、寇納斯（Coenus）、阿明塔斯（Amyntas）、米里亞格（Meleager）、菲利普（Philip，阿明塔斯之子）分任團長。三營皇家步兵，共三千人，由帕爾米尼奧之子，尼卡諾（Nicanor）指揮。希臘同盟國共有輕重步兵七千人，由安提哥那（Antigonus）指揮。傭兵五千人由米南德爾（Menander）指揮。此外還有三千人的阿吉里亞（Agrianian）標槍兵、色雷斯輕步兵和克里特弓弩手，分別由阿塔拉斯（Attalus）、希塔爾西斯（Sitalces）和克里爾巧斯（Clearchus）來指揮。在騎兵方面，有二千名為禁衛騎兵，由帕爾米尼奧的長子，費羅塔斯（Philotas）指揮；二千名提沙里騎兵由卡拉斯（Calas）指揮；另外一千名為色雷斯騎兵、配奧尼亞騎兵、長矛騎兵、和希臘聯軍的騎兵，分別由阿加索（Agatho）、阿里斯托（Aristo）、阿明塔斯（Amyntas the Lyncestian）和菲利普（米尼勞斯之子）來指揮。希臘同盟國的兵力是很有限的，也許是因為亞歷山大對盟軍不太信任，更可能他不希望他的軍隊為二流部隊所拖累了。他為什麼不召募一支較強大的傭兵部隊，其原因可能是因為他沒有錢，他曾經告訴我們說當他出發時，在金庫中連六十個台侖都沒有，而且還負了一千三百台侖的債。此外一定還有相當數量的砲兵、工兵、馭卒、伙夫、僕役、隨營者、婦女等，所以亞歷山大的總人數可能在四萬以上。

似乎因為帕爾米尼奧在亞洲的挫敗已經使大流士以為侵入的危險已經解除了。或者他仍然相信即令有侵入的企圖，可是黃金和斯巴達就足以將其打消。門農是一個有經驗的將領，他率領著大約二萬名希臘傭兵駐在小亞細亞，其中有一部分是在波斯艦隊中服務。波斯艦隊共約有軍艦四百艘，實力遠比希臘同盟軍的艦隊強大，後者只有船隻一百六十艘。

為什麼波斯人不曾動員艦隊來據守韃靼尼爾海峽，可能是因為該處的水面太窄，會讓他們的數量優勢在戰鬥中難以發揮。但更可能的是門農的最初計畫，似乎本不擬抗拒侵入軍的登陸，他是準備讓亞歷山大渡過韃靼尼爾海峽，等到他向內陸前進時，就準備採取焦土政策，燒燬一切的村鎮，以便其軍隊無法獲得一切的給養和掩蔽。於是等到亞歷山大的軍隊挨餓時，他就用艦隊把一支打擊兵力送入希臘，而把希臘變成戰場。這是在格拉尼卡斯會戰前不久他勸波斯將軍們所應採取的計畫，這是顯然經過長久的思考，而並非一時靈感之產品。但里底亞和希里斯朋特—佛里幾亞（Lydia and Hellespontine-Phrygia）兩省的總督，希皮斯里達提斯與艾爾希提斯（Spithridates and Arsites），卻不肯聽他的忠告。艾爾希提斯聲明他不准許在他的省區中有一幢房屋焚燬。

在尚未分析亞歷山大對波斯的第一次戰役之前，首先應了解這個戰爭的目標。它是為了要報復澤爾西斯對於所有希臘人所做的暴行。所以這是一次思想戰爭，一種是與非之間的鬥爭，誠如法特爾（Vattel）在十八世紀所指出的，當兩個國家同樣深信他們是正在為正義而戰時，那麼雙方之間除非完全拚倒一個，否則就絕無和平之可言。不過當亞歷山大最初出發遠征，他不太可能會有征服整個波斯帝國的念頭。最初他的觀念可能是有如依索克拉提斯所想像者，只想征服小亞細亞到哈里斯河為止，但是因為從一開始起，他的政策就是心理性的——不僅是為了要替希臘向波斯報仇，而且還要用相當好的待遇以來贏得波斯人的擁護，而使波斯帝國發生內在的崩潰——這樣遂吸引著他從一個情況進到另一個情況，終於進到了敵方帝國的極限。最後，它變成了兩個文化與文明之間的戰爭，所以也就是一個活力較強的擴張戰爭。

當侵入的準備完成之後，在公元前三三四年的初春時節，亞歷山大把留守馬其頓與希臘的責任交給安提帕特，自己率領大軍取道安費波里斯，進到了韃靼尼爾海峽上的西斯塔斯（Sestus），這也是一百四十六年以前，澤爾西斯渡過海峽的地方。他留下了帕爾米尼奧去監督渡海的工作，而自己卻乘船到依流門（Ilium）去拜謁其祖先阿奇里斯的墳墓，在他的墳前獻了一個花圈，並且借用他的防盾。阿利安說亞歷山大曾經宣稱阿奇里斯很幸運，因為有荷馬為他揚名天下。阿利安補充著說，正因為這句話才使他想寫亞歷山大的歷史，因為亞歷山大是沒有阿奇里斯那樣幸運，他身後一直受到歷史家的不公正待遇。

當他結束了祭祖之行後，亞歷山大就前往阿里斯貝（Arisbe），那是一個靠近艾拜達斯的鎮市，他發現帕爾米尼奧和他的軍隊都已經在那裏宿營。

次日，他沿著海岸向北前往南門普沙卡斯（Lampsacus），在那裏遭遇到了波斯總督們匆忙集中的兵力。從南門普沙卡斯，他全軍向東旋轉，在希爾莫塔斯（Hermotus），其騎兵發現了波斯人已在格拉尼卡斯（Granicus）河的右岸上，距離馬爾馬拉（Marmara）海中的河口只有幾哩的地方占領了陣地。在那裏亞歷山大贏得了第一次偉大的勝利（參看第六章），使他變成了小亞細亞的主人翁，此後這一塊土地一直保留在希臘人的手中，直到十一世紀土耳其人侵入歐洲為止。

在會戰之後，他立即去撫慰他的傷兵，埋葬雙方的陣亡者，對於戰死將士的家屬予以免稅的優待，為了安撫其馬其頓部屬，又命賴西普斯（Lysippus）為陣亡的二十五位御林軍人塑像，將其安置在宙斯神廟中。於是他開始做了很有異彩的事情：

第一件是他派人把三百套的波斯鎧甲送給雅典，做為掛在神廟中的禮物。在那上面刻著下述的記載：「亞歷山大——菲利普的兒子，以及所有的希臘人，只有斯巴達人例外，謹獻上從亞洲

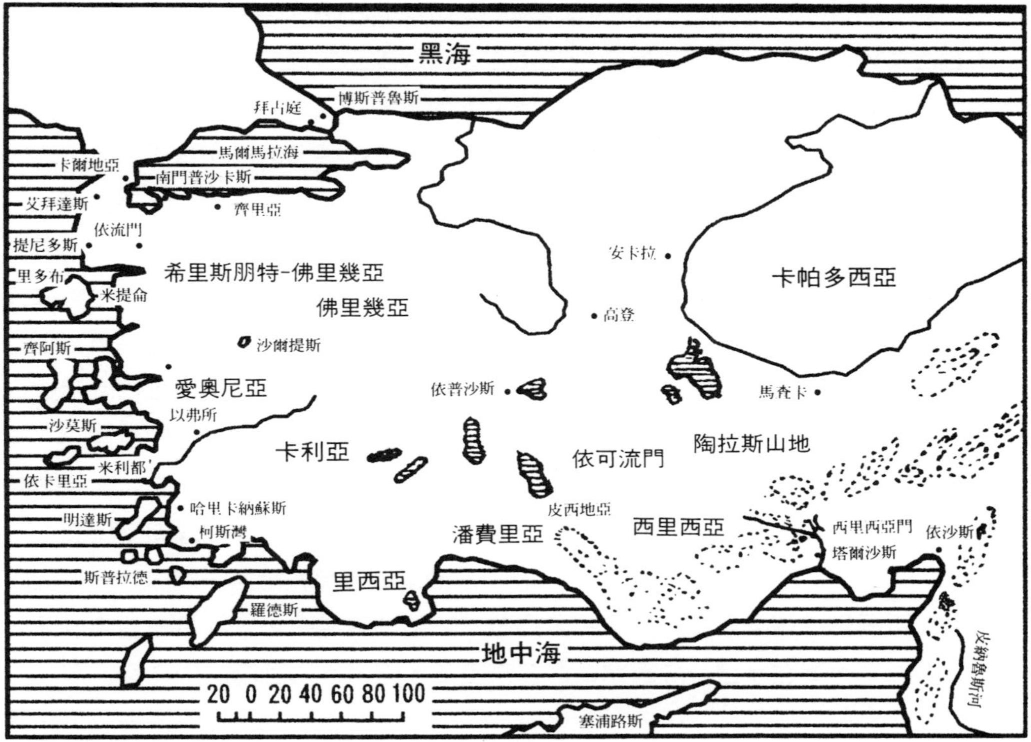
黑海
博斯普魯斯
拜占庭
馬爾馬拉海
卡爾地亞
南門普沙卡斯
齊里亞
艾拜達斯
依流門
提尼多斯
希里斯朋特-佛里幾亞
里多布
米提侖
佛里幾亞
沙爾提斯
齊阿斯
愛奧尼亞
以弗所
沙莫斯
卡利亞
米利都
依卡里亞
哈里卡納蘇斯
明達斯
柯斯灣
斯普拉德
里西亞
羅德斯
地中海
20 0 20 40 60 80 100
塞浦路斯
安卡拉
卡帕多西亞
高登
依普沙斯
馬查卡
陶拉斯山地
依可流門
皮西地亞
潘費里亞
西里西亞
西里西亞門
依沙斯
塔爾沙斯
皮納魯斯河

圖二　小亞細亞西部

獲得的戰利品。」值得注意的是他不會提到他是國王，是馬其頓人，而只暗示說明他是同盟的統帥，所以也是同盟的僕人。

第二個行動也是同樣的特別。他把被俘的希臘傭兵，加上腳鐐，送回馬其頓去開墾荒地。他說因為他們是希臘人，但卻幫外國人對希臘同盟作戰，所以應該加以懲罰。換言之，他不是為了他個人，而是為了同盟來懲罰這些叛徒。

第三個行動更特別。這也代表用安撫手段以來贏得戰爭的政策。由於波斯原有的總督，艾爾希提斯已經逃走，他就選派卡拉斯（一位馬其頓將軍）去接管希里斯朋特－佛里幾亞省的政務。他不給他加上一個馬其頓的官銜，而仍用波斯原有的「總督」（Satrap）名稱，並且命令他向居民收稅時應以原有配額為限。這也是亞歷山大波斯政策的第一砲。此外，為了安慰征服區起見，他命令所有逃往山地中的人民都趕緊回家，並赦免齊里亞（Zelea）人民的一切責罰，因為他知道他們是被迫在戰爭中幫助波斯人的——對於任何時代中的征服者而言，這種溫和的行動都要算是很特殊的。

雖然格拉尼卡斯會戰已經為亞歷山大打開了小亞細亞西部的門戶，但卻只能算是一個前衛的勝利。波斯陸軍的主力仍然存在，門農在會戰中逃脫，已率領殘部向南撤退，而波斯的艦隊也還是完整無恙。亞歷山大必須要鞏固海外基地與海上交通線，要達到這個目的，它不僅要占領小亞細亞的西岸，而且當他繼續前進時，必須使留在後方的是一個和平而友好的國家，而且不需要太大的守兵，否則他就無法集中最大的兵力以對付敵人。

亞歷山大是一個絕對專制的帝王，當然他是並不贊成民主的，但是他知道波斯國王一向利用暴君與貴族統治小亞細亞的希臘城市，這一些人深為大多數公民所厭惡，因為他們都是傾向民主的。因為這些公民都是波斯的敵人，所以他決定要使他們變成他的友人。所以他不僅讓這些希臘城市獲得了自由，而且還加上自決——換言之，他準備讓他們的公民有選擇其政府形式的權利。簡言之，他決定與所接觸到的一切反波斯勢力都締結同盟關係，而不考慮其政治立場是如何。這樣利用他們的幫助就可以創出一條內在的戰線，當他繼續前進時，也就能夠逐漸的毀滅波斯的統治權，而使後方變成一個友好的地區。此外，他把所有的城市都逐漸爭取到手，尤其是以海岸城市為然，這樣也就使波斯艦隊喪失了基地，並限制其對於海上交通線的作戰能力。從這個時候起，自由與自決也就變成了其政策的支柱，而他的戰略也就是根據此種原則來發展的。

從格拉尼卡斯河上他前進到沙爾提斯（Sardes），這也就是里底亞的首府，因為波斯守軍指揮官，米特里尼斯（Mithrines），不戰而降，他就待之以殊禮，並准許沙爾提斯人與其他的里底亞人都保有自由，並享受使用舊有法律的特權。在沙爾提斯他又開始改組波斯省制度。在這種制度中，總督一手控制一切民政、軍政、財政的大權，因為他們的權力太大，所以時常發生叛變。亞歷山大決定要削減總督的權限。在小亞細亞時，他已經不讓他們（都是馬其頓將軍）控制財政，並且把鑄造錢幣的權力控制在自己的手中。一旦占領了沙爾提斯之後，他就指派艾桑德爾（Asander）為里底亞總督，又派普桑亞斯（Pausanias）為沙爾提斯駐軍司令，但收稅之權卻又由尼卡斯（Nicias）負責。

從沙爾提斯他就前往以弗所（Ephesus）。在那裏他召回了被放逐的人，打倒了寡頭政治，建立了一個民主政府。但是亞歷山大所崇尚的自由並不包括放縱在內。當民主人士開始殺害異己時，他馬上制止了這種暴民的行動。依照阿利安的報導，這個舉動使他獲得了極大的擁護。他於是派帕爾米尼奧率領步兵二千五百人和騎兵二百人，去解放在卡利亞地區馬格里西亞（Carian Magnesia）的希臘城市，又派艾爾西馬巧斯（Alcimachus）率領同樣的兵力，去解放艾阿里克（Aeolic）的城市，其命令的內容是說：「推翻一切的寡頭政治，建立民主政府，並豁免他們對於外國人（波斯人）所應交納的一切貢款。」此後，他又在阿特米斯神廟舉行了祭典，並率領剩除的兵力向米利都出發。

在那裏他受到了波斯守將希吉斯塔托斯（Hegesistratus）的抵抗，後者最先本擬投降，但因為看到波斯艦隊有來援之勢，即決心抵抗，可是不幸得很，亞歷山大卻早已料想到了這一點，他命令尼卡諾所率領的艦隊，先占領了米利都的港口。在波斯艦隊來臨的前三天，尼卡諾就已經達成了其任務。帕爾米尼奧現在又已經與亞歷山大會合在一起，遂勸他做一次海戰，但是亞歷山大拒絕了這個建議。不僅是因為波斯艦隊占有巨大的優勢，而且若是這一戰敗了，則威望的損失是會在希臘境內觸發革命的。他決定攻城，利用其攻城機器撞毀了一部分城牆，攻占了該城。儘管他曾遭遇到反抗，但他卻仍然寬恕這個城市中的人民，准許他們自由。接著他就在曼德爾（Maeander）河口上——距離米利都約十哩——切斷了波斯艦隊的水源，並迫使他們放棄作戰。於是米提侖（Mytilene）、提尼多斯（Tenedos）和齊阿斯（Chios）等島嶼也都變成了柯林斯同盟的會員國，但根據塔恩的記載，在大陸上的希臘城市都不曾加盟。

制海權的贏得

米利都為愛琴海西岸上的最後一個重要希臘城市，從這裏取道沙莫斯（Samos）、依卡里亞（Icaria）、米可羅斯（Myconos）、提羅斯（Tenos）和安德羅斯（Andros）等島嶼，即可以與希臘之間打通一條輔助性的交通線。於是亞歷山大對於海外基地的建立工作就可以算是已經完成了，他的次一個問題即為如何繼續向東前進。

在陸上他並無立即性的危險，因為大流士的主力還距離得很遠。但是在海上他卻受到波斯艦隊的威脅。那麼他應採取何種對策呢？因為他不可能希望在會戰中擊敗它，於是他決定扼殺它，沿著小亞細亞的南岸前進，使其喪失一切的基地。因為這個戰略並不需要直接使用自己的艦隊，所以他將其解散，只留下少數船隻載運攻城縱隊而已。據狄奧多拉斯的記載，其中有二十艘是雅典人提供的船隻。很明顯的，亞歷山大保留著它們是當作一種質物來看待的。他採取這個行動的另一個理由，是因為在冬季中，波斯海軍的行動備受限制，他手中也正缺乏金錢，無力供養他的艦隊過冬；此外，解散了艦隊也可以多出三萬人左右的人力。

儘管有這些理由，把海洋委棄與門農總還是一個相當巨大的冒險，不過因為在希臘城市中民主政治的建立卻足以減輕此種冒險的程度，因為波斯艦隊中的希臘籍兵員大都是具有民主傾向的貧民和流犯，所以他們現在都已經發生了動搖。同時，阿爾塔澤爾西斯三世對於塞浦路斯人和腓尼基人的野蠻虐待，也令人永遠難忘，結果除了泰爾的支隊以外，其餘由塞浦路斯人和希登人（Sidonians）所供給的支隊都已經不可靠了。

從米利都，亞歷山大進向哈里卡納蘇斯（Halicarnassus，即 Bordrum），那也是卡利亞（Caria）的首府，這個城市是一個卡利亞化多於希臘化的城市。自從格拉尼卡斯會戰之後，門農即撤退到了那裏。亞歷山大在這裏受到了強烈的反抗，他被迫只好圍攻該城（參看第七章）。在攻克該城之後，他命令安民，並為卡利亞建立新政府。

他在這裏所採取的步驟即可明瞭他對於省區採取的行政方式，完全是隨機應變的，以前他總是派一位馬其頓人做總督，一次他卻指派一位卡利亞的婦人擔負此種要職。當他進入卡利亞時，他就遇到艾達（Ada），她是前總督毛索拉斯（Mausolus）的姊姊，本來是由她承繼總督的位置，但後來卻為其兄弟所搶去。因為她歡迎亞歷山大，交出了艾林達（Alinda）要塞，並認亞歷山大為她的義子；又因為亞歷山大希望他自己以解放者的姿態出現，所以他恢復了她的主權，指派她為總督。在卡利亞人的心目中，他也就變成了他們統治者的兒子。但是他一方面雖讓艾達主持政府中的民政事務，但是卻不讓她過問軍政，那是交給一位馬其頓軍官來主持的。以後每逢他任命東方人為總督時，這也就成為一個通例了。

他於是命令托勒密率領那些在戰役開始時剛剛新婚的馬其頓軍人，回希臘度假，並命令托勒密在明年春天再率領他們連同增援兵力回來參戰。據阿利安的報導，認為亞歷山大這一個行動，是要比任何其他的行動都更能獲得馬其頓人的擁護。亞歷山大留下了帕爾米尼奧，率領了三千希臘步兵和二百騎兵，去圍攻阿孔尼沙斯（Arconnesus）與沙爾馬西斯（Salmacis）兩個衛城，他自己則進入萊西亞以求控制海岸地帶，並使敵方艦隊變為無用。

在潘費里亞（Pamphylia）的賽德（Side），他指派尼爾巧斯（Nearchus）為萊西亞與潘費里亞的總督；然後再向北進，克服了皮西地亞（Pisidia），並進到了佛里幾亞。在西萊拉（Celaenae）他又指派安提哥那為佛里幾亞的總督，給他一千五百名傭兵，駐防該城，並指示他進向高登（Gordium），這也是古代佛里幾亞的故都。在那裏，托勒密與他會合，除了那些新婚休假的人員外，還帶來了三千名馬其頓步兵，和六百五十名騎兵做為增援。此時，他接到了雅典的要求，希望他釋放在格拉尼卡斯會戰中所俘獲的雅典人。他卻表示拒絕，因為照阿利安所說的，他認為在對波斯的戰爭尚在進行之際，對於希臘人所加的恐怖感是不宜有任何程度的放鬆，否則難免會影響安全（以後當他從埃及返回敘利亞時，還是將他們釋放了）。

當亞歷山大留在佛里幾亞時，門農又在蠢蠢欲動，依照阿利安的記載，他是決定想執行原有的計畫，利用艦隊把戰爭帶入希臘境內；但實際上比較可能的，卻是他計畫打擊在艾拜達斯之上，切斷亞歷山大的交通線，迫使他為了收復艾拜達斯而必須減弱其兵力，於是他本人就可以乘機溜走了。以下的行動就可以當作證明。第一點，門農用奸謀占領了齊阿斯島，接著又占領了所有的里斯布（Lesbos）羣島，只有米提侖（Mytilene）例外，這個島也在封鎖之中。可是他突然患病而死，由他的姪子法爾拉巴查斯（Pharnabazas）接任總司令。米提侖人向他投降，其默契的條件即為依照安塔西達斯和約（The Peace of Antalcidas），他們應取得大流士同盟者的地位。可是法爾拉巴查斯卻立即違反了這個條約，並建立了一個暴政。此後，他又占領了在韃靼尼爾海峽口上的提尼多斯羣島——距離阿拜達斯僅為三十哩。

當門農反攻的消息傳到了亞歷山大的耳中時，他似乎是相當的感到威脅，他命令希吉羅巧斯（Hegelochus）重組艦隊，同時安提帕特也搜集其所有的船隻，在希弗羅斯（Siphnos）附近擊毀了一支小型的波斯艦隊。不過這場虛驚卻只是曇花一現而已，在門農死了不久之後，大流士決定召回其傭兵，並由海戰又轉為陸戰。他命令法爾拉巴查斯把不到一千五百人的傭兵，由海上送往在腓尼基（Phoenicia）的提波里斯（Tripolis），以來擋住亞歷山大的東進，他自己則在巴比倫集中軍隊，並且花了一年的時間去召募它。在公元前三三三年的秋季中，他率領這支兵力進到了索巧（Sochoi，位置已不可考），那大致是在阿勒坡（Aleppo）以西，阿馬納斯（Amanus）以東，他就在那裏等候亞歷山大的到達。

從高登，亞歷山大進到安卡拉（Ancyra），再經過卡帕多西亞（Cappadocia）趨向西里西亞門（Cilician Gates），這也是在陶拉斯（Taurus）山地上，進入西里西亞的主要隘路。若是能有適當的防禦，則它是不可能輕易通過的，因為它是那樣的狹窄，甚至於駄馬都必須卸載之後才能通過。它現在由西里西亞總督，阿爾沙門斯（Arsames）率領重兵據守。亞歷山大留下了帕爾米尼奧率領重型部隊在後面，他自己親率輕裝部隊用高速前進，來搶占這個隘路。在一晝夜之間他前進了六十二哩，雖然他的行動並非保密，可是這種高速似乎使阿爾沙門斯的計畫完全被破壞，他自動放棄了隘路，匆匆的向塔爾沙斯（Tarsus）退卻。但是當亞歷山大仍繼續壓迫不止，於是阿爾沙門斯又只好繼續退走。在塔爾沙斯，亞歷山大因為在賽德拉斯（Cydnas）河中的冷水裏洗澡，受涼而患了重病，才暫時停止前進。

要明瞭以下的發展，又首先必須了解亞歷山大所正擬進入的區城的地形。在他的前進路線的前面，橫著一道阿馬納斯山脈，從阿侖提斯（Orontes）河上的安提阿（Antioch）起，向北一直進展到現有的沼澤地為止。在安提阿以北約二十哩處，和在亞歷山大瑞塔（Alexandretta）城的南面，有一條隘路通過山地，現在到阿勒坡的公路就是通過它的，當時稱為敘利亞門（Syrian Gates）；在它北面約十五哩的地方，山地向海岸下降，又有一個狹窄的隘道，叫做「約拿之柱」（The Pillar of Jonah），再向北走二十七哩，又有一個隘道，叫做艾馬尼德門（Amanid Gates），現在到阿勒坡的鐵路就是從這裏通過的。亞歷山大似乎是不知道有上述第三個隘道的存在，要不然就是認為它沒有重要性，因為當他病好了之後，他本人就在塔爾沙斯以南的地區中進行綏靖的工作，而只派了帕爾米尼奧率領一支強大的同盟傭兵部隊，去占領敘利亞門，但對於艾馬尼德門則完全不設防。等到他自己的工作完全結束之後，他在亞歷山大里亞灣西岸上的馬拉斯（Mallus），才聽到大流士已經駐軍在索巧的消息，那距離敘利亞門只有兩天的行軍里程。這個消息使全軍都大為震驚，亞歷山大為了急於想與大流士交手，次日即趕往敘利亞門。兩天後，當他把傷患留在依沙斯（Issus）之後（在亞歷山大里亞灣的頭部），他自己就率領大軍宿營在米里安德拉斯（Myriandrus）的城外，那是敘利亞或腓尼基的首府（在亞歷山大瑞塔的附近）。他的意圖是要想經過敘利亞門以達索巧，那應該是在該隘路以東約三十哩，大約是它與阿勒坡之間的中點（亞歷山大這一次的行軍又是極為神速，因為馬拉斯距離亞歷山大瑞塔至少有六十七哩遠）。

當亞歷山大在西里西亞，大流士是準備在索巧來抵抗他。他的部將中有安提阿巧斯（Antiochus）的兒子阿明塔斯，他是在幾年前從佩拉逃往波斯，現在正指揮著希臘的傭兵。他力勸大流士不要離開索巧附近的開闊平原前進，因為這裏最有利於大軍的展開，而山地區域則否。但是當亞歷山大因為患病和在西里西亞的作戰，遲遲未有進展，大流士遂判斷他已無再繼續東進的意圖：這是一個很合理的假定，因為陶拉斯山脈對於馬其頓帝國而言，是幾乎可以構成一個不可透入的東疆。所以他不聽阿明塔斯的忠告，決心採取攻勢，他首先把他的輜重和金庫都送往大馬士革（Damascus），這在索巧的南面，相距二百哩以上，這是一個很奇怪的選擇，因為艾勒坡或塔普沙卡斯（Thapsacus）都在他的交通線上，這兩個位置似乎是比較適宜。於是他向艾馬尼德門前進，到了那裏他才知道亞歷山大已經不在西里西亞，而早已從依沙斯向南進發了。他馬上反轉方向往他的後方追去，在依沙斯發現了亞歷山大的野戰醫院，就把那些傷患全部屠殺了。這是一個愚蠢的野蠻行為，因為這並不能為害敵人，而只是激起了敵人的怒火。從依沙斯他又進到了皮納魯斯（Pinarus）河上，並在右岸上建構了一個防禦陣地。這是一個不可原諒的大錯，因為既然在行動中捕捉敵人，當然應該用最高速度繼續挺進。

亞歷山大是那樣斷定大流士一定還是留在索巧，所以他不會加以監視，當他得知大流士的全軍已經到了他的後方時，他還是不肯相信這個報告。為了證實起見，他派了少數御林軍坐上一艘快船到依沙斯灣中去實行偵察。他們回來才證實了這個情報。亞歷山大立即召集其諸將，把情況解釋給他們聽，並鼓起他們的勇氣。次日，公元前三三三年的十月底或十一月初，他反轉了他的行軍序列，向皮納魯斯河上前進。毫無疑問的，這也是極大的錯誤，因為過分熱心，他無異是自投羅網。

亞歷山大在皮納魯斯河上打了他的第二個偉大的會戰——依沙斯會戰（參看第六章）。波斯軍慘敗，大流士僅以身免逃往塔普沙卡斯，其母親、妻子與子女俱被俘虜，還有三千台侖的黃金。阿明塔斯率領了傭兵八千人，通過山地逃往提波里斯，從那裏取道塞浦路斯前往埃及。不久因為企圖征服埃及而被殺害（在他死後，他的傭兵轉而為斯巴達國王，艾吉斯〔Agis〕服務，並在米加羅波里斯〔Megalopolis〕作戰。）

重要性僅次於大流士的失敗者，為亞歷山大的勝利在希臘所產生的影響。在那裏，雖然波斯艦隊控制著愛琴海，可能希吉羅巧斯也已經奪回了提尼多斯羣島，並捕獲了從黑海方面來的敵軍運糧船，而使雅典人大聲喝彩。可是狄莫西尼斯又在到處造謠生事，說亞歷山大是注定了要失敗的，當依沙斯會戰正在進行時，斯巴達王艾吉斯，也在希弗羅斯島上與法爾拉巴查斯會商一個聯合解放希臘的計畫。亞歷山大大捷的消息傳來，對於他們和全希臘都像一個青天霹靂一樣。法爾拉巴查斯駛返齊阿斯，以防叛變。雅典人放棄了他們的陰謀，因為他們的本土受到直接威脅，在希臘艦隊中的塞浦路斯與腓尼基的支隊都自動退出，趕回防守他們的家鄉。當他一步步沿著亞洲海岸前進時，亞歷山大也不斷贏得了愛琴海的控制權。

在這一戰後，亞歷山大指派巴拉克魯斯（Balacrus）與梅農（Menon）分任西里西亞和柯羅—

敘利亞（Coelo-Syria）的總督，並且派帕爾米尼奧前往大馬士革去奪取波斯的金庫，這足以解除其今後的財政困難。在大馬士革，帕爾米尼奧找到了斯巴達、底比斯和雅典的使臣，正在等候大流士的到達以便向他求援。因為在依沙斯大捷之餘，聲威大振，所以亞歷山大可以採取溫柔的政策。他只把斯巴達的使臣囚禁起來，至於底比斯和雅典人都被釋放，尤其是雅典的使臣，為依費格拉提斯（Iphicrates），他是著名的依費克拉提斯的兒子，亞歷山大為表示對雅典城的友誼和尊敬其父親的功德，並與他成為終身的朋友。

雖然任何將軍都不可能會比亞歷山大更知道如何擴張勝果，但是在依沙斯會戰之後，他卻仍然堅持他的目標——贏得制海權——那卻只有完全占領腓尼基的沿岸城市，然後才能達到。所以他並不追擊大流士，而繼續沿著敘利亞海岸向南前進。在前進中，他遇到了阿拉達斯（Aradus）的王子斯塔頓（Straton），他把在阿拉達斯島上的要塞，與在大陸對岸上的馬拉沙斯（Marathus）城都獻給亞歷山大。

在馬拉沙斯城，亞歷山大接待了一位帶來大流士國書的使臣，書中內容是求他釋放其母親、妻子與兒女，其報答則為友誼與同盟。亞歷山大在其回信中，首先聲明大流士的祖先對於馬其頓與希臘諸國所做過的錯事，並且說明為了雪恥報仇，他才被推舉為希臘同盟的統帥。此外他又指控大流士曾參與暗殺菲利普的陰謀，和違反了波斯法律篡奪波斯的王位，並唆使希臘人向馬其頓宣戰。他說：「我既與你在戰場上相見，並且擊敗了你的兵力，足以證明我是獲得了神佑，應該接管你的國土。請你親自來見我，你可以要求你的母親、妻子、兒女，以及任何其他你所想要的東西。凡是你所要求的，都絕不會被拒絕，但是今後你寫信給我，請你應該把我當作亞洲之王來看待；不要想與我居於平等的身分。假使你不承認我的王權，那麼你就應該挺身而鬥，而不要只想逃。不管你逃到哪裏，我都會追上你。」

這一封信也就透露了亞歷山大的態度已經有了一種徹底的改變。在格拉尼卡斯會戰之後，他所強調的還是其對於希臘同盟的盟主地位，可是在依沙斯會戰之後，他所要求的就變成了整個波斯帝國的主權了。甚至於在依沙斯會戰之前，他就曾經向他的部下訓話說：「在這一戰之後，除了征服亞洲全部以外，就更無其他的事情可做了。」在這一戰之後，他的地位是更加強，雖然他應該知道只要大流士仍能留在戰場上，則這些話也都不過只是空洞的誇言而已。他的唯一其他政策即為依照依索克拉提斯的忠告，只以小亞細亞為征服的極限，換言之，那只是一種防禦性的戰爭，但是亞歷山大卻不是一個防禦心靈的將軍。

從馬拉沙斯他又繼續向南前進。拜布拉斯（Byblus，即貝魯特）和希登（Sidon）均望風而降，而泰爾則派了一個使臣來見他，希望曉得他要求的是什麼。他命令他回泰爾去，告訴他的國人說，亞歷山大要進入該城並向海克力斯的神廟舉行祭祀（希臘人認為泰爾的神「米爾卡斯」〔Melkart〕就是他們「海克力斯」）。但是他們卻不敢讓他入城，並且相信他們的島嶼要塞是堅不可拔的——尼布加尼撒（Nebuchadrezzar）曾經圍攻它十三年之久，都不曾將其攻克——所以他們拒絕了他的要求。可是泰爾的占領，其意義即等於波斯海權的結束；所以亞歷山大也就決心對它實行圍攻。

他在此時的戰略觀點可以從他對將領所發表的一篇講詞中找到很詳細的解釋。以為這是一個極重要的文獻，所以現在就將全文引述如下：

我認為只要波斯人仍然握有制海權，則向埃及的遠征對於我們而言就是不安全的；又因為其他的原因，尤其是只要看希臘的情形，就可以知道若是在我們後方留下忠貞有疑問的泰爾城，而且埃及和塞浦路斯也都還在波斯人的占領之下，此時若去追擊大流士，則絕非安全的路線。我害怕假使我們向巴比倫前進追擊大流士，則波斯人就會再度企圖征服濱海地區，並把戰爭帶入希臘境內。斯巴達人現在還是公開的與我們為敵，而雅典城在目前對於我們也還只是畏威而不懷德。若泰爾城被我們攻占了，則整個腓尼基都將會是我們所有，而腓尼基人的艦隊，那是波斯海軍中數量與素質都是最好的一部分，也很可能歸順我們，因為腓尼基的水兵與陸戰隊，當他們自己的城市被我們占領時，是絕不敢為了他人而冒險一戰的。此後，塞浦路斯或許會毫不猶豫的自動向我們投降，或者只要海軍一到，即可以輕鬆的將其攻占。當塞浦路斯島歸順了以後，而馬其頓的艦隊又與腓尼基的艦隊會合，那麼我們也就獲得了絕對的制海權，同時遠征埃及也就成了一個輕而易舉的工作。等到我們征服了埃及後，於是對於希臘和我們自己的國土也就不再有後顧之憂了。此後再向巴比倫遠征，就可以比較安全，而因為我們已經征服了波斯的濱海諸省，以及在幼發拉底河這一邊的一切土地，所以聲威也可以大振。

當他作這次演講時，亞歷山大還不知道大流士在依沙斯戰敗的消息，已經使波斯的艦隊自動

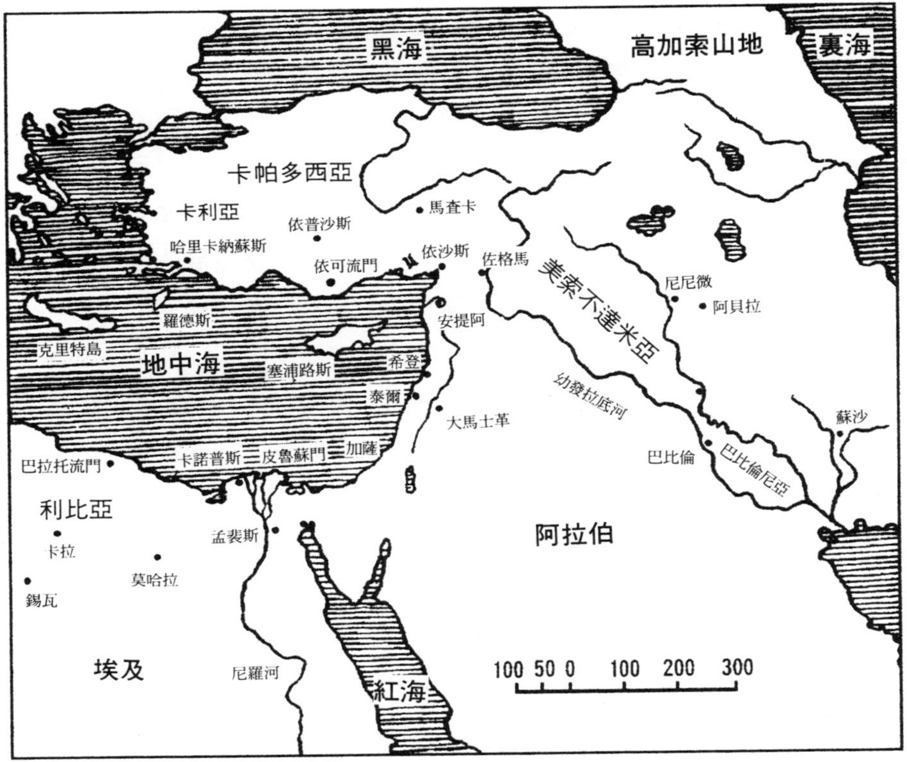
黑海
高加索山地
裏海
卡帕多西亞
卡利亞
依普沙斯
馬查卡
哈里卡納蘇斯
依可流門
依沙斯
佐格馬
美索不達米亞
尼尼微
阿貝拉
羅德斯
安提阿
克里特島
地中海
塞浦路斯
希登
泰爾
幼發拉底河
大馬士革
蘇沙
巴拉托流門
卡諾普斯
皮魯蘇門
加薩
巴比倫
巴比倫尼亞
利比亞
孟裴斯
阿拉伯
卡拉
莫哈拉
錫瓦
埃及
尼羅河
紅海
100 50 0 100 200 300
圖三　波斯帝國西部

瓦解了。在對泰爾的圍城戰剛剛開始，腓尼基艦隊，除了泰爾人的以外，在從愛琴海回來之後，都紛紛願意為亞歷山大服務，塞浦路斯的支隊不久之後也採取了同樣的態度。於是亞歷山大手中有了一支二百二十艘軍艦的大艦隊，那比泰爾國王艾齊米爾克（Azemilk）的兵力強大得太多了。

在圍城期中，又有一個波斯使臣來到，他告訴亞歷山大願意出錢一萬台侖（約值二百四十四萬英鎊），以來贖取他的母親、妻子和兒女，並且願意把一個女兒嫁給亞歷山大，以及割讓在幼發拉底河以西，直到愛琴海為止的一切土地。

當亞歷山大把這些條件在一次將領會議中宣布出來時，帕爾米尼奧據說曾經對亞歷山大說，假使他是亞歷山大，就會欣然同意這些條件而結束戰爭。亞歷山大回答他說：假使他是帕爾米尼奧，他也會同意的。於是他回答大流士說：他既不想要錢，也不想要其領土之一部分；因為大流士所有的一切金錢和土地都是他的；假使他要想與大流士的女兒結婚，則他可以任意辦理。他命令大流士必須來見他，才可以希望獲得一切的優待。

塔恩爵士與威爾肯，在他們的著作中，都指明出來，這個亞歷山大與帕爾米尼奧對於大流士求和的條件具有不同意見的故事，很可能就是一個暗示，第一次表現出來亞歷山大與那些曾在菲利普手下服務的馬其頓老將們之間，已經有了裂痕。威爾肯認為假使菲利普已經進到了亞歷山大所達到的極限，則他一定會接受以幼發拉底河為國界的建議。但是亞歷山大卻早已越過了一個馬其頓國王所具有的相當有限化的觀點，並感覺到他自己是「亞洲之王」——一種超國家的帝王。因為這似乎是要把馬其頓併入一個亞洲大帝國之內，遂使那些年老的馬其頓人很不愉快，他們是以帕爾米尼奧為其領袖的。

大約是在公元前三三二年的七月底或八月初，經過了七個月的圍攻，泰爾終於被攻下了，有八千名泰爾人被屠殺。根據阿利安的記載，因為圍城時間的長久使馬其頓人非常憤怒，所以才做這樣殘酷的屠殺；又因為泰爾人曾經在他們的城頭上，屠殺了一整船的希臘俘虜，並將屍體投入海中，所以才以此為報復。只有在海克力斯神廟中避難的人，根據亞歷山大的明令，獲得了赦免，其餘的居民與傭兵都一律被出賣為奴（傅利曼教授又指明出來，僅僅只是殺俘虜，並不違反希臘的戰爭規律。但是侮辱和不埋葬屍體，對於希臘的一切宗教觀念而言，卻都是一種極大的罪行。所以無怪其然的，在泰爾城被攻陷之後，要繼之以殘酷的屠殺）。

泰爾的攻陷也使亞歷山大獲得了敘利亞與埃及，以後它們保持在希臘與羅馬人的手中，幾達一千年之久。眼前最重要的後果，是他達到了控制東地中海的目的。波斯艦隊已經不再存在，所有一切的海軍基地都已在他掌握之中。他對於本國基地的安全將更無所懼，此後他可以專心致力於陸上作戰了。

西南疆界的確保

因為亞歷山大對於大流士的第二次要求，所作的答覆又是無妥協之餘地，換言之，意思就是說戰爭將要繼續打下去。在泰爾陷落後，若立即去進擊大流士，那麼對於亞歷山大而言，就會好像是追野鵝一樣。沒有什麼可以打擊的固定目標。所以我們可以對亞歷山大作下述的猜想：要想使他真正成為亞洲的共主，則勢必要做一次決定性的會戰，可是必須等到大流士已經集中了另一支大軍後，才有這種機會，所以正當大流士在作此種努力時，埃及就邏輯上來說，應該是次一個最有利的目標。埃及為波斯帝國的西南省區，埃及人也備受波斯人的壓迫，所以假使他占領了埃及，亞歷山大就又可以以解放者和被壓迫人民的救星姿態出現了。此外，在後方留下一個安穩的埃及，也是一種戰略上的需要，因為它可以加強對東地中海的控制，又因為埃及是一個龐大的糧食產地，占領了它也就可以解決希臘的糧荒，在雅典這種糧荒是尤其嚴重，它是造成社會政治不安的一個重要原因。

因為必須在大流士完成戰備之前，先占領埃及，所以時間又變成了一個決定性因素：在泰爾攻陷之後，亞歷山大並不停下來組織敘利亞的行政，只留下了帕爾米尼奧監督這個國家，自己則兼程向南前進。在加薩（Gaza）——這是保護敘利亞南部的一個邊境要塞——他受到了波斯總督巴提斯（Batis）的激烈抵抗，並被迫必須做圍城戰。這樣使他延誤了兩個月的時間。根據阿利安的記載，這個城中的男子完全戰死，在該城攻陷之後，亞歷山大將婦孺都完全出賣為奴，然後再從鄰近地區移民以來充實該城。寇修斯（Curtius）的記載中說，為了模仿阿奇里斯對於赫克托（Hector）屍體的處理方式，亞歷山大也曾把英勇的巴提斯，活生生的掛在一輛戰車的後面，然後繞著加薩城牆馳騁，將其拖死為止。這顯然是故意的造謠，因為亞歷山大最欣賞荷馬的史詩，而荷馬卻曾公開譴責阿奇里斯的行為是一種「可恥的瘋狂行動」，所以亞歷山大是絕不會這樣做的。

從加薩，亞歷山大沿著海岸進到皮魯蘇門（Pelusium），這是位置在尼羅河口以東的埃及邊境要塞，他的艦隊也已經在那裏等候。埃及是不戰而降了，不論在哪裏他都被人民歡呼為解放者。波斯的總督，馬查西斯（Mazaces）出降時，交出了八百台侖黃金和孟斐斯城。亞歷山大就在那裏正式加冕為埃及王，而在人民的眼中變成了他們的「法老」（Pharaoh）了。雖然他的加冕的一切「符命」都是偽造的，可是這些象形文字的內容卻說明他是受命於天的，他也被稱為是阿蒙（Ammon）的愛子和「拉」（Ra）所選擇的人。這些尊號使他對於埃及享有特權，並且具有神化的人格。

在孟斐斯，亞歷山大又正式祭祀艾皮斯（Apis）等神祇；這是一個高度重要的政治行動，足以使埃及人產生強烈廣泛的印象。因為最使埃及人憤慨，就莫過於康拜西斯與阿爾塔澤爾西斯三世毀滅他們的神廟和屠殺艾皮斯的聖牛。在犧牲祭神之後，就繼之以體育與音樂的比賽，以後亞歷山大就把他的一部分兵力裝上了船，沿著尼羅河的西面支流，經過勞克拉提斯（Naucratis）的希臘人居留地，而達到卡諾普斯（Canopus）。

在卡諾普斯以西幾哩的地方，在拉可提斯（Rhacotis）村落中，他建立那十七個名叫亞歷山大城（Alexandria）中的第一個。希吉羅巧斯從愛琴海方面回來向他報告著說，所有波斯人的一切抵抗都已經結束，所有的島嶼都已經解放，但法爾拉巴查斯已經逃走。

因為在錫瓦（Siwah）水草田中的阿蒙神籤，也正像希臘的德爾菲與多多拉（Dodona）神籤一樣出名，又因為根據傳說的神話，亞歷山大的祖先柏修斯（Perseus）與海克力斯都曾經訪問過那裏，所以亞歷山大也自然有去一次之必要。他率領一小隊隨從，沿著海洋向巴拉托流門（Paraetonium）進發，那是在亞歷山大城以西約二百哩的地方。由那裏再向南越過沙漠，當他走向這個水草田時，有一位僧侶前來歡迎他，並向他敬禮，稱他為「阿蒙之子」。關於這一點有許多的神話，但事實上不過是一個對於任何「法老」的傳統尊稱而已，因為他已加冕，所以在埃及人的心目中，亞歷山大本是阿蒙－拉的兒子。亞歷山大與這個僧侶一同進入神廟的內層，在那裏做些什麼是無人知道的。因為我們所知的，就是他寫給他母親的一封信，他說，他獲得了某種神祕的啟示，這是他只能告訴她一個人的，所以必須等到他回國時，才能說給她聽。但是亞歷山大始終未能生還故國，所以這也就永遠成為一個祕密了。從錫瓦他又取道卡拉（Kara）與莫哈拉（Moghara），回到了孟斐斯。

在孟斐斯，亞歷山大接見了從希臘來的使節團，同時也收到了安提帕特所送來的四百名希臘傭兵與五百名色雷斯騎兵。他可能就是在這個時候，遇到了埃及哲學家沙蒙（Psammon），並聽取了他的教訓。根據普魯塔克的記載，亞歷山大對於他所說的「上帝為一切人類之王」的理論深為欣賞。但是當他對於這種理論作了一番沉思之後，他又獲得了一個更深入的哲學結論：「雖然上帝誠然是一切人類的共同父親，但是祂卻特別使他自己成為他們中間最光榮和最優秀的。」塔恩說，「這也就無異於說明四海之內皆兄弟也的理想，若果是如此，這在西方世界中就要算是最早的了。」

在孟斐斯，亞歷山大又依照與他過去所採取者完全不同的路線，去改組埃及的行政。因為埃及就自然環境而言，是一個富強之國，所以他認為若把他交給一個人去掌管，將會是不安全的，所以決定採取分權的辦法。他指派兩個埃及人，多羅斯皮斯（Doloaspis）與皮提希斯（Petisis）為上下埃及的「總督」（但卻不用Satraps這個名稱）。以後當皮提希斯辭職時，他才讓多羅斯皮斯統治全國。西面靠近利比亞的地區，東面在赫利俄波里斯（Heropolis，在蘇伊士附近）城以外的阿拉伯地區，則由兩個希臘人，阿波羅紐斯（Apollonius）與勞克拉提斯的克羅門尼斯（Cleomenes）去管理。後者又兼任財政部長，但收稅的工作又還是由埃及本地的稅吏來執行：這使埃及人極感滿意。他指派潘塔里昂（Pantaleon）與米加克里斯（Megacles）分別指揮孟斐斯和皮魯蘇門的駐軍；賴希達斯（Lycidas）指揮希臘的傭兵，他是艾托利亞人；留在埃及的陸軍，由普希塔斯（Peucetas）與巴拉克魯斯（Balacrus）分任主將，海軍則由波里蒙（Polemon）指揮。在這種分權安排之下，他使當地民政當局不能控制財政與軍權，這樣使任何一個人都不能控制全部的行政，而來建立一個獨立的王國。

公元前三三一年的春天裏，亞歷山大在孟斐斯附近的尼羅河上架橋，開始啟程返回泰爾，他的艦隊也已在那裏待命。在那裏，他又接到雅典人的請求，希望他釋放在格拉尼卡斯會戰中的雅典籍俘虜，這一次他同意了。他派了一百艘腓尼基和塞浦路斯的戰船去增援安提帕特。他指派艾斯克里皮阿多拉斯（Asclepiodorus）為敘利亞總督，在腓尼基的財政則由柯拉魯斯（Coeranus）主管，亞洲方面直到陶拉斯山為止，則均由費羅克尼斯（Philoxenes）負責，但泰爾與加薩兩城例外。那些自治的腓尼基城市被允許保有自己的法律與國王，而不受艾斯克里皮阿多斯的控制。

政治優勢的贏得

亞歷山大的後方既已鞏固，所以他現在可以向大流士的帝位挑戰了，他派帕爾米尼奧先往塔普沙卡斯在幼發拉底河上架設橋梁，沿著該河東岸上，前敘利亞總督馬查斯（Mazaeus），指揮著波斯的前衛，已經展開了他的三千騎兵和兩千希臘傭兵。不久以後亞歷山大即前進與帕爾米尼奧會合，當馬查斯知道他快要來的時候，他深感驚懼，遂自動從幼發拉底河上向東撤退。橋梁本已完成了四分之三，等到完成之後，亞歷山大開始渡河，但是他卻不沿著大路走，而採取東北方向通過美索不達米亞（Mesopotamia）前進，因為沿著這條路線上可以有較豐富的糧秣供應。不久即與大流士的前哨接觸，從俘虜的報告中得知他的大軍正在底格里斯河（Tigris）附近。亞歷山大立即兼程前進，但當他達到了底格里斯河上時，卻發現這個情報是不正確的，因為河上並未設防，河水流速頗急，經過相當的困難始渡過。當宿營在東岸上時，發現有月蝕現象（公元前三三一年九月二十日），亞歷山大遂祭祀了月、日、地神，暫行小休之後才繼續前進。渡河後的第四天前哨報告在高加米拉（Gaugamela）附近的平原上，已經發現了大流士的騎兵前哨。這個村落現在的標記即為卡齊爾（Khazir）河上的一個叫做提爾高美爾（Tel Gomel）的圓丘，卡齊爾為大查布河（Creat Zab）的支流，位置在克拉姆萊（Keramlais）平原之東。

十月一日，亞歷山大在那裏贏得了阿貝拉（Arbela）會戰（亦稱「高加米拉會戰」）。惠勒爾教授（Prof Wheelar）說：「這是古代紀錄中最偉大的會戰。幾世紀以來的局勢在這一天做了一次總決算。此後一千年的歷史孔道都已為這個『飛行楔形』（Flying wedge）所打開。」（註：阿利安說在衝鋒之前，亞歷山大將他的禁衛騎兵構成一個楔形的隊形）。

在會戰中，亞歷山大做了具有決定性的騎兵衝鋒，突破了波斯軍的正面，向大流士直衝過去。大流士是第一個領先逃走的，但在第二天，當追擊達到了阿貝拉時，卻發現大流士率領著波斯與巴克特里亞的騎兵，以及二千名希臘傭兵，已經放棄了大路，匆匆向小查布河（Lesser Zab）方向退走，以求達到米提的山地區域。他之所以採取這種行動，是認為亞歷山大一定會沿著大路走，因為他現在所走的小路是一個擁有輜重的大軍所不易通過的。他猜得並不錯，可是其理由卻錯到了底。亞歷山大之所以選擇大路，其原因是以為巴比倫與蘇沙的占領，在政治上是更為重要。所以他不急於向山地中去追逐大流士的殘軍。亞歷山大以極壯盛的軍容向巴比倫前進，在僧侶與官吏的領導下，居民出城迎降獻出了其城市和財富（亞歷山大曾經利用這些金錢，犒賞三軍）。

也像在埃及一樣，亞歷山大的第一個行動即為宗教性的，以神意的批准以來當作其對巴比倫統治的基礎。他命令在巴比倫重建澤爾西斯所曾經毀滅的一切神廟，尤其是馬杜克（Marduk）神廟，那是巴比倫的主神，於是依照僧侶們所擬定的儀式，他向馬杜克犧牲上祭，透過對於神權的承認，他在巴比倫人的心目中變成了受命於天的統治者了。

他的次一任務即為改組巴比倫的政府，在這裏他又面臨到一個新的問題，雖然大流士已經逃走，而且在阿貝拉會戰中受到了決定性的失敗，所以雖無法理上的，但卻已經使亞歷山大變成了事實性的「萬王之王」。儘管在馬其頓人眼中看來，他還是一個國王而已，可是命運之神卻已令他君臨萬邦，而且在不久的將來，還有更多的國家會向他臣服。他的問題不僅是如何改組所征服的國家，而且還要如何把馬其頓與希臘，也融合在一起使它們凝結成為一個世界權力。他的天才告訴他這是絕不能專憑武力的，而只能依賴被征服民族的誠意合作。這是他第一次選擇一位波斯人為總督，這個人就是馬查斯，他在阿貝拉之戰中，曾經很傑出的指揮著大流士的右翼，在那一戰後，他就躲在巴比倫的城中。他現在卻榮膺新命，做了巴比倫的總督。從政治上來看，這是一個聰明的決定：第一點，用一位波斯人做總督，要比用馬其頓人或希臘人更能獲得人民的歡心；第二點，因為大流士還健在，這一個行動是一個最好的誘惑，足以使那些還向他效忠的總督們會自動投降。不過依照其既定的政策，為了限制馬查斯的權力，他又另外指派兩個馬其頓人，分別主管巴比倫省的軍事和財政（以後有十個省區的總督，都是由波斯人充任的）。

等到在巴比倫一切的大事都料理好了之後，亞歷山大就向蘇沙前進，行程為二十天。當他達到該城後，原有的波斯總督，艾布里提斯（Abulites），就自動投降。他在國庫中發現有不少於五萬台侖的儲蓄，此外還有哈莫達斯（Harmodius）和艾里斯托格頓（Aristogeiton）的銅像，那是澤爾西斯從希臘帶回來的。他把這些銅像送還雅典，以來當作友誼的象徵，同時又送了三千台侖給安提帕特，以獎賞他安定後方的功勞。另外還有一個收穫，那是後來具有極大重要性的，這就是在蘇沙有波斯的皇家學院，其中受訓的都是波斯貴族的子弟，現在也落入了亞歷山大手中。這不僅使他獲得了寶貴的人質，可以控制其父兄，而且以後更使他養成一批幹部以建立一支波斯陸軍，這對於其原有的兵力，可以同時發生補充與制衡的兩種作用。從此時起，他也使敵人喪失了主要的軍官來源。

在蘇沙他又獲得了從馬其頓送來的幾千生力軍。他把騎兵用來補充禁衛騎兵，同時為了使它更機動化起見，又把每個團分為兩個中隊，每中隊約百餘人，在其中隊長領導之下，能各自為戰。他讓艾布里提斯留任總督，但另外指派了一個駐軍司令，然後向鄰近的波斯波里斯（Persepolis）和帕沙加達（Pasargadae）前進。

在路上他侵入烏克西亞人（Uxians）的地區，迫使那些野蠻的部落屈服，並要他們以馬牛羊等為貢品，這是他們拒絕獻給波斯國王的。

在派了帕爾米尼奧率領著輜重縱列，提沙里騎兵和其他重裝備的部隊，取道希拉茲（Shiraz）大路前進之後，他自己就率領禁衛騎兵和輕裝部隊，用強行軍經過山地以來奪取號稱「波斯門」（Persian Gates）的隘路，那是由艾羅巴查尼斯（Ariobazanes），波斯西斯（Persis）的總督，率領著據稱步兵四萬人和騎兵七百人的兵力來加以據守的。其第一次企圖失敗了，但第二次以巧妙的迂迴運動來與正面的牽制攻擊相配合，終於達到了目的。此後，他就用高速向波斯波里斯前進，使守兵都來不及撤退其財富。他在那裏找到了十二萬台侖的巨款，而在居魯士的故都，帕沙加達，又再得到六千台侖。

在波斯波里斯，亞歷山大焚燬了澤爾西斯的故宮。據狄奧多拉斯與寇修斯的記載，認為這是亞歷山大醉後的行動。事實上並非如此，而是他故意採取的行動，帕爾米尼奧曾經反對，那也是不無理由的，其目的就是要向所有的希臘人宣布，這個報仇的戰役是已經勝利了。但此舉是否明智，卻頗有懷疑之餘地，因為它可以刺激較老年的馬其頓人，認為戰爭應該結束了——這卻不是亞歷山大的想法。

波斯波里斯的廢墟到今天還是一個很動人的古蹟。居魯士的墳墓現在也仍在帕沙加達。

當亞歷山大在波斯波里斯宿營過冬時，他才知道在阿貝拉會戰不久之後，安提帕特也在米加羅波里斯的附近擊敗了斯巴達軍，並殺死了其國王阿吉斯。於是亞歷山大後方的最後威脅也告消滅，斯巴達也被迫加入了柯林斯同盟。

自從在阿貝拉戰敗之後，大流士率領著殘部，已經在艾克巴塔納（Ecbatana）建立了他的行營，從那裏他又把他的輜重送到了裏海門（Caspian Gates），現在稱為賽立克與沙達爾（Sialekand Sadar）隘道。大約在公元前三三〇年的仲夏，亞歷山大知道了大流士躲在何處，於是他立即前往米提。當他距離艾克巴塔納還有三天的行程時，他遇到阿爾塔澤爾西斯三世的一個兒子，比斯塔尼斯（Bistanes），他報告說，在五天以前，大流士已經帶了三千騎兵、六千步兵和七千台侖離開了艾克巴塔納。大流士的意圖為經過帕爾提亞（Parthia）與海爾卡尼亞（Hyrcania），撤到巴克特里亞，一路實行焦土政策來阻止亞歷山大的追擊。

因為對於同盟而言，戰爭是已經結束，亞歷山大在艾克巴塔納對於提沙里和希臘的同盟軍，作了一次犒賞，將他們遣送返國，並且又還送了二千台侖的禮品。從此時起，他盡量多用傭兵，不是用來增加打擊兵力，而是對於其波斯屬地供駐防之用。這是一個明智的政策，因為許多傭兵都是無家可歸的人或是流犯。他又命令把在蘇沙、波斯波里斯和帕沙加達等地所獲得的金銀，都運往艾克巴塔納，儲存在衛城之中，總計十八萬台侖，約值四千三百九十二萬英鎊（以一九一三年的價值折算）。他把這個巨大的財富交給他的財政大臣哈爾巴拉斯管理，並命令鑄造統一的金銀錢幣。至於保護之責則交給帕爾米尼奧，在艾克巴塔納以東的交通線都由他管制。因此他又把一支強大的色雷斯傭兵分配給他。

於是亞歷山大又再度去追擊大流士，在第十一天的行軍中，他達到了萊格（Rhagae，即今之Rei，在德黑蘭的東南五哩處），據阿利安說，到裏海門只有一天的行程——實際上在萊格的東面，相距四十四哩。

在萊格，他從逃亡者的報告中知道大流士早已通過了那個隘路，換言之，不是幾天工夫可以追上的，於是他決定讓他疲倦的軍隊休息五天，然後再繼續追擊。此後就繼續向隘道前進，在附近宿營，次日通過隘道之後，又在艾拉丹（Aradan）宿營，在那裏他分派兵力去搜集補給，因為當地居民告訴他再前進就是無水的沙漠。在那裏有一位巴比倫貴族巴吉斯塔尼斯（Basistanes），來向他投降，告訴他說巴克特里亞的總督比沙斯（Bessus）已經廢黜了大流士，並將其囚禁。亞歷山大不等到搜集補給的兵力回來，就率領了一部分精兵高速前進，只帶了兩天的口糧。他整夜行軍直到次日正午為止，休息到黑夜將至時又繼續前進，一直達到了巴吉斯塔尼斯出發的村落為止，在那裏他得知比沙斯已經自任統帥。

儘管人疲馬乏，他還是繼續挺進。他又是夜間行軍，第二天正午達到了比沙斯前一天所占領的村落。在那裏有人告訴他說，在沙漠中有條捷徑，可以使他能夠迎頭趕上比沙斯，但是因為他的步兵已經跟不上了，於是他命令五百名騎兵下馬，改用他們的馬來載運步兵。在當天下午他又前進，據阿利安說，他一路飛快的領頭跑。在黑夜裏前進了四十七哩之後，他出乎意料之外的碰上了他的獵物。那正是拂曉之前，發現敵人是在無秩序和無武裝的情況中。比沙斯先殺害了大流士，然後率領了六百多名騎兵逃走了，當亞歷山大趕到時，他的對手已經死了。他把大流士的遺體送回波斯波里斯，照國王的禮節安葬，並且讓他的遺孤受到王子式的教養，好像他們的父親還是在位一樣。

大流士大致是在達曼（Damghan）或沙魯德（Shahrud）被害的，前者距離裏海門為二百零八哩，後者為二百五十三哩。若是要在七日之內通過這樣長的距離，若是前者，平均一天要走二十九哩以上，若是後者，平均要走三十六哩——在仲夏的天氣中，而且所經過的地區大部分都是無水的沙漠，這實在是需要驚人的耐力。

對於亞歷山大而言，大流士之死不僅是最幸運的，而且也是具有決定性的一件大事。若是他以俘虜的身分存活，則將會變成陰謀的中心；亞歷山大若是把他暗殺掉，則又有損帝王之道。根據征服的權利，亞歷山大自然升到了「大帝」的地位，他的天才告訴他，要想使帝國能垂之永久，則首先必須克服希臘人與波斯人在許多世紀以來所養成的敵意。在他的帝國之中不應再有勝利者和失敗者的區別。他也認清了這個帝國的存在，不僅有賴於他個人的壽命與努力，而且還要靠人民的善意與容忍。為了表示天下一家起見，他在他的宮庭採用波斯的禮節和服裝。關於服裝方面，他所採取的是一種混合的形式，他之所以如此，並非表示他個人的好惡，而是為了爭取被征服者的好感，以使他們不把馬其頓人當作敵人來看待。

除了希法斯辛與克拉提拉斯等少數人以外，大部分的馬其頓人都反對這種協和政策，並且完全不了解其政治動機。他們都是頭腦簡單的軍人，不能明瞭亞歷山大為什麼要採取東方習俗，以來懷柔新臣民的苦心。現在已經勝利了，他們所希望的就是享受勝果。自從大流士死後，他們就覺得戰爭應該結束，他們也可以滿載而歸了。因為這種思想是那樣的普遍，所以亞歷山大只好召集部下，向他們懇切的說明還有繼續前進之必要。雖然完全憑藉其人格的力量，使軍人們相信他動機是正確的，但是他們在內心中還是繼續希望和平與回家，並且憎惡他的懷柔政策。

東北疆界的穩定

亞歷山大並不立即追擊逃入巴克特里亞的比沙斯，而先進入艾爾布爾茲（Elburz）山地去征服塔普里亞（Tapurians）與馬爾地亞（Mardians）等部落——後者是從來不曾向波斯稱臣的——並迫使他們交出大流士的從者與其希臘傭兵的殘部。這是一個重要的工作，在他追逐敵人之前是必須先肅清其後方。

他將兵力分為兩個縱隊，一個由他自己率領，另一個由克拉提拉斯率領，後者已經逐漸代替了帕爾米尼奧，而升任了他的副帥。亞歷山大迅速掃蕩了山地，征服了那些部落；此後，大流士的首相，拉巴爾查尼斯（Nabarzanes）、帕爾提亞與塔普里亞兩個省區的總督，弗拉托費爾尼斯（Phratophernes）和奧托弗拉達提斯（Autophradates）、法爾拉巴查斯的父親阿爾塔巴查斯（Artabazus），以及一千五百名希臘傭兵，和希臘各國派駐波斯宮庭的使臣等都向他投降了。拉巴爾查尼斯被赦免，那兩位總督則官封原職，阿爾塔巴查斯受到了禮遇，因為他是亞歷山大父親的朋友，而且又始終效忠於大流士，克盡臣節。那些傭兵凡在希臘同盟成立之前即已為波斯服役者，被釋放自由；那些以後才為波斯服役者，雖也獲得了赦免，但卻由他們的將領安德羅尼卡斯（Andronicus）率領著，被編入陸軍中繼續服役。雅典與斯巴達的使臣被監禁，其餘非同盟國的使臣則俱獲自由。

亞歷山大是進到查德拉卡塔（Zadracata），在那裏停了十五天才再繼續追擊比沙斯。在米西德，他接受了阿利亞（Aria）總督沙提巴爾查尼斯（Satibarzanes）的投降，他不僅仍派他留任總督，並且還給他一支小型的警備兵力，以來保護道路。在那裏他知道比沙斯已經正式自立為王，號稱阿爾塔澤爾西斯，並希望西徐亞人會與他締結同盟。

當他從米西德沿著大路向巴克特拉（Bactra）前進時，亞歷山大獲得消息，知道沙提巴爾查尼斯已經屠殺了那些警備兵力，並在阿爾塔可拉（Artacoana）集中了一支軍隊以來支援比沙斯。亞歷山大不能讓阿利亞在它的後方發生叛亂，所以他率領了禁衛騎兵與輕裝部隊，在兩天之內急行了七十哩，使沙提巴爾查尼斯受到了奇襲，雖然他的部下都背叛了他，但他還是逃走了；不久以後他還是被捕獲並執行死刑。

在阿爾塔可拉（Artacoana）以東不遠的地方，亞歷山大建立了阿利亞的亞歷山大城（即今之希拉特），並任命另一位波斯人，阿爾沙米斯（Arsames）為總督，來代替沙提巴爾查尼斯。他進到了德蘭吉亞納（Drangiana），當時為艾拉恰西亞（Arachosia）省區之一部分，因為他的總督，巴爾沙恩提斯（Barsaentes）已經參加叛亂，所以也被處死。在弗拉達（Phrada），費羅塔斯的謀反陰謀洩露了，這個事件使亞歷山大大為震驚，他決定不再讓他的禁衛騎兵由一個人來統率。他把它分為兩個團，每個團四個中隊，一個師由他的至友希法斯辛率領，另一個則由「黑人」克里塔斯指揮。在弗拉達他又建立了「亞歷山大希望城」（Alexandria Propthasia）。

為了急於想捉到比沙斯，他就進到了希爾孟德河（Helmund）上，在那裏他遇到了一個民族，過去叫做拉里亞斯皮亞人（Ariaspians），以後改叫做「恩人」（Energetae），因為他曾經為居魯士忠心的服役。當亞歷山大知道他們不僅享有一種與其他野蠻民族不同的政府制度，而且其公正的程度也不亞於希臘最好的制度，所以他就准許他們自由，並且還把附近的土地盡量賜與他們。同時，他又接受了吉德羅西亞（Gedrosia）和卡爾馬尼亞（Carmania）兩個省區總督的投降，並命令梅農為艾拉恰西亞的總督，負責征服該地區。他於公元前三二九年十月或十一月，進到了塔爾拉克河（Tarnak）上，依照塔恩爵士的考據，他在加茲尼（Ghazni）建立了艾拉恰西亞的亞歷山大城，而不是在大家所認為的康達哈爾（Kandahar）。

自從在公元前三三四年春季度過了希里斯朋特以來，亞歷山大已經前進了二千五百哩，並且征服了波斯帝國的全部，只有巴克特里亞與索格地亞那（Sogdiana）兩個省區為例外，二者聯合起來，卻又可以構成一個巨大的堡壘來保護其東北面的疆界。也許他事先並不知道，可是這兩個省區的平定，卻使其將道受到了最大的考驗，並且整整花了他兩年的精力。其原因是巴克特里亞人和索格地亞那人都是勇敢好戰的純亞利安血統的民族，他們決心為自由而戰。此外，他們所生活的地區也是世界上最困難的，任何軍隊都不利於在那裏作戰。巴克特里亞即今之巴達克夏

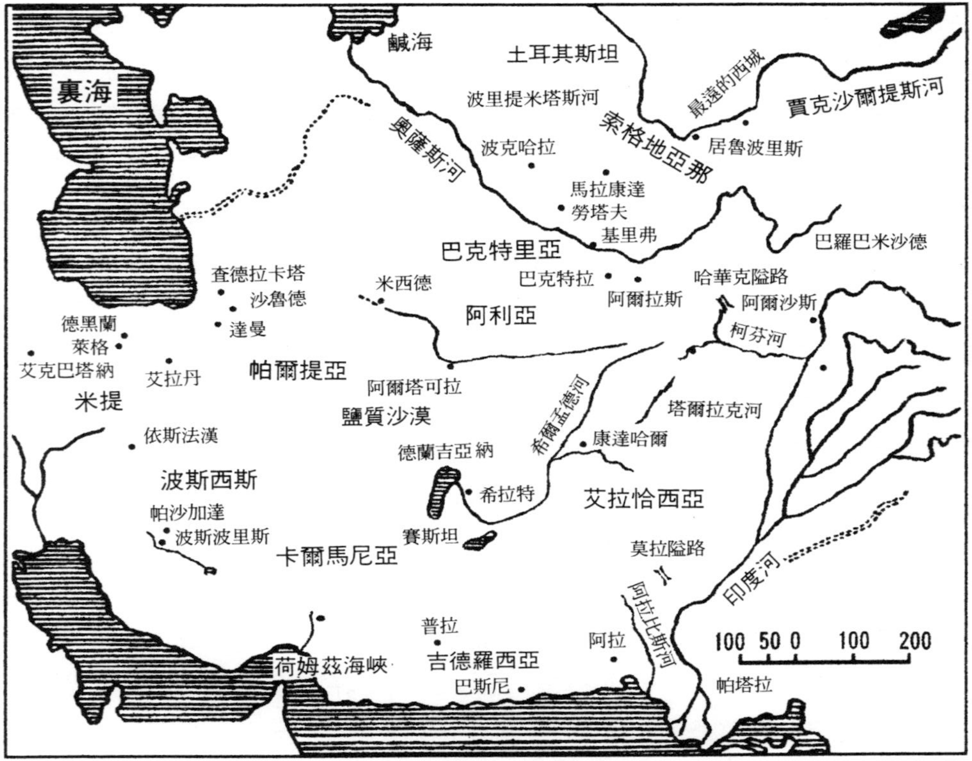
裏海
鹹海
土耳其斯坦
波里提米塔斯河
最遠的西城
賈克沙爾提斯河
奧薩斯河
索格地亞那
居魯波里斯
波克哈拉
馬拉康達
勞塔夫
基里弗
巴羅巴米沙德
巴克特里亞
巴克特拉
哈華克隘路
阿爾拉斯
阿爾沙斯
查德拉卡塔
沙魯德
米西德
阿利亞
德黑蘭
萊格
達曼
柯芬河
艾克巴塔納
艾拉丹
帕爾提亞
阿爾塔可拉
米提
鹽質沙漠
希爾孟德河
塔爾拉克河
依斯法漢
康達哈爾
德蘭吉亞納
波斯西斯
希拉特
艾拉恰西亞
帕沙加達
波斯波里斯
賽斯坦
莫拉隘路
卡爾馬尼亞
印度河
阿拉比斯河
普拉
阿拉
100 50 0 100 200
荷姆茲海峽
吉德羅西亞
巴斯尼
帕塔拉

圖四　波斯帝國東部

（Badakshan）與阿富汗土耳其斯坦（Afghan Turkestan），它是位置在巴羅巴米沙斯（Paropamisus），即今之興都庫什山脈，與奧薩斯河，即今之艾莫達里亞（Amu Daria）河之間，大部分都是崎嶇的山地。至於索格地亞那，即今之波克哈拉（Bokhara）與土耳其斯坦，大部分不是大草原即為沙漠。除了巴克特拉，那已是波斯帝國的最後一個大城，此外更無可以攻擊的目標，人民不是住在農村中，就是遊牧為活的。

在這個地區中，所有的戰爭方式都將與過去的完全不同。沒有偉大的會戰在等候著亞歷山大，他必須面對著一個人民戰爭，那些騎馬的游擊隊，當他前進時會突然在後方出現，他們躲在懸岩峭壁之上，受到追擊時卻又消失在大草原之內。在這樣的戰場上去征服這樣的敵人，是必須有極高度的將才，那要比在平原上對付一個有組織的敵人困難得多了。在這兩個省區的戰役中，亞歷山大的將道才有機會作了至高無上的表現，他能在兩年多一點的時間當中，征服這兩個省區，也可以算是蓋世無雙的偉業。

所不幸的，阿利安與其他的史家對亞歷山大所作的戰爭改變，是很少有所論述，據我們所假定的，其輕型部隊，包括步騎兵都在內，一定有相當的擴充。可是我們所知道的僅為使用騎馬的標槍兵，和亞歷山大減輕了方陣部分的裝備。不過不管怎樣改變，有一件事卻是可以確定的，他們是以機動與彈性為基礎，並同時使用大量的軍事據點與軍事性的殖民地，來限制敵人的機動性和增加自己的機動性。

亞歷山大首先在加茲尼休息了他的兵力，然後在公元前三二九年的春天，越過了山地進入了巴羅巴米沙德（Paropamaisdae）；在喀布爾（Kabul）附近建立了高加索的亞歷山大城；並指派波斯人普羅克斯（Proexen）為該地區的總督，同時也另外指派其部將之一為軍事指揮官，於是再準備越過興都庫什山脈，進入巴克特里亞。比沙斯率領著七千巴克特里亞兵，與達海（Dahae）一同扼守上奧薩斯河附近阿爾拉斯（Aornus）。雖然興都庫什山脈上深雪沒脛，但是亞歷山大仍然經過二千六百呎高的哈華克（Khawak）隘路，越過了那個山脈，降入了肥沃的地區，又由此北進，到德拉普沙卡（Drapsaka）以來從東面迂迴阿爾拉斯（即今之Tashkurgan）。比沙斯退過了奧薩斯河上，阿爾拉斯與巴克特拉都不戰而降，阿爾塔巴查斯被任命為巴克特里亞總督。

從巴克特拉亞歷山大又進到了面對基里弗（Kilif）的奧薩斯河上，在那裏的河寬達四分之三哩。他用皮筏渡河，正像公元前三三五年渡過多瑙河時一樣，一共花了五天的時間。於是在向敵人假想位置作強行軍之際，他突然接到了索格地亞那的大會長，希皮塔米尼斯（Spitamenes）的一封信，說他已經拘捕了比沙斯，並且自願投降。亞歷山大派了托勒密率領一支強大的兵力去受降。在四天之內，他完成了十天的行程，趕到了希皮塔米尼斯前一天宿營的地方。但是希皮塔米尼斯已經改變了初衷。因為現在時間是比什麼都重要，托勒密命令他的步兵隨後趕上，親率騎兵先進到一個村落，發現比沙斯被丟棄在那裏，他將其俘獲後，就立即返回覆命。

當托勒密在執行任務時，亞歷山大為那些在興都庫什山中喪失馬匹的騎兵補充乘馬，等到托勒密回來後，他就進到了馬拉康達（Maracanda，即撒馬爾罕〔Samarkand〕，為帕木兒的未來都城），這是索格地亞那的王都之一，另一個為波克哈拉。在那裏留下了一支守兵之後，他又進向居魯波里斯（Cyropolis），那是居魯士在賈克沙爾提斯（Jaxartes）河附近所建立的一個要塞。波斯人為了防禦住在該河對岸大草原上的馬沙吉塔（Massagetal）遊牧民族，一共建了八個要塞來保護他的東北疆界，而這是其中最堅強的一個。他用了一些傭兵來駐防這些據點，因為他相信索格地亞那是已經順服，於是遂召其一切的酋長來巴克特拉朝見他。

索格地亞那事實上卻並未順服，比沙斯的被俘似乎使亞歷山大發生了誤解，因為索格地亞人的真正領袖並不是他，而是希皮塔米尼斯。這個能力頗強的人聽到亞歷山大召見他，他認為這對於他個人和他的人民都是不利的，於是他決心發動一個全民族性的叛變，而不只是局部性的。它的計畫很週密，使亞歷山大受到了一次奇襲。

這個叛亂是突然的在亞歷山大的後方爆發；居魯波里斯以及其他的要塞據點，都是在措手不及之下被攻占了，守兵均被屠殺。亞歷山大立即前往最近的要塞加薩（Gaza），同時命令克拉提拉斯圍攻居魯波里斯。他一鼓作氣攻下了加薩，將其守軍完全殺死，在以後二日內，他又削平了四個其他的要塞。於是他就前往居魯波里斯，經過了堅強的抵抗後，它還是被攻克。其餘兩個要塞也都被收復，亞歷山大這幾次都是反常的殘酷，將所有的叛徒都完全殺盡。

亞歷山大這樣大舉屠殺的原因與索格地亞那的戰略重要性有關，這是進可攻，退可守的省區，在波斯東北面的重要屏障。此外，這個戰役的時間已經長到了他所意料之外的長度，所以亞歷山大希望能趕緊將其結束。他不能把一個未征服的索格地亞那留在他的北翼上，而繼續東進；他似乎是想用恐怖的手段來消滅抵抗，正好像他過去對於底比斯的情形一樣的。假使這種猜疑是正確的，則事實上卻證明出來他的政策是完全錯誤了。恐怖不特不能征服索格地亞人，反而更激起其困獸猶鬥的決心。此外還有兩個其他的原因：一，亞洲的西徐亞人，即馬沙吉塔人，已經集中了大量的騎兵在賈克沙爾提斯河的右岸上，假使馬其頓人不能壓平這些叛變，則他們就要趁火打劫了。二，亞歷山大已經聽到了希皮塔米尼斯正在圍攻馬拉康達的消息。

亞歷山大似乎不曾認清這次叛變的嚴重性，因為當他聽到了馬拉康達被圍的消息後，他只派了六十名禁衛騎兵，八百名僱傭騎兵，和一千五百名僱傭步兵，由法爾魯齊斯（Pharnuches）率領著去解圍。這個人卻是一位外交家而不是軍人，因為他希望能用談判的方法來取得野蠻人的歡心，而根本不想打仗。

他在賈克沙爾提斯河的左岸上，建立了一個「最遠的亞歷山大城」（Alexandria Eschate），來做為對遊牧民族的屏障。二十天後，其衛城完工了，他把一批希臘傭兵，一些當地的人民，和不堪服役的馬其頓人移殖在這個城中。然後向神祇祭祀，並舉行了一次運動大會。

此時，西徐亞人仍留在右岸上，因為在這一點的河面是很窄的，所以他們向亞歷山大辱罵著，問他敢不敢渡河一戰。亞歷山大接受了這個挑戰，命令準備皮筏渡河。接著就是一個卓越的作戰，因為亞歷山大對於所謂「帕爾提亞戰術」（Parthian tactics）雖無經驗——公元前五十三年，克拉蘇在卡爾海曾為這種戰術所擊敗——但他卻發明了一套自己的新戰術，那也是完全成功的（參看第八章）。西徐亞人被殺了一千人，被俘了一百五十人，若非亞歷山大誤飲污水而患了重病，則在追擊時可能還有更多的人要送命或被俘。這一次的失敗已經足夠具有決定性，使得他們立即派了一個使節團來向亞歷山大謝罪，並保證其國王今後將對他唯命是聽。

當亞歷山大正在這一方面作戰時，在馬拉康達附近卻也正在進行一個完全不同的戰鬥。當希皮塔米尼斯知道法爾魯齊斯的援兵來到時，他立即解圍，與六百名西徐亞的騎兵會合在一起，在波里提米塔斯（Polytimetus）河南面的平原上，他使法爾魯齊斯受到了伏擊，殲滅了他的縱隊。

這是自從渡過了希里斯朋特之後，亞歷山大的軍隊所遭到的第一次慘敗。亞歷山大立即趕去報仇，他率領輕裝部隊，在三天多的時間之內，前進了一百七十哩，於第四天拂曉時，接近了該城。希皮塔米尼斯與他的從者聞風而逃，當他達到了戰場後，就停下來埋葬死者。然後把波里提米塔斯河附近的肥沃之地都夷為廢墟，然後才返回巴克特拉宿營過冬。

這是一個十分忙碌的時期。比沙斯被送往巴克特拉受審，因為他有篡位之罪，所以依照波斯的法律加以處罰。首先割去他的耳鼻，然後送往艾克巴塔納執行死刑，阿利安對於這種野蠻的刑罰曾經加以譴責，但這卻是波斯的慣例，大流士一世對於自立為王的弗拉伐里希（Fravarish）也是這樣的加以懲罰。在巴克特拉亞歷山大獲得了從希臘來的大批增援，而西部諸省區也送來了新的傭兵，為了固守他的要塞據點，他最需要的也正是這種兵力。恰拉斯米亞人（Chorasmians）是一種住在裏海與鹹海之間的民族，他們的國王，法拉斯馬尼斯（Pharasmanes），曾經到巴克特拉來訪問亞歷山大，表示願意締結同盟。他同時也願意引導亞歷山大取道北面的貿易路線以來達到黑海。但是亞歷山大卻回答著說，現在他正在忙於計畫征服印度，等到這個目的到達後，在他返回希臘的途中，他將順便去開拓歐克辛河（Euxine）以東的地區。

但是在尚未遠征印度前，首先必須征服索格地亞人；恐怖政策並未能使他們降服，反之他們卻化整為零的去堅守要點和山地。公元前三二八年的春季中，亞歷山大回到了奧薩斯河上，在宿營時發現了一個石油噴泉。

在尚未出發征服索格地亞那之前，亞歷山大在巴克特拉留下了一支強大的兵力，交由克拉提拉斯指揮，他奉命巡邏這個地區以防叛變的再起。於是他把其餘兵力分為五個縱隊，由希法斯辛、托勒密、皮爾狄卡斯、寇納斯、阿爾塔巴查斯和他自己分任指揮。他親率自己的縱隊前往馬拉康達，而其餘四個縱隊則掃蕩整個地區，消滅索格地亞人的據點，然後再和他在馬拉康達會合。克里塔斯的被殺可能即在此時。其次，他又命令希法斯辛去建築要塞據點和設立殖民地，同時又命令寇納斯與阿爾塔巴查斯率領縱隊進入西徐亞（即土耳其斯坦），因為希皮塔米尼斯已經在那裏避難。

當亞歷山大正忙於消滅索格地亞人的殘餘勢力時，希皮塔米尼斯又率領了一批馬沙吉塔人，突然的在他後方出現，攻陷了一個巴克特里亞的邊境要塞，然後進向巴克特拉，那裏有老弱病兵留守。凡尚堪一戰的人員，都由索希克里斯（Sosicles）之子，派松（Peithon）率領著傾城而出。他們與侵入者交戰之後，殺死了其中的一部分，可是當他們回城時，卻遇到了伏擊，幾乎全軍覆沒，派松也負傷被俘。當克拉提拉斯知道了這個壞消息之後，馬上趕回來，將馬沙吉塔人趕殺了一百五十人，但希皮塔米尼斯還是逃走了。

亞歷山大在建立了其要塞據點網之後，他又把兩個團的方陣步兵，兩個中隊的禁衛騎兵，以及所有的標槍騎兵，與新編成的巴克特里亞與索格地亞輕騎兵都分配給寇納斯，命令他繼續對希皮塔米尼斯作戰，而他自己在勞塔卡（Nautaka）休息他的兵力。此時，阿爾塔巴查斯因為年紀太大，自請退休，由尼柯勞斯（Nicolaus）之子柯明塔斯繼任其總督的職位。亞歷山大也從塔普里亞召回了奧托弗拉達提斯，將其職務交給弗拉托費爾尼斯兼管，又命令大流士的舊屬，艾特羅巴提斯（Atropates），重任米提總督。

希皮塔米尼斯看到所有的地方都已為馬其頓的駐兵所占領，已無逃竄之餘地，於是他決定攻擊寇納斯，他以自由搶劫為條件，誘惑了三千名馬沙吉塔人跟著他走。當寇納斯聽到了這個消息之後，他立即前往迎擊，在激戰之後，馬沙吉塔人死了八百之多，而希皮塔米尼斯的索格地亞和巴克特里亞部屬都紛紛投降。不久以後，當馬沙吉塔人知道亞歷山大也已經動身了，他們馬上捉住希皮塔米尼斯，將其斬首，並把首級送給亞歷山大。這樣使他少了一個最厲害的對手。

在希皮塔米尼斯死亡之後，寇納斯與克拉提拉斯又在勞塔卡與大軍會合，這已經是公元前三二九年到三二八年之間的仲冬時節。但他們還不能在那裏留得太久，因為索格地亞的四大酋長阿克雅提斯（Oxyartes）、恰里尼斯（Chorienes）、卡塔尼斯（Catanes）和奧斯塔尼斯（Austanes）——都是保留著武裝，所以儘管季節是已經很遲了，亞歷山大卻仍然決定與他們算總帳。在公元前三二八年的隆冬中，他攻擊號稱「索格地亞之岩」（Sogdian Rock）的阿克雅提斯基地，他本人不在，但他的家族都在那裏，雖然山中積雪頗深，路徑都是懸岩絕壁，結果卻還是被攻占了。

在俘虜中有阿克雅提斯的女兒羅莎娜（Roxane），號稱亞洲第一美人，因為亞歷山大希望安撫這些索格地亞人，並使這個民族戰爭告一結束，所以做為是一種政策的行動，他決定娶她為妻。這次婚禮的慶典都是照波斯習俗來辦的，這足以暗示，波斯人與馬其頓人一律平等的觀念，最先他還只認為是一種軍事需要，現在卻已經變成既定政策了。據寇修斯的記載，亞歷山大曾經說過，兩族的通婚對於帝國的建立，是至為重要的，因為這樣才可以洗除被征服者的恥辱，與勝利者的驕氣。這一個巧妙的安排是與之前恐怖政策大不相同，等到阿克雅提斯知道了這個喜事之後，他立即投降並陪同他的女婿去一同圍攻恰里尼斯的要塞。在後者投降之後，亞歷山大又派他為該地區的總督。於是留下克拉提拉斯去剿平卡塔尼斯與奧斯塔尼斯，他自己則先返回巴克特拉。在苦戰之中，前者被殺而後者被俘。克拉克提立斯返回巴克特拉，與亞歷山大會合在一起，該城也改名為亞歷山大城，此外在巴克特里亞和索格地亞那的境內，也建立了許多軍事防禦性的殖民地。

也許是在巴克特里亞，亞歷山大決定使三萬名本地青年接受馬其頓式的教育，以便增強其兵力。這一個決定與婚事是同樣的使某些馬其頓人感到不愉快。此時，卡里希尼斯的事件也爆發了，不久之後就又有了侍衛謀反的陰謀，於是卡里希尼斯終被處死刑。

在平定了索格地亞那之後，亞歷山大終於也穩定了其在賈克沙爾提斯河上的東北疆（對於這個地區的鞏固工作是做得如此的徹底；所以以後在那裏建立的希臘王國一直延續到公元一三〇年才滅亡）。雖然他知道在這條河的對岸就是西徐亞人的領土，但他卻相信再過去即為大洋。所以從東面是不會有太多的危險。反之，他卻認為從裏海附近的地方是可能有麻煩發生的，所以他對於恰拉斯米亞國王的回答是並非隨便說說的，因為據我們所知，在他從印度返回巴比倫之後，向這一方面的開拓是他心中所考慮的第一個計畫。

東疆的開拓

亞歷山大在巴克特拉準備對印度的侵入工作，他知道過去有一度時間，它曾經是波斯的極東省區。他相信印度是一個縱深不太大的半島，它向東突入海中，在其北側面上為一連串的巴羅巴米沙斯山脈，在山脈的北面，距離西賈克沙爾提斯河不遠處即為大洋，它刷洗著它們的山腳，並經過半島的東端。照亞歷山大所了解的，印度就是印度河（Isdus）的地區，至於它是否為尼羅河的源頭，抑或是自流入海，則不是他所知道的。他好像不知道賽拉克斯（Scylax）的航行，儘管亞里斯多德所著的《政治學》中曾經提到這位航海家的故事。他一共有兩個目的：一、完成對於波斯帝國（亞洲全部）的征服；二、解決使地理學家混淆不清的大洋問題。為了幫助他解決這個問題，在公元前三二八年的秋天裏，他曾經命令埃及和腓尼基派造船匠與水手來參加這個工作。

當正在進行準備工作時，他又獲得了大量的增援，依據寇修斯的估計，共為步兵一萬九千四百人，騎兵二千六百人（據估計從阿貝拉會戰起，到侵入印度時為止，亞歷山大共獲得步兵四萬一千人，騎兵六千五百三十人的陸續補充）。不過其中有許多都是用來供殖民之用的傭兵，並不補充陸軍中缺額。在所集結的總兵力中，有一萬名步兵和三千五百名騎兵，是分配給巴克特里亞的總督阿明塔斯，當作駐防軍之用，而方陣的兵力也由六個團增為七個團。總的算來，分配給侵入軍團的兵力約為二萬七千人到三萬人。此外還應加上數量不詳但卻相當可觀的非戰鬥人員，因為這個軍團現在已是一個機動的國家和帝國行政中心，它包括著文武官員、工程師、科學家、商人、軍眷和教育兒童的學校。

當他正在準備時，亞歷山大又獲得了沙希古普塔（Sasigupta）的合作，後者為格南德哈拉（Grandhara）的一位印度國王（Rajah），其國土是位置在庫拉爾（Kunar）河與印度河之間。亞歷山大從他的報告中，得知塔克西拉（Taxila）國王因為與包拉伐斯（Pauravas）國王有隙，所以很願意向他這位「大帝」求援以來報仇。前者的原名為阿門費斯（Omphis），但通常都被稱為是塔克西里斯（Taxiles），他的國土位置在印度河與基拉姆（Jhelum）河之間。後者名波魯斯（Porus），其國土位置在基拉姆河之東。

公元前三二七年的初夏，亞歷山大向印度出發遠征，他越過興都庫什山，經過了十天的行軍，達到了山麓處的高加索亞歷山大城。他發現那裏的情況不良，遂指派尼拉羅爾為總督，另派阿克斯亞爾提斯為巴羅巴米沙德的總督，並通知塔克西里斯與在印度河以西的其他國王來與他會晤。他們都來了，他們不僅認為亞歷山大是一個征服者，而且也更認為他是一個保護者。亞歷山大從他們的報告中一定已經知道過去對於印度的認識，其中有許多的錯誤，但是關於這一點卻一點記載都沒有。

他的計畫是命令希法斯辛和皮爾狄卡斯，率領軍團一半兵力和隨營人員，由塔克西里斯陪伴著，進到柯芬河（Cophen）上，即喀布爾（Kabul），然後經過開伯爾（Khyper）隘路以達到印度

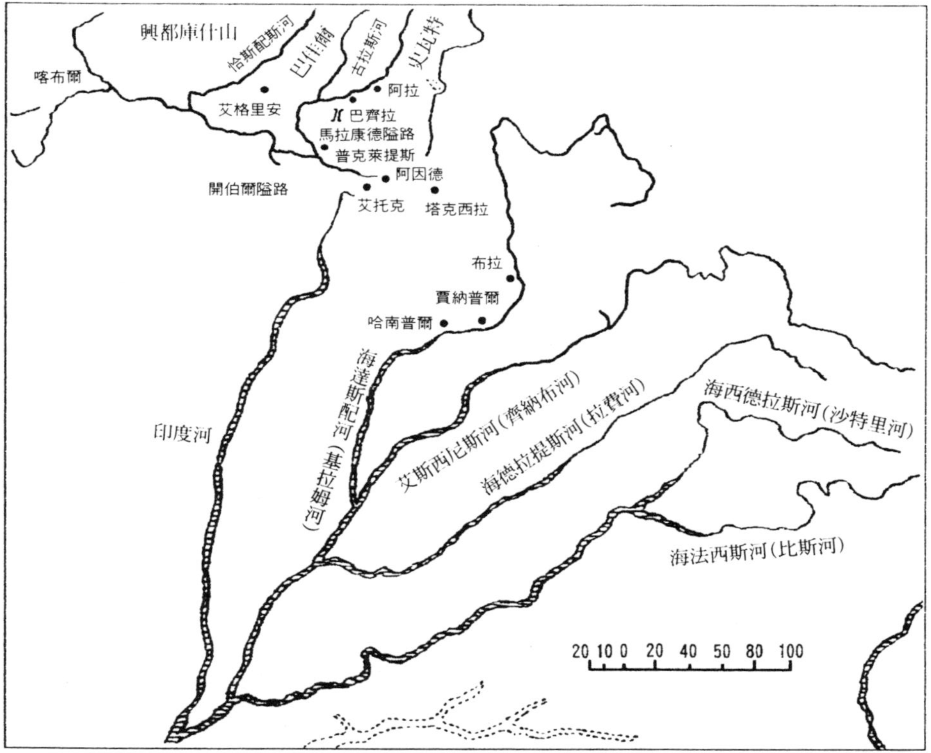

圖五　印度西北部旁遮普地區

河，並在該河上架橋；同時為了保護其左側面和交通線起見，由他率領另一半兵力，進到恰斯配斯（Choaspes）河上，即庫納爾河，然後經過巴佳爾（Bajaur）與史瓦特（Swat）山地，與在印度河上的希法斯辛及皮爾狄卡斯相會合。

在恰斯配斯河上，他遭到了巴佳爾部落的強烈抵抗，他們到處設防以阻止其前進。在艾里格安（Arigaion），即可能為巴佳爾現有首府的拉華格（Nawagai），曾經有一次惡戰，據托勒密說，曾經俘虜了山地人四萬，和牲畜二十三萬頭——這顯然是過分的誇大。亞歷山大把最優秀的牲畜送回馬其頓以來改良其品種——這個運輸的距離在三千哩以上。

其次，他就渡過了古拉斯河（Guraeus），就是潘柯拉（Panjkora）河，進入史瓦特山地，這裏是艾沙西尼亞人（Assacenians）的地區，他們已經集中兵力在主要據點馬沙加（Massaga）上，並且有從印度河彼岸中來援的七千印度傭兵。出乎意料之外的，他們並不等敵人進攻，而趨前進攻馬其頓軍，後者當時正在紮營。亞歷山大以一個迅速的假撤退使敵人撲空，他先將他們引出了據點，然後再轉過身來將他們逐回據點，並加以圍困。艾沙西尼亞人終於作了有條件的投降，但是那些印度傭兵，雖然自願為亞歷山大效忠，卻還是為亞歷山大所圍殲（這一個屠殺行動曾經引起很多批評，不過亞歷山大卻不敢冒險讓他們撤過印度河，恐怕他們又為敵人服務）。

亞歷山大接著攻下了阿拉（Ora）與巴齊拉（Bazira），並越過了馬拉康德隘路，進入了希法斯辛所未能征服的普克萊提斯（Peucelaitis）。在那裏接受投降後，他留下了守兵，就前往艾門波里拉（Embolina），它距離阿爾拉斯約為兩天的行程，它是艾托克以北的一個山地要塞，靠近印度河，而且有大量的部落民族在那裏避難。

在一九二六年，阿爾拉斯由史坦因爵士（Sir Aurel Stein）加以考據，斷定即為皮爾沙爾（Pirsar），那是一個平頂的山嶺，其懸岩控制著五千呎以下的印度河。神話中海克力斯曾經圍攻它，但未獲成功，這就構成一個足夠的理由，使亞歷山大想要勝過其祖先。假使這個故事是真的，阿爾拉斯也不過是個具有威望與宣傳的目標而已，因為依亞歷山大來看，阿爾拉斯對於這些部落民族是一個集中點，又因為它從側面威脅著他的交通線——一直到喀布爾河谷為止，以及在印度河的任何渡河點，所以他不能讓它留在敵人的手中。在戰略上，他是有占領它之必要；在精神方面也是同樣的必要，因為它是被認為是不可攻陷的，所以打下它將足以使遠近的部落民族都為之氣奪。他決定攻陷它。他把克拉提拉斯和大部分的兵力都留在艾門波里拉，四處搜集補給，而自己卻在公元前三二六年三月間，率領著精兵出發，使用一種最高明的山地戰，終於將其攻陷（見第八章）。他留下了沙西古普塔據守阿爾拉斯，卻花了幾天的時間去追逐殘敵。

接著他就下令伐木造船，順流向下達到了阿因德（Ohind），它在艾托克上流十六哩處，希法斯辛與皮爾狄卡斯已經在那裏架橋。於是他與他們會合。他渡過了印度河，進至塔克西拉，這是印度河與海達斯配（Hydaspes）河之間的最大城市，後者即為基拉姆河，他在那裏建立征服旁遼普（Panjcb）地區的前進基地。塔克西里斯對他表示極大的友誼，同時他也遭遇到了艾比沙里斯（Abisares）和其他喀什米爾山地國家君王所派來的代表，但實際上，艾比沙里斯卻又還是與波魯斯締結了同盟。

旁遮普即為五河省（Land of five rivers），其名稱，在英文、希臘文和梵文（Sanskirt）中是各有不同，今分列如下：

英文	希臘文	梵文
Thelum（基拉姆河）	Hydaspes（海達斯配河）	Vitasta
Chenab（齊納佰河）	Acesines（艾斯西尼斯河）	Asikhi
Ravi（拉費河）	Hydraotes（海德拉提斯河）	Parushni
Beas（比斯河）	Hyphasis（海法西斯河）	Vipas
Sutlcv（沙特里河）	Hesydrus（海西德拉斯河）	Sutudri

在梵文中，印度原文為「身毒」（Sindhu）。

在塔克西拉，亞壢山人改組了他的騎兵。他把皇家騎兵中隊（Agema）與禁衛騎兵分開，而自己指揮前者，其餘的則分為五個旅（Bipparchics），每個旅一千人。其中四個旅均由一個中隊（三百人）的禁衛騎兵，與七百個東伊朗（Iranian）騎兵所混合組成，另一個旅則幾乎全由伊朗人所組成。

當亞歷山大正在準備次一行動時，他得到了消息，知道波魯斯正在沿著基拉姆河的東岸集中兵力，準備阻止他的前進，並且等待著艾比沙里斯的援軍。他命令把印度河上的船隻都分成數段，用大車將其運到基拉姆河上。於是在塔克西拉留下守兵，並指派菲利普，哈爾巴拉斯的兄弟，為格南德哈拉的總督，他自己則由塔克西里斯陪伴著，率領大軍前往海達斯配河上。在六月初達到該地，至於正確地點則已不可考。史坦因爵士認為可能是在哈南巴爾（Haranpar），在賈納普爾（Jelapur）的下流十七哩牛的位置上。他在那裏發現了波魯斯正扼守著東岸。

他的問題即為如何渡河，並使波魯斯接受會戰，這個問題的非常迫切，因為雨季早已降臨。利用了一連串的佯攻，使波魯斯誤判他所選定的渡河點，於是他趁黑夜率領兵力向上流行動，接著很困難的渡過了東岸，迫使波魯斯接受會戰，並使他受到了決定性的失敗。誠如第三章中段已經說過的，他並不會向他貫徹意志，反而與他締結同盟，尊重他的王國，不久還擴大其領土。

很不可能的，他僅是為了敬佩一個英勇的對手，就採取這種行動，因為亞歷山大不僅是一個俠士，而且還是一個政治家。我們應該假定他認清了要想守住旁遮普地區，就一定要在幾個主要國家間，建立一種權力平衡。因為他已經擴大了塔克西里斯的領域，所以也就必須擴大波魯斯以來做為對稱。他的政策與十八世紀英國人在印度所採取者極為相似——分而治之。這裏的問題不是省區，而是區域性的王國。它們彼此間的仇恨與對立，正足以使他從中取利，並且成為它們的共主。此外，為了增加對被征服國家的控制，在這次會戰後，他又立即建立兩個亞歷山大城，一個叫做尼西亞（Nicaea），位在會戰的戰場上；另一個叫做「布西法拉」（Bucephala），位在渡河點上，布西法拉是他的名馬，死在這次會戰中。

雖然對波魯斯的勝利和與波魯斯的同盟已經使亞歷山大獲得了旁遮普的西部，但他卻準備繼續東進，不僅為了擴大波魯斯的王國，而且也是為了達到東方的海岸，很顯然他仍然相信那是近在咫尺的，而且只有海岸才能使他獲得其所尋求的理想東疆。

到了此時，他對於印度的某些幻想又必須要與地理現實相符合了。至少他似乎已經知道印度河與尼羅河是毫無關係，這是一個流入南洋的獨立河川，而基拉姆河為其支流之一。所以在他繼續前進之前，他把克拉提拉斯留在基拉姆河上，不僅為了監造尼西亞與布西法拉城以及補給他的前進交通線，而且也還要建造一支艦隊。雖然已經無文字記錄，但很明顯的，他是在想達到了東海岸之後，就再回到基拉姆河上，然後再順流而下的達到南海。所以尼西亞與布西法拉也是為了做南下航海的基地之用。

休息後的軍隊在大雨如注中，前往艾斯西尼斯（Acesines）河，因為夏季季風正極為強烈。經過了相當的困難，渡過了該河，又繼續進到了海德拉提斯（Hydraotes）河上，一路走一路在交通線上留下防守的哨兵，以便克拉提拉斯的運輸補給工作可以較為便利。當接近海德拉提斯河時，希法斯辛又率領了一個部隊去征服波魯斯的姪子，他也叫做波魯斯，叛變了他叔父。希法斯辛達成了這個任務，並且把姪子的領土加在其叔父的國家中。此時，大軍渡過了該河而進入了卡塔安人（Cathaeans）的境內，這是一個好戰而無王的民族，住在海德拉提斯河與海法西斯（Hyphasis）河之間。在其南面，位在艾斯西尼斯河與海德拉提斯河之間，還有馬里（Malli）人，在海德拉提斯河與海西德拉斯（Hesydrus）河之間還有阿克斯德拉卡（Oxydracae）人。卡塔安人的主要城市為桑加拉（Sangala，地點已不可考），亞歷山大在此受到了頑強的抵抗，損失重大。這個城的陷落使其他兩個民族驚懼而投降，這對亞歷山大而言是很幸運的，因為他的損失是那樣的嚴重，備感兵力不足，被迫允許波魯斯去據守被征服地區。亞歷山大於是再向海法西斯河上出發，以求征服對岸上的民族（任何會在旁遮普東部度過夏季的人，一定能夠認清其因為氣候而所受到的死傷數字將是非常驚人的）。

在海法西斯河，軍隊發生了叛變。自從安費波里斯出發起，他們已經走了近一萬七千哩的距離，度過整整八年的光陰，而自從離開基拉姆河之後，天氣的炎熱和不斷的暴雨使他們更受不了。同時軍中又有了謠言，說在河那一邊的國家人口眾多，人民都體格高大又英勇善戰，而且擁有無數的戰象。謠言、對於未知的恐懼、困苦、疲勞、苦雨與酷熱，終於使馬其頓軍的士氣崩潰了——它能支持這樣長久的時間，實在是很夠驚人的。於是軍人在營中開會，就算是最馴服的人也對他們的命運深感憂懼，而其他的人則堅持絕不再跟隨亞歷山大前進了。

那麼亞歷山大對於這次叛變的反應又是怎樣呢？阿利安所記載的亞歷山大向他的將領所發表的演說，塔恩卻認為是後世偽造的。塔恩認為在此時，亞歷山大仍認為東洋是頗近的，這種說法是頗有疑問。因為亞歷山大是一個很虛心的人，他一定問過了許多印度人，所以到了此時，他對於大洋近在咫尺的假定，必然已經發生了疑問了。所以當軍隊的發言人寇納斯回答他說：「請不要再違背我們的意志而領導我們前進，因為在戰鬥中我們必須要有自由的意志。」據說，亞歷山大回到自己的帳幕中，考慮了三天之久。假使他相信只要再走幾天，就可以找到那個東洋，則他絕不會向部下讓步，好像其在第二次大叛變中的情形一樣。不過他也可能認為軍隊的情形使他不能再做成功的遠征，所以決定停止了。所以他下令因渡河的問題而向天神較示，但神意表示不利時，於是他就向部隊宣布決心回師了。

他的部下歡聲雷動著說：「僅僅為了我們，他才自動屈服了。」他的東疆始終不曾建立，這是他一生事業中的一個最大的失敗。

他下令在海法西斯河上，建築了十二個像高塔一樣的神壇，以來當作其征服的終點，在犧牲祭神之後，又舉行了一次運動大會，然後把直到該河為止的地區都併入了波魯斯的版圖。他回到基拉姆河上，準備前往南海的八百哩的旅行。

帝國的海洋聯繫

亞歷山大決心作向南的冒險，其原因是很清楚的。其一，印度河下流地區一度受波斯「大王」的統治，所以做為承繼者的他，有再征服它的權利與義務。其次，是他不僅下了決心，不惜任何成本要到達海洋，而且也是為了想發現能否在印度河與幼發拉底河之間，建立一條海上航線。這樣即可避免艱苦漫長的陸上旅行。他何時決定作這個冒險無人知道。但是他第一次渡過印度河時，他以為他已經發現了尼羅河的源流，因為他在它的河岸上看見了鱷魚，這是他除了在尼羅河上以外，在其他河中都不曾見過的。以後他又從印度人方面得知海達斯配河是與艾斯西尼斯河會合，而後者又與印度河會合，印度河有兩個河口，都直接流入大海中。這一點都不稀奇，因為自從遠古時代起，印度河與其支流即為主要的航線，而從印度河口向西沿著馬克南（Makran）海岸發展的海運貿易，是在亞歷山大時代的前一個世紀中就已經存在的。

在真納河上，他發現在他離開的時期中，哈爾巴拉斯又送來了五千名騎兵和七千名步兵的增援，另外還有二萬五千套甲冑。此外又造好了八十艘三十槳的戰船，還有許多運輸船在建造中，此外也徵發了大量的當地船隻。當一切都準備就緒時，這支艦隊的船隻總數約為一千艘。戰船一部分是由腓尼基人、塞浦路斯人、卡利亞人和埃及人來駕駛，此外也有許多印度人被僱用。

亞歷山大率領一部分精兵順流而下，其餘的陸軍分為三個縱隊：克拉提拉斯在右岸上，希法斯辛在左岸，而菲利普、格南德哈拉的總督則跟在後面，相隔三天的行程。尼爾巧斯指揮著艦隊。

公元前三二六年，十一月間，在祭了神之後，亞歷山大從他的船頭上把奠酒倒在河中，於是大船團啟行了。但是這次航行卻並不平安。當他們尚未走到艾斯西尼斯河與基拉姆河合流處，就獲得了消息得知馬里人與阿克德拉卡人已經準備反抗。

大軍紮營在二河合流之處，接著打了一個卓越的戰役，在其中奇襲與機警獲得了極佳的配合，這是亞歷山大所打重要戰役中的最後一個，但是幾乎斷送了他的性命。當有幾個據點已經攻下了之後，軍隊就開始進攻馬里人的主要城市，亞歷山大看到部隊有一點猶豫不前，遂憤怒的自己抓著一架雲梯，把它靠在城牆領先爬上去。緊跟在後面的就是普希塔斯（Peucestas），那是他的負盾者，荷負著依流門的「神盾」，接著就是他的衛士里昂拉塔斯（Leonnatus）。同時有一個叫做艾布里斯（Abreas）的軍人也架起第二座梯子。其他人員都紛紛跟著他們後面向上爬，哪知道人太多了，卻把梯子壓斷了。於是亞歷山大孤立在城頭上面對敵人。他躍入了衛城內以避免他們的矢石，背靠著牆，以他的寶劍使敵人不敢近身。艾布里斯已倒在地上，因為一支箭射穿了他的前額。另一支箭卻射穿了亞歷山大的胸甲，深入其胸膛之中。一片血光的他倒在他的防盾上，普希塔斯與里昂拉塔斯也都已經負傷，卻仍拚命的保護著他。但一切似乎都已經完蛋時，其他的衝鋒隊終於爬上了城牆，就在亞歷山大的身邊展開了激烈的戰鬥，一直等到有些士兵打開了一扇城門，馬其頓軍才像潮水一樣的湧入。因為痛惜國王的負傷，他們把居民屠殺殆盡，連婦孺也不例外。

有幾天亞歷山大都在死亡的邊緣掙扎著，因為在軍營裏已經有謠言說他已經死了，於是他命令把他自己用擔架抬著，遂上一艘船，沿著河岸緩緩的移動，好讓他的部下看到他還活著。

在他傷勢復原之後，艦隊與陸軍又繼續前進，直達齊納布（Chenab）河，即艾斯西尼斯河與印度河會合之點上，在那裏他命令建立一個亞歷山大城，他把菲利普的省區擴大得將庫納爾河以東的一切地區都包括在內，直到這個會合點為止，並將一批色雷斯部隊交給他指揮。同時他又指定派松為下印度總督——那也就是指從這一點起向南伸延的一切地區，一直到海為止。於是再繼續前進。在途中亞歷山大又聽到艾拉恰西亞與德蘭吉亞納發生了叛亂的消息，他就決定派克拉提拉斯率領三團方陣步兵，一些弓弩手和不堪服役的人員，以及輜重戰象等，可能是取道莫拉隘路（Mulla Pass），經過這些省區前往卡爾馬尼亞，並在那裏等候他到達，也許可以假定他此時已經決定艦隊將從印度河口向西航行，取道吉德羅西亞，也就是馬克南，回到波斯。公元前三二五年七月間，經過了一些小挫折，這支大遠征軍終於達到了帕塔拉（Patala），就是當時印度河三角洲的頂點。

亞歷山大開始在帕塔拉建立一個港口和船塢，他是準備用它來當作印度與波斯間海上交通線的東部基地。他於是沿著印度河的兩條主要水道航行，想發現其中哪一條比較便於航行，結果還是決定了東面一條。接著他又與尼爾巧斯商討這個沿著海岸探險航行的指揮問題。他們理想中的幾個人選，都堅辭不敢接受這個任務。最後尼爾巧斯遂自告奮勇。最初亞歷山大認為這個任務的危險頗大，很感躊躇，因為尼爾巧斯是他最親密的老友之一，但是最後他還是同意了。這個決定使那些船員們大感振奮，因為他們覺得除非是有必定成功的把握，否則亞歷山大是不會指派尼爾巧斯擔負這個任務的。尼爾巧斯所獲得的訓令，是要他勘察海岸線，發現有無港口島嶼和海灣的存在、有無沿岸城市和沿岸土地是肥沃還是荒涼。

有多少船隻參加這次遠征是已無正確的記載。塔恩指明出來船隻共為一百或一百五十艘，船員為三千到五千人，此外還有一些弓弩手、傭兵與投擲機。船上所攜帶的口糧不超過十日的分量，飲水不超過五日的分量，所以必須經常登陸；而且無論如何，這也是必要的，因為在古代的船隻，通常是要靠在岸邊來過夜的。

在公元前三二五年九月底，艦隊進入了印度河的支流，等候東北季風的到來，那應該在十月底開始的。在尼爾巧斯離開帕塔拉前不久的時候，亞歷山大開始做通過吉德羅西亞的行軍。他的目的並不是為了想與希米拉米斯（Semiramis）和居魯士大帝媲美，儘管神話很使他感到悠然神往，但真正目標卻是為沿著海岸行駛的艦隊，掘井和建立食品倉庫，以使登陸行動比較便利，和壓制居住在吉德羅西亞南部的獨立部落。他早已深知前途的危險，但為了幫助這支艦隊，他卻必須面對它。他所率領的兵力，有四團方陣步兵、輕步兵、阿吉里亞部隊、弓弩手和禁衛騎兵中的一切馬其頓人，以及騎馬的弓弩手，至於其餘的土著部隊均被遣返本國。

從帕塔拉，他進至了阿拉比斯（Arabis）河上，由此向南轉順著海岸，進行掘井和征服阿里塔（Orietae）獨立部落的工作。在他的主要城市阿拉（Ora），他又建立了一個亞歷山大城，命令阿波羅法尼斯（Apollophanes）為總督，並留下一支強大的兵力，由里昂拉塔斯指揮。他命令阿波羅法尼斯要對尼爾巧斯與前進的陸軍，不斷的輸送補給。因為已經沒有沿岸的路線，他被迫改向內陸，沿著以後阿拉伯人從馬克南到辛德（Sind）之間所常用的小路走。但在途中，仍不斷的派人送補給到海岸上去。他所經過的地區經常缺水，而且天氣酷熱，使他必須在夜裏行軍。幾乎一切的輜重都丟棄了——所有的馱獸非死就是已被吃光——他們才在巴斯尼（Pasni）又達到了海岸，於是從此轉往普拉（Pura），那裏有波斯王的離宮。經過了六十天的艱苦行軍，軍隊才在此獲得了休息。依照塔恩的記載，除了非戰鬥員以外，其餘的兵力並無太大的損失。

當亞歷山大在普拉時，免去了阿波羅法尼斯的職務，因為他不會達成運送補給的任務，同時也知道了上印度總督菲利普，已經在兵變中被害了。他並不會改派繼任人選，而只命令塔克西里斯去兼管總督的職務。於是他進到卡爾馬尼亞的古拉希基爾德（Gurashkird），在那裏建立了另外一個亞歷山大城，並與克拉提拉斯會合。

當亞歷山大還在吉德羅西亞作艱苦的前進時，尼爾巧斯也正繞著阿拉伯北岸航行。在他所著《印度遊記》（*Indica*）一書中，對於其航行有極詳細和真實的記載，其中包括著相當分量的地理資料，那應該能讓亞歷山大極為讚賞。在開航後八十天，他的艦隊進入了荷姆茲（Ormuz）海峽，並在艾馬尼斯（Amanis）河口投錨。這是一次最成功的航行，但成本卻不高，因為尼爾巧斯一共只損失了四艘船。這次航行與哥倫布一樣出色，不僅是因為實質的危險，對未知領域幻想也令人產生了巨大的恐怖，所以尼爾巧斯能夠堅持到底，是很可欽佩的。

當船員登陸不久後，尼爾巧斯從一個希臘流浪者的口中，得知亞歷山大的御營距離海岸只隔了五天的路程而已。他率領了阿爾切斯（Archais）和另外五位隨從，趕忙去與國王會合，其情況在遊記中曾有極生動的描寫。最初亞歷山大幾乎不認得尼爾巧斯和他的同伴，因為他們的頭髮長亂、衣服破爛、身體瘦弱。他以為站在前面的幾個人就是這支遠征軍最後剩下來的倖存者，於是他就問船隻與軍隊是怎樣被毀滅的。但尼爾巧斯告訴他船隻與軍隊都安然無恙時，亞歷山大不禁喜極而泣，他說要是他們遭遇了不幸，則他內心中的悲哀將足以抵銷一切其他成功的回憶。

於是亞歷山大大張宴席，並向宙斯、海克力斯、阿波羅等神祇犧牲致謝。尼爾巧斯不久又回到他的艦隊中，沿著卡爾馬尼亞和波斯西斯（Persis）的海岸航行，再沿著卡侖河（Karun）溯江而上，到蘇沙附近的一個浮橋，然後在那裏停船。他已經向西方世界證明出來，印度河可以與幼發拉底河連接起來，從帕塔拉可以直達蘇沙。

帝國的統一

公元前三二四年初，亞歷山大出發前往帕沙加達，他愈向西走，則接到帝國中各種不正當行為的報告也愈多。他已經離開了帝國中心五年了，在這段期間，有許多人認為他不會再回來了，同時又有許多謠言說他已經死在印度，所以他的威權開始動搖。他立即用閃電式的速度來懲治一切的罪行。巴爾亞克斯（Baryaxes），是一位米提人，曾經公開的稱王，他和他的黨羽俱被處死。阿爾克西斯（Orxines）曾在波斯西斯省作亂，被處了絞刑。在卡爾馬尼亞造反的阿爾達尼斯（Ordanes），和治理蘇沙亞拉（Susiana）不適當的艾布里提斯（Abulites），都受到同樣的刑罰。那兩個曾經刺殺帕爾米尼奧的將軍，克林德（Cleander）和西塔克里斯（Sitalces），也因為虐待人民而被處死。居魯士的皇陵會被盜，現在又完全恢復了原狀。一切趁亞歷山大不在時擅自編成的私人軍隊也都被解散。所有罪犯中只有帝國財政大臣哈爾巴拉斯聞風先逃走了。他曾經花了大量的金錢來過窮奢極侈的生活，並為他寵愛的女巫修建神廟。他聽到亞歷山大還朝的消息後，馬上就率領著六千名傭兵，帶著五千台侖黃金向西逃走，想去煽動雅典叛變。不久之後，他在克里特島為其隨從所殺。

比懲罰罪人更重要的，是要在波斯人的心理中，重建亞歷山大的美名。其第一個步驟即為指派普希塔斯（Peucestas）為波斯西斯及蘇沙亞拉的總督，這個波斯西斯省為波斯民族發祥之地。這是一個極受人望的決定，因為普希塔斯能說波斯語，並且已經採用波斯的服裝與生活。

不久以後，當亞歷山大達到了蘇沙時，又採取了第二個舉動。為了慶祝勝利歸來，亞歷山大命令大舉慶祝，為了表彰帝國內各種族一律平等的政策起見，又舉行了一個巨大的集團結婚典禮。他與希法斯辛娶了大流士之女，巴爾辛（Barsine）與德里皮提斯（Drypetis）為妻，有八十多位將領也都娶波斯與米提最高貴族之女為妻。此外他的部下中有一萬人也都奉准與其亞洲籍的姘婦結婚，並都獲得極厚的賞賜。

亞歷山大同時又決定償還他部下的一切債務，為了要知道到底有多少負債者，他命令所有的負債者都應登記他的姓名和金額。但是登記者頗少，因為軍人們都懷疑他是別有用心的，可能是想發現哪些人會過著糜爛的生活。但是更使他們感到疑懼的，卻是下列的行動：各新建城市的總督奉命送三萬名本地青年到大本營報到，這是亞歷山大過去命令他們召募的，其裝備與訓練都是採取馬其頓式。阿利安說，當這些新兵到達後，會使馬其頓人大感困惑，他們認為亞歷山大是在設法使今後可以不必再依賴他們，同時他的思想也已經完全亞洲化，根本上看不起馬其頓人和他們的生活習慣。另一個使他們抱怨的原因即為那次集團結婚大典，也是照波斯儀式來進行的。

當亞歷山大得知部下們不願意登記姓名時，內心感到受創頗深，他說一個國王必須待人以誠，而臣民也應該相信其誠意。他取消了登記的辦法，命令只要見借據就給錢，而也不必出具收條。這是他再度順從其部下的意志，但這卻是最後一次。

現在亞歷山大又轉過身來處理希臘的事務，因為在他不在的時候，安提帕特對於民主國家的高壓政策，已經使這個地區中到處都是無家可歸的流亡者。要想消滅這種派系之爭，誠非易事，因為亞歷山大與柯林斯同盟會員國之間的關係，與對波斯人之間的關係是完全不同的。雖然做為是「大帝」的承繼者，全部亞洲現在都在他統治之下，可是做為是希臘的盟主，他卻並無干涉各國內政的合法權力。但是假使他的帝國因欲求聯合一致，則他必須使希臘城市彼此能夠建立和平關係，正像希臘與波斯之間是一樣的。他發現若是派系之爭不消滅，流亡者到處滋事或流為傭兵，則絕無和平之可言。儘管他是不合法的，但他仍然發布了一個命令，要所有各國收容其流亡者與家族。公元前三二四年九月間，由亞里斯多德的義子，尼卡諾（Nicanor），在奧林匹亞代他宣讀，聽眾有希臘各國的代表和流亡者約二萬人。雖然這種辦法違反了同盟公約，但卻是一個政治家的舉止，而且也是大公無私的，因為流亡者之中有許多都是屬於反馬其頓黨派的。亞歷山大容許過去的敵人返回他們的故鄉。

為了克服這種法理上的困難，有些學者認為亞歷山大在發布命令之前，是先假定這是神意的要求。因為誠如塔恩所說的，同盟公約只能限制國王身分的亞歷山大，而不能限制神意代表身分的亞歷山大。其他的學者則反對這種理論，認為他是太無根據。不過無論如何，亞歷山大的舉動與希臘的政治理論也不相衝突，因為他們一向認為天才是應該超乎法律之上的。

當這個命令發布不久後，當他的大軍正駐在阿皮士（Opis）時，亞歷山大又決定命令克拉提拉斯，率領一切服役年限期滿的老兵返回馬其頓。當這個決定發表後，加上他統一帝國內各民族政策之實施，以及在軍中不准有勝利者和被征服者區別的要求，遂使軍人們認為亞歷山大的意圖要在亞洲建都，不再返回歐洲了。於是軍中人心大亂，開始口出怨言了。當亞歷山大召集部下聽訓時，終於釀成了全面的兵變，所有單位除了禁衛步兵以外，都牽扯在內。最先，他們還沉默的聽著，等到他說完了以後，他們就喪失了控制而高聲回答著說，要回去大家都回去，以後要打仗就請他的父親「阿蒙」代勞了。

當他們一提到「阿蒙」，馬上就刺激了在亞歷山大生活中最神聖的一方面，於是他突然大怒，從講台上跳下來，向禁衛步兵指出了十三個禍首，命令立刻拘捕並執行死刑。然後他又回到講台上，痛罵這些忘恩負義的人們。他提醒他們想想看他的父親曾經為他們做了些什麼，當他提拔他們的時候，他們都是披著羊皮的窮牧人，但他卻使他們變成了希臘的統治者；以後他自己又如何使他們升級變成亞洲的主人翁。他提到他們的許多勞苦、勝利和創傷，但是他又稱說在他所領導之下的人，沒有一個人是在潰逃中喪命的。最後他終於不能自制的怒吼：「現在你們都想走，好！走吧，你們每一個人都走好了。告訴那些留在故鄉的人說，你們已經丟棄了你們的國王，他曾經領導你們走遍了世界，從這一個勝利到那一個勝利。現在把他一個人留下來，讓他征服的異國人去照料他。毫無疑問的，你們的話是會贏得眾人的讚揚和天神的保佑。走吧！」

假使說在亞歷山大的一生中，有任何一件事可以表示他是一個半神性的人，則這次兵變可算是一個例證。在盛怒之下，他的人格威力足以使這些亂兵懾服，他貫徹他的意志而沒有做任何的讓步。

當他說完了這番話以後，他就跳下了講台，退入他的宮中，兩天內拒絕接見任何人。到了第三天，他召見波斯人的領袖，並開始把三萬新兵組成一支波斯陸軍。於是叛徒們屈服了，他們羣聚在宮門外，丟下他們的兵器表示服從，要求准許他們進來，並交出他們的禍首。當亞歷山大聽到這消息，他含著眼淚走到了宮門口。在那裏有一位老軍人卡里尼斯（Callines），向他說：「啊，國王呀！馬其頓人是多麼傷心，您讓某些波斯人作了您的親屬，有的波斯人已經被稱為亞歷山大的親屬，擁有用親吻來向您敬禮的權利；可是馬其頓人還沒有一個能享受這種權利。」亞歷山大攔著他說：「但是對於你們全體而無例外的，我都認為是我的親屬，所以從現在起你們也可以這樣的自稱。」卡里尼斯領頭，和其他的人都向他一吻以表尊敬，於是軍人們拾起他們的兵器歡呼高唱的回到他們的營房中。

在這次亂事平息後，亞歷山大又犧牲酬神，然後下令準備一次巨型的宴會，依照傳統，共請了九千位客人。馬其頓人環繞著他們的國王坐，其次就是波斯人，再次為帝國中其他民族的代表。當宴會終了時，所有的人都從一個過去屬於大流士的巨型銀酒桶中，汲出神酒來，九千人同時舉行奠酒禮。於是亞歷山大為和平做了一個祈禱。他所希望的是天下一家，共享太平之福，尤其是馬其頓人與波斯人彼此合作，和諧無間。

接著一萬個退伍老兵，在克拉提拉斯率領下，歡歡喜喜的啟程返回馬其頓，而克拉提拉斯也奉命代替安提帕特為希臘同盟副盟主，後者則奉命率領馬其頓的增援人員前，來與亞歷山大會合。

當老兵回國之後，命運的安排卻顯示亞歷山大的統治已經日薄西山了。希法斯辛突然患熱病逝世，這對亞歷山大是一個極大的打擊。這兩個人同年，從兒童時起就是最親密的朋友。雖然是仲冬時節，亞歷山大為了排遣悲懷起見，還是出發征討柯沙安人（Cossaeans），他們住在蘇沙與艾克巴塔納之間的山地中。公元三二三年春天裏，亞歷山大回到了巴比倫，從利比亞、布魯提門、魯卡尼亞和艾特魯里亞等國來的使臣都來慶賀他的成功。

他開始執行兩個夢想了好久的計畫：一、勘察裏海；二、勘察波斯灣及阿拉伯海。他命令希拉克萊德斯（Heracleides）率領一羣造船匠，到海爾卡尼亞去伐林造船，準備探勘裏海究竟是一個湖，還是一個海灣。關於第二個計畫他準備親自去執行，他下令在巴比倫附近開闢一個大港，足以容納一千艘戰船，在旁邊即為船塢。他又派人拿了五百台侖去腓尼基召募船員和殖民者。他的意圖是要把這批人遷移至波斯灣的海岸上。此外，他又想環繞阿拉伯航行，並已派人去偵察阿拉伯海岸的情況。當船隻尚在建造中，他又從幼發拉底河順流而下，進入了巴拉柯巴斯（Pallacopas）運河，那本是為了排洩河水氾濫之用，他在此開闢了灌溉體系，並為希臘傭兵建立了一個要塞城市。

當他回到巴比倫後，他發現在普希塔斯的率領下，已經有兩萬訓練有素的波斯兵在恭候他，此外還有由柯沙安人、塔普里亞人、卡利亞人、里底亞人等組成的部隊，以及馬其頓的騎兵。有了這麼多的兵力，他又決心改組馬其頓的方陣。本來一行為十六名馬其頓長矛兵，現在改為四名馬其頓兵與十二名波斯兵。第一名為馬其頓的行長，接著也是兩名馬其頓人，再其次為十二名波斯人，而最後又為一個馬其頓人。馬其頓兵仍用長矛，但波斯人則使用弓矢或標槍。雖然這種混合性的方陣是始終不曾組成，但其設計的理想卻頗有意義。這可以表示亞歷山大認清了征服的工作已經告一段落，今後的問題只是如何維持帝國之內的法律與秩序而已。他所需要的占領軍，是應比舊有的陸軍具有較大的彈性，所以才產生了這種輕重兩型部隊的混合物。另一個特點則為它把火力與衝力匯合在一起。

公元前三二三年，六月二日，這正是他準備出發遠征阿拉伯海的前幾天，亞歷山大突然患病，可能是瘧疾。到了六月七日，病勢轉危，他已經不再能向他的將軍們下命令了。十日，他已經不能說話。因為已經有謠言說他已過世，所以在十二日，他的部下被容許進入寢宮，列隊從他的床前通過。他很困難的移動他的頭或手來向熟人打招呼。六月十三日日落時，他永遠的閉上了他的眼睛。他還不到三十三歲，一共統治了十二年八個月。他既未留下遺囑，也未指定承繼人，即使他曾經如此，他的部下也都不夠資格代替他。因為誠如波利比亞斯所說的：「這是大家所一致公認的，這位國王的天才超出了人類標準之上。」

第二篇　分析

第六章　亞歷山大的四大會戰

格拉尼卡斯會戰

在亞歷山大渡過了韃靼尼爾海峽之前，波斯的總督們就否決了門農的計畫，而決定保護亞歷山大企圖侵入的省區，他們把兵力集中在齊里亞。依照阿利安的說法，他們有兩萬人的波斯騎兵，和大約相當數量的希臘傭兵；對於局部性的地方兵力，他沒有記載，但是數量也相當可觀。這些數字毫無疑問是過於誇張。雖然在小亞細亞的希臘傭兵總數可能不下兩萬人，但其中有許多是水手，據狄奧多拉斯的記載，當亞歷山大即位後不久，大流士曾經命令門農率領五千傭兵去占領在馬爾馬拉海上的賽齊卡斯（Cyzicus）。也許在格拉尼卡斯會戰中，希臘傭兵即為五千人，而不是阿利安所說的兩萬人。同樣的，波斯騎兵也不可能有兩萬人，一萬人之數似乎比較合理。

但不管波斯陸軍的數量有多大，很明顯的，比起亞歷山大擁有的還是屈於劣勢。所以他們必須選擇一個堅強的防禦陣地，以來抵銷此種數量劣勢。這種陣地是應該在格拉尼卡斯河下游去尋找，占領了這個陣地後，就可以引誘亞歷山大遠離沙爾提斯，因為假使他在擊敗波斯軍之前，就先向沙爾提斯前進，那麼就有可能喪失與希里斯朋特之間的交通線，戰略主動權也就會落入波斯人的手中。

格拉尼卡斯河是一個山地中的溪流，從依達（Ida）山下流入海；西側有一個湖，現在叫做艾德傑哥爾（Edje Göl），可以保護其下游的南側面不會受到迂迴運動的威脅。在這個湖的北面那裏，河的東岸甚為險陡，要比西岸高出頗多。在這個地區中，其他地方都是平坦的，因為時為五月，河中水位正在高漲，但在許多地方仍然還是可以徙涉。

這個陣地的選擇是很適當的，但是波斯軍的部署卻可以說是錯到了底。他們沒有把希臘傭兵沿著東岸展開，而把波斯騎兵位置在他們的側面和後方上，以讓敵人突破步兵的陣地時，即可供逆襲之用。反之，卻犯了一個極大的戰術錯誤，他們把最優秀的騎兵擺在陡岸的後面，使其無法衝鋒，而傭兵（步兵）卻反而擺在他們的後方。這是威爾肯的說法。但是塔恩卻不表同意。他說：「波斯人事實上有一個非常勇敢的計畫，他們想如果有可能的話，應先殺死亞歷山大，以便一開始就消弭這個戰爭。他們把騎兵集中在格拉尼卡斯河下游陡岸上，而把希臘步兵擺在後面。有許多人都認為這實在不是防守河岸的辦法，事實上這並非他們的意圖。」（直到第二次大戰時為止，英國人也曾派遣突擊隊想去殺死隆美爾。）

他們希望殺死亞歷山大，那也是毫無疑問的，因為幾乎在所有的古代會戰中，殺死對方的主將都是一個主要的目的，而且在近代戰爭中也還是不乏這樣的成例。但是因為波斯騎兵所使用的武器只是標槍，而並非槍或矛，所以他們不是一種真正的衝鋒部隊，不足以對抗敵軍的衝鋒部隊。

阿利安不曾告訴我們波斯騎兵攜帶幾枝標槍，但是要想發生效力，其標槍必須有中等的重量，而不可能太輕，也許和羅馬人的標槍差不多，所以可能只有兩枝。因為騎兵與步兵不同，所以標槍不是一個有效的武器，在奔馬上投擲它命中率頗差。此外，假定每個人只能攜帶兩枝標槍，則波斯騎兵的「火力」也就會迅速的減弱，因為並無紀錄可以證明波斯騎兵備有馱獸以來載運補充用的標槍，好像在卡爾海（Carrhae）會戰中的蘇里拉斯（Surena）馬弓手一樣（公元前五十三年）。

假使波斯人唯一的目標是想殺死亞歷山大，那麼最好的方法就是用長矛形成障礙以對抗敵人騎兵的衝鋒，等到他突入了步兵的陣地中時，再用標槍來壓制他。為什麼波斯人不採取這樣的部署，理由頗多，但有一個是不難理解的。在歷史上，騎兵總是看不起步兵，若是把希臘步兵位置在第一線，那也就無異於使他們居於榮譽的地位。軍事上的禮儀禁止採取此種部署。這種面子問題就足以解釋這種特殊的戰術愚行。在塔吉那（Taganae）會戰中哥德騎兵，與克里賽（Crecy）會戰中法國騎兵的行為也都大致相同。在第一次世界大戰中，騎兵在許多次戰鬥，也同樣的表現出來這種無理的驕橫態度。

從南門普沙卡斯（Lampsacus），亞歷山大向東前進，前面有一個由長槍騎兵與輕裝部隊所組成的前衛。但在接近波斯軍時，帕爾米尼奧認為面對著波斯人的抵抗，要渡過水位高漲的格拉尼卡斯河是不可能的，所以他建議亞歷山大應在西岸上紮營待機，他並且認為敵人早已是驚弓之鳥，一定不會放過趁黑夜撤退的機會。這可以證明他對於其少主的心事，是如何的缺乏了解，因為亞歷山大是正在想如何阻止敵軍安全遁去。他不僅想在對波斯人的戰爭中，第一次會戰就能首創一個輝煌的勝和紀錄，而且他最不希望的就是在小亞細亞的境內，到處去追趕敵人。他回答帕爾米尼奧說，假使像格拉尼卡斯這樣一條小溪都不敢渡過，那麼他已經如此輕易渡過的希里斯朋特海峽就會因此而感到羞恥了。而且若不進攻敵人，就只會增強敵人的勇氣；因為波斯人還不曾吃過大敗仗，所以帕爾米尼奧認為他們會聞風而逃，也是一種不合理的幻想。

於是他展開了戰鬥序列，雖然阿利安的記載細節中不無混亂之處，但大致的序列是有如下述（這是大家所公認的，但還是有少許異議之存在）：

方陣步兵是位置在中央，六個團由右到左，其次序為皮爾狄卡斯、卡拉斯、阿明塔斯（安德羅米尼斯的兒子）、菲利普（阿明塔斯的兒子）、米里亞格和克拉提拉斯。

在方陣的右邊為禁衛步兵，由尼卡諾指揮，其次即為由長槍騎兵，配奧尼亞輕騎兵和蘇格拉底（Socrates）騎兵中隊所組成的混合兵力。最後一個中隊由菲利普之子托勒密指揮，而這三個單位又都由阿明塔斯（艾爾哈巴斯之子）指揮。再其次即為禁衛騎兵，由費羅塔斯指揮。最後在極右翼上為克里爾巧斯所指揮的克里塔弓弩手（步兵）和艾塔拉所指揮的阿吉里亞標槍步兵（註：蘇格拉底中隊為禁衛騎兵中之二部分，在這一天擔負著領先攻擊的任務）。

在方陣的左面為色雷斯騎兵，由阿加索指揮，其次為希臘聯軍騎兵，由菲利普（米尼勞斯之子）指揮，最後則為卡拉斯所指揮的提沙里騎兵。

全軍分為左右兩翼，以方陣的中央為分界點，右翼由亞歷山大指揮，左翼則由帕爾米尼奧指揮——希臘人尚右。

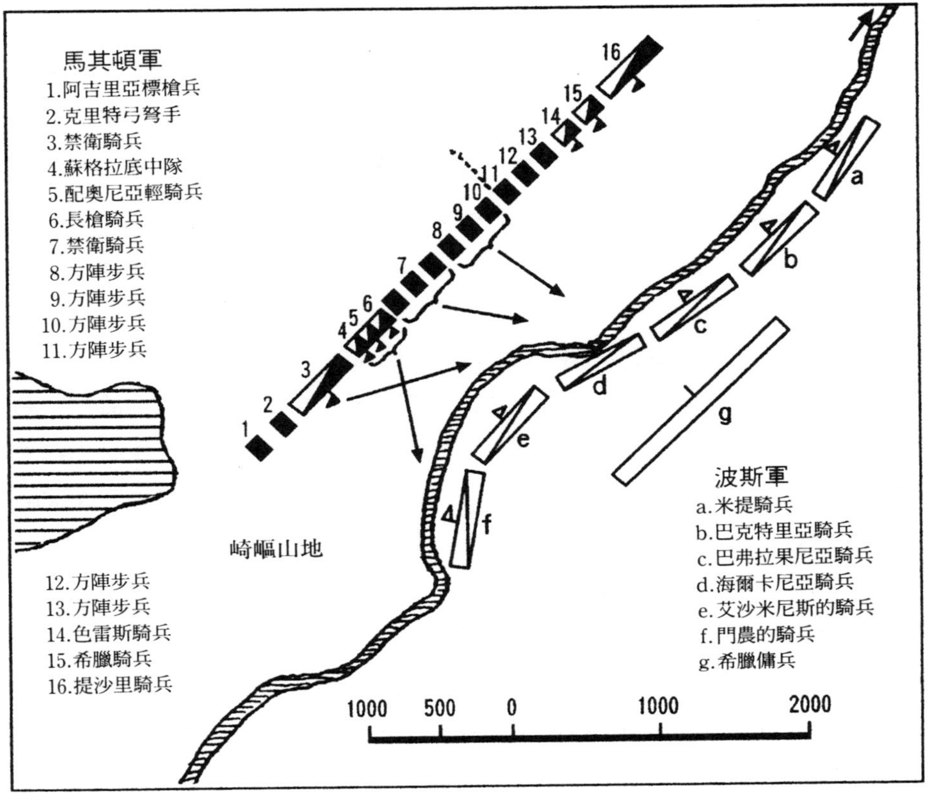
馬其頓軍
1.阿吉里亞標槍兵
2.克里特弓弩手
3.禁衛騎兵
4.蘇格拉底中隊
5.配奧尼亞輕騎兵
6.長槍騎兵
7.禁衛騎兵
8.方陣步兵
9.方陣步兵
10.方陣步兵
11.方陣步兵
12.方陣步兵
13.方陣步兵
14.色雷斯騎兵
15.希臘騎兵
16.提沙里騎兵
崎嶇山地
波斯軍
a.米提騎兵
b.巴克特里亞騎兵
c.巴弗拉果尼亞騎兵
d.海爾卡尼亞騎兵
e.艾沙米尼斯的騎兵
f.門農的騎兵
g.希臘傭兵
1000 500 0 1000 2000

圖六　格拉尼卡斯會戰

根據格羅特（Grote）在《希臘史》一書中的記載，波斯人的戰鬥序列有如下述：右翼為米提與巴克特里亞的騎兵，由李阿米提里斯（Reomithres）指揮；中央為巴弗拉果尼亞（Pephlaagonian）與海爾卡尼亞的騎兵，由艾爾西提斯（Asites）與希皮特里達提斯（Spithridates）分任指揮；左翼為門農與艾沙米尼斯（Arsamenes）所指揮的兩個騎兵師。但是從波斯將領的死傷名單中，又似乎還有幾個其他的指揮官，其地位已經不可考。希臘傭兵則展開在騎兵的後方。

最初是一片孤寂。但是從他的金盔亮甲和扈從的人數上，波斯將領認識了誰是亞歷山大，並遙望著他命禁衛騎兵集中在其右翼上。於是他們遂以為他的意圖是要攻擊他們的左翼，所以也就向那一方面增援。他們雖然能夠看到亞歷山大的每一個行動，但卻不能猜透他的計畫。亞歷山大並非如他們所料想，向其左翼發動主力的攻擊，而是以其正面的左中央部分為目標。

為了達到這個目的，亞歷山大命令阿明塔斯率領混合騎兵部隊，另加上一營禁衛步兵，成對角線的越過禁衛騎兵的前方，向波斯軍的極左翼進攻，這個行動的目的至為顯明，那就是想引誘波斯人用他們的騎兵向左翼增援，於是也就減弱了中央部分的兵力。亞歷山大的意圖是準備親自率領禁衛騎兵，並以禁衛步兵與方陣步兵為支援，集中攻擊波斯軍中央左端。雖然並無紀錄，很可能帕爾米尼奧也曾奉命在左翼方面採取類似的行動。

阿明塔斯在指定的時間前進，當他達到河岸時就遭遇到像雨點一般的標槍。接著就是騎兵間的戰鬥。阿利安對其會有下述的描寫：

> 於是騎兵之間發生了猛烈的戰鬥，一方面要渡河，另一方面阻止對方登陸。波斯人拚命的投擲標槍，但馬其頓人所使用的卻是長矛。馬其頓人因為數量遠居於劣勢，所以在第一回合的戰鬥中，損失頗重，因為他們必須從河中躍起，他們腳站不穩，而且敵人又獲得了居高臨下之利，尤其是那一方面的波斯騎兵也是最優秀的。門農和他的兒子都不避危險，身先士卒的奮戰，馬其頓則是第一次與波斯人交手，他們雖然表現出來極大的勇氣，但卻都被砍倒了，殘部向亞歷山大方面退卻，他現在也已經接近了。

當阿明塔斯一與敵人接觸，並將波斯人的注意力吸向左翼時，亞歷山大，在吹了一聲號角之後，即親率禁衛騎兵前進，大家高聲喊著「恩亞里亞斯」（Enyalius）——為希臘戰神的名稱——他們半面向左轉，然後以中隊為單位，成縱隊的向波斯中央左端前進。他率領著禁衛騎兵，衝入河水中，一躍即上了東岸。當波斯將領們從他頭盔上的白羽毛認清了是亞歷山大之後，就都騎馬趕上，與他發生了肉搏戰。禁衛中隊的猛烈突擊，使兩側的部隊比較易於渡河，因為據古人的記載，我們知道當戰鬥正環繞著亞歷山大的周圍激烈進行時，馬其頓人卻很輕鬆一列列的渡河了。阿利安對戰況會有下述的描寫：

> 這是一個騎兵的戰鬥，雖然是在步兵的戰線之上，馬對馬人對人的捉對廝殺。馬其頓人想一口氣把波斯人逐離河岸，迫使他們退入平地。波斯人卻想阻止他們登陸，並將他趕入河中。不過，亞歷山大和他的禁衛騎兵早已占了優勢，他們不僅活力充沛和紀律嚴明，而且他們也

善用長矛來對短槍作戰。

要正確的欣賞這個時代和這次會戰中的戰術，則必須記著這次戰爭還是在「英雄階段」中，多數的決定性戰鬥都是採取英雄決鬥的形式（直到三十年戰爭時，雙方主將彼此決鬥的情形都還十分普遍）。所有的勝利都是憑個人的智勇，主將在前領導，而不是在後指揮，他不僅是其軍隊的精神發電機，而且也是其頭腦。所以為什麼殺死他是一件最重要的事情，其理由亦在此。只要他被殺了，其下屬馬上就會發生恐懼的現象，於是全軍也就解體了。在單人的戰鬥中將對方殺死，不僅足以增加勝利的光輝，其本身也是一個決定性的勝利；所以當古代歷史家對於兩位主將之間的格鬥，做極詳細的記載時，我們是不應輕視它，或以為這是故意誇張，或是頌揚其所心愛的將軍。因為通常他所描寫的，正是會戰中最具有決定性的一幕。

阿利安對於這次會戰的詳情不會有太多的記載，這固然很令人遺憾，但是他對於以亞歷山大為中心的個人格鬥所做的簡略詮釋，那卻也正是會戰中的主題。他說當亞歷山大在肉搏時發現他的矛碎裂了，他就向他的衛士調換一支，哪知道那個人的矛也已經折斷了，於是柯林斯人，狄馬拉塔斯（Demaratus the Corinthian）——他曾經調解亞歷山大父子間的爭吵——就趕緊跳過去，把他自己的矛給他用。當亞歷山大剛剛抓到這枝長矛時，大流士的女婿，米提里達提斯（Mithridates）率領著他的中隊衝上來了。亞歷山大一看見他，就立即衝過去，舉矛刺入他的臉，把他挑到了地下。正當此時，另一位波斯將領羅沙克斯（Rhoesaces），用戰斧向他的頭上砍去，擊碎了頭盔的一部分，包括兩枝白羽毛中的一枝在內。亞歷山大回身過來，把他挑下馬來，一矛穿過了胸甲，刺入胸膛。在亞歷山大身後的希皮斯里達提斯，則舉起他的大斧準備砍下去，但是「黑人」克里塔斯乘機砍斷了他的手臂，救了亞歷山大的性命。因為波斯人突然喪失了三位將領，可能還有其他人阿利安不會提及，於是全軍為之氣奪，這也就是會戰中的決定性時機。

當主將正在苦戰中，馬其頓的騎兵一個中隊又一個中隊，順利的渡過了格拉尼卡斯河，接著步兵也都過來了。面對著他們的長矛，已經喪失了領袖與鬥志的波斯騎兵，感到難以抵抗。於是整個波斯陣線的中央部分向後凹入。據猜想，帕爾米尼奧的左翼兵力在此時也應該已經渡河，因為根據狄奧多拉斯的記載，在帕爾米尼奧左翼方面的提沙里騎兵曾經顯出無比的英勇，僅次於國王本人，他們應該獲得最大的榮譽。

當波斯軍的中央部分被擊潰後，其兩翼也就立即逃走，但是他們卻可以暫時免受追擊，因為希臘傭兵正擋著亞歷山大的進路。雖然他們已經不能挽回大局，可是並未潰散，並表現出來高度的紀律。依照普魯塔克的記載，他們表示願為亞歷山大服役，但是他不理會他們的要求。假使真的如此，有可能他決定要把他們當作一個榜樣，來嚇阻其他為波斯人服務的希臘人。在他的眼中看來，這些人都是出賣祖國的人。他命令步兵攻擊正面，騎兵攻擊側面與後方，在許多人被砍倒之後，只有二千人無條件投降。

依照阿利安的記載，馬其頓人只損失了二十五名禁衛騎兵，六十名其他的騎兵和三十名步兵，這可能是一個過低的估計。但是除了希臘傭兵的死亡數字不可考所以不計算在內，他說波斯騎兵只死了一千人，那也是一個太低的數字，因為在亞歷山大的會戰中，所有的敵人損失數字為了宣傳起見，都沒有不誇張的。波斯的主要損失不是人員而是將領，他們曾經英勇的作戰。其中已經知名的有如下述：羅沙克斯、尼法提斯（Niphates）和皮提尼斯（Petines），可能都是騎兵指揮官；希皮斯里達提斯，里底亞總督；米提羅巴查爾尼斯（Mithrobazarnes），卡帕多西亞（Capprdocia）的總督：米提里達提斯，大流士的女婿；阿爾布巴里斯（Arpuples），阿爾塔克斯的孫子；法爾拉西斯（Pharmaces），大流士的妻舅；阿馬里斯（Omares），傭兵的指揮官。雖然希里朋特—佛里幾亞總督艾爾西提斯，不曾死在戰場上，但戰後卻自殺了，因他認為波斯的失敗他要負責。這些波斯領袖人物的喪失是一件大事，因為它使亞歷山大今後在小亞細亞西部的前進如入無人之境。

依沙斯會戰

公元前三三三年的十月底或十一月初，大流士在某一天黃昏時進入了依沙斯，而在這同一天清晨，亞歷山大也從這同一地啟程，用強行軍的速度向米里安德拉斯（Myriandrus）出發。假使大流士能夠早二十四小時達到依沙斯，則他即可能把他的軍隊插入在亞歷山大與帕爾米尼奧之間，那麼他的位置就很像一八一五年，拿破崙在李格尼（Ligny）與夸特里布拉斯（Quatre-Bras）會戰之前的情形了。

當大流士知道亞歷山大在那天清晨已經通過了依沙斯前進，於是在次日他就向南行軍去追趕。但是還走不到八哩，就停留在皮納魯斯河上，這是一個小山溪，從艾馬納斯山（Amanus）地中流出，向西南流入亞歷山大里亞灣。卡里希尼斯對於這次會戰是一個目擊者，依照他的記載，從山麓起到海邊為止，這一塊地的寬度還不到十四個「斯塔德」（Stades），即比一哩半略多一點。這條河成對角線流入海中。在某些地方，其河岸是崎嶇險陡的，但是靠近河口處，從作戰的角度上來看，是不足以構成障礙物的，因為無論是騎兵或步兵，都很易徒涉越過其河牀。

沿著這條小河北岸紮營的波斯軍兵力，只能加以猜度而已，因為古代史家所引述的數字多半荒唐不經的。阿利安估計總數為六十萬人，其中希臘傭兵約為三萬人，「卡爾達斯」（Cardaces）約六萬人，他把他們列為重步兵一類（依照史塔波〔Strabo〕的說法，所謂「卡爾達斯」是一種類似希特勒青年團的組織，這些青年人雖也曾受過使用弓矢與標槍的訓練，但平時卻都是從事於種樹，製造甲冑等工作。從二十歲以後，他們也在軍中服役，雖也能徒步或騎馬作戰，但其地位卻始終是次要的。無論如何，他們絕不是「重步兵」，而可能是像卡里希尼斯所說的，只是一種「輕步兵」。假使真是重步兵，則亞歷山大就絕不會用騎兵向其衝鋒了）。狄奧多拉斯和賈斯丁認為總數為四十萬步兵和十萬騎兵；波利比亞斯引達卡里希尼斯的說法，說有三萬騎兵和三萬希臘傭兵。寇修斯也說共有三萬希臘人。不管總數是多少，希臘傭兵的數量可能在一萬以上，因為據說在戰後，阿明塔斯曾經率領八千人逃去，而有二千則與大流士會合在一起。波斯騎兵仍然使用標槍，依照寇修斯的記載，所有的人與馬都有鎖子甲的保護，護甲是一直到膝為止。

在尚未說到波斯軍到達皮納魯斯河上以後的情形之前，首先應明瞭距離的關係，但因為依沙斯與米里安德拉斯的正確位置都已不可考，所以最多還是只能獲得一個大致的概念而已。假定依沙斯是在亞歷山大里亞灣極北端以東三哩遠的地方，而米里安德拉斯是在一條急流的溪水的口上，這條溪水從敘利亞門流出，並在亞歷山大瑞塔以南三哩處流入海灣。那麼其距離的關係即可以簡述如次：馬拉斯到依沙斯——三十八哩到四十哩；依沙斯到皮納魯斯河——八哩到九哩；皮納魯斯河到約拉隘路——十二哩到十三哩；約拉隘路到米里安德拉斯——九哩到十哩。所以當亞歷山大達到了米里安德拉斯，他的軍隊已經在四十八小時中，走了六十七哩到七十二哩的距離，應該是十分疲勞了。此外因為大雨之故，亞歷山大決定在該城附近安營，以讓疲倦的人員休息——這對於他自己而言是很僥倖的。

當馬其頓軍正在休息之際，亞歷山大接到了一個意想不到的消息，才知道波斯軍已經不在索巧，而到了他的後方。這個消息對於他的衝擊是怎樣，現在是已經無紀錄可考，但毫無疑問的，既疲倦又被大雨溼透了的人員，曾因此發生了廣泛的驚慌和不安。軍隊通常都害怕退路被切斷。

當亞歷山大證實了波斯軍紮營在皮納魯斯河，應該已經是次日的下午了。於是他決定高速向敵人趕去，使大流士因為他的回轉而受到奇襲。他先派了一支小型兵力去偵察後方道路，於是命令人員在晚飯後立即出發，午夜時才趕到了約拉隘路，他命令人員在前哨掩護之下宿營休息。

法國的杜拉富先生（M.Marcel Dieulafoy），根據包爾爵斯（Commandant Bourgeois）未出版巨著的原稿（共六七九頁），寫了一篇有趣味的文章，題目叫做〈論依沙斯會戰〉（La Bataille d'Issus）。他要證明出來依沙斯會戰不是在皮納魯斯河上打的，而是在巴亞斯（Payas）河上打的，這條河也是流入亞歷山大里亞灣，在皮納魯斯河以南約八哩遠的地方。他的理論是以空

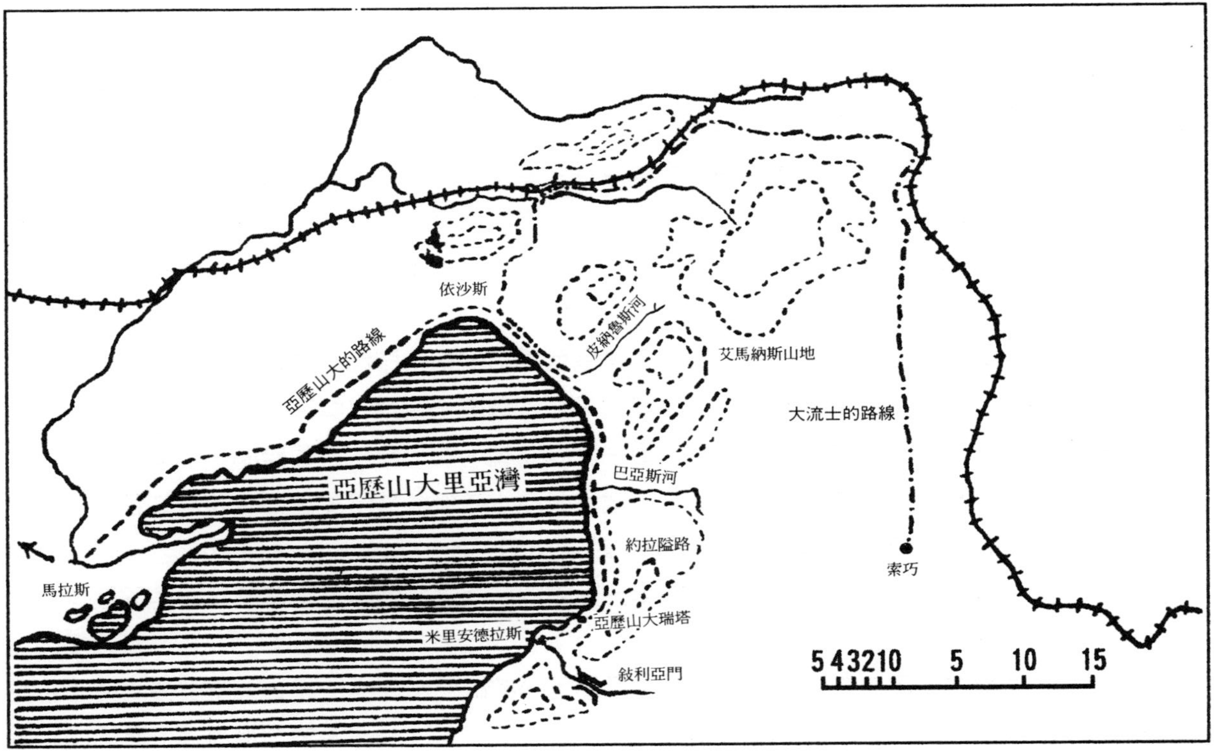

圖七　亞歷山大與大流士在依沙斯的運動

間和時間的精密計算為基礎的，他認為亞歷山大不可能從約拉隘道出發，趕到皮納魯斯河上後，還有剩餘的白晝時間可供會戰之用；所以皮納魯斯河應該是巴亞斯河。他是假定應用三小時來會戰和一小時來追擊。事實上並不需要這樣多的時間，這次會戰似乎很可能不超過一小時，而因為天已經快要黑了，所以追擊也是很短的。

依照阿利安的記載是說即將拂曉時，亞歷山大就從約拉隘路以行軍縱隊前進，在十一月初，那應該是大約五時三十分。步兵在前，騎兵在後。從這裏到皮納魯斯河距離為十二哩，只要四個半鐘頭即可到達。但因為在路上要作一連串的調度，以使後續的單位可以抵到領先部隊的側面位置上，所以最好是把時間加倍計算，算作是九小時；此外還要再另加一小時——更好是一小時半——來當作會戰前的休息、戰前小接觸和最後安排之用。所以假使亞歷山大是如假想的，在上午五時三十分出發，那麼可能是在下午四時展開會戰，這大約是在日落前一小時。現在讓我們來看會戰的經過。

在隘路北面三哩的地方，小徑進入了在海邊山地之間的沿海平原，亞歷山大開始展開他的步兵，從行軍縱隊變成戰鬥橫線。他首先推進尼卡諾所率領的禁衛步兵——這可能是他的領先部隊——趨向右面的山地。其次在他們的左面，即為寇納斯與皮爾狄卡斯的兩個團，他們構成右翼步兵的全部，由其本人指揮。在這一翼的左方，他又部署了克拉提拉斯、米里亞格、托勒密和阿明塔斯四個團並由克拉提拉斯統一指揮。然後再命令帕爾米尼奧指揮整個左翼。亞歷山大命令他將左翼部隊盡量逼近海岸，以使敵人無法迂迴其側面。

依照塔恩的說法，亞歷山大的軍隊數量要比格拉尼卡斯會戰時少，因為有許多聯軍部隊留給卡拉斯指揮，另有四千七百名傭兵被留在卡利亞與佛里幾亞。儘管還有其他增援兵力，但塔恩估計它的有效兵力，步兵應為二萬人到二萬四千人，騎兵可能為五千人。不過威爾肯卻認為，由於得到不斷的增援，在這次會戰中亞歷山大的兵力應該比在格拉尼卡斯略多。

當亞歷山大開始展開兵力後不久，大流士似乎已接到了報告，他為了保護自己的兵力展開起見，就把全部的騎兵，在輕裝部隊支援之下，推進到皮納魯斯河的南岸上。在他們的掩護之下，他又把台蒙達斯（Thymondas）與阿明塔斯所指揮的希臘傭兵位置在中央，而把強大的青年兵（卡爾達斯），由弓弩手掩護著，安置在兩翼上。為了防止左翼受到迂迴起見，他又把一支兵力（可能為輕型部隊），指派在戰線前方的側面山麓上。其餘的步兵，大多為亞洲各民族的民兵，則部署在第一線的後方。等到陣勢已經部署完成之後，他留下極少數的騎兵，又將掩護兵力撤出，由拉巴爾查尼斯指揮，改擺在右翼，因為靠近海岸的地區是比較適宜騎兵的行動。他又命令在皮納魯斯河上容易渡過的地方設立障礙物，不過因為時間不夠，最多只是樹立了一些「鹿角」而已。最後他自己據守在中央的位置，那也是依照波斯人的慣例。

因為寇修斯曾經寫著說：「大流士所選擇的是一種騎兵的決鬥，因為他相信方陣為馬其頓陸軍的主力。」所以他的計畫似乎是想突破敵軍的左側面，然後從側面和後方攻擊馬其頓的方陣，最後等到它解體之後，再將他們向山地追逐。

此時，亞歷山大仍在繼續前進中，因為沿岸平原已經越來越寬，所以他開始推進其騎兵、他

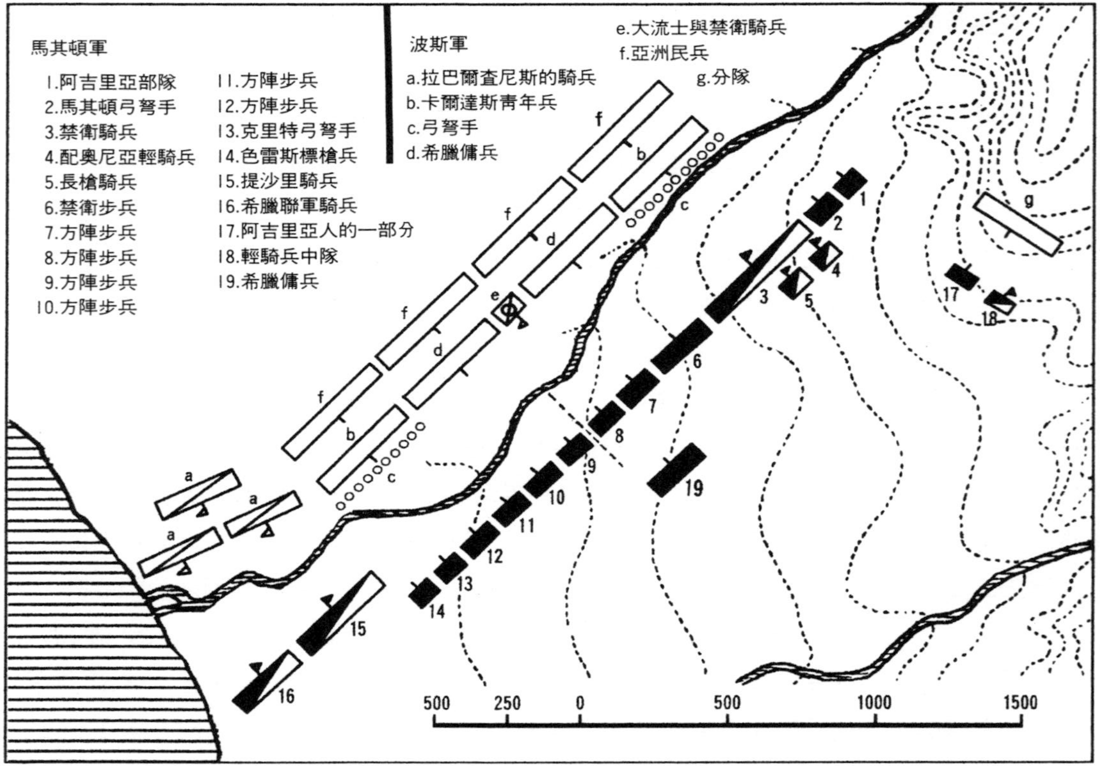
馬其頓軍
1.阿吉里亞部隊
2.馬其頓弓弩手
3.禁衛騎兵
4.配奧尼亞輕騎兵
5.長槍騎兵
6.禁衛步兵
7.方陣步兵
8.方陣步兵
9.方陣步兵
10.方陣步兵
11.方陣步兵
12.方陣步兵
13.克里特弓弩手
14.色雷斯標槍兵
15.提沙里騎兵
16.希臘聯軍騎兵
17.阿吉里亞人的一部分
18.輕騎兵中隊
19.希臘傭兵
波斯軍
a.拉巴爾查尼斯的騎兵
b.卡爾達斯青年兵
c.弓弩手
d.希臘傭兵
e.大流士與禁衛騎兵
f.亞洲民兵
g.分隊
500
250
0
500
1000
1500

圖八　依沙斯會戰

把禁衛騎兵、提沙里騎兵、長槍騎兵和配奧尼亞輕騎兵放在右翼上，而把聯軍的希臘騎兵位置在帕爾米尼奧的左翼上。以後當他進到了很近的距離，可以望見敵人的戰鬥序列時——站在山上應該是可以一目瞭然——於是他才趕緊完成他的部署。因為他看到大流士已經把全部的騎兵都位置在近海平原上，所以命令提沙里騎兵用高速去增援帕爾米尼奧的左翼，為了使這個調配不被發現起見，他又命令他們從方陣後方繞過去。其次他命令由普羅托馬巧斯（Protomrchus）所指揮的長槍騎兵，和由阿里斯托所指揮的配奧尼亞輕騎兵，採取接近禁衛騎兵的位置（右後方），由安提阿巧斯所指揮的弓弩手，與阿塔拉斯所指揮的阿吉里亞部隊（投石兵）則位置在極右翼上，此外有一些阿吉里亞人，連同少量的騎兵在右後方的山地上構成一個鈎形，以來監視大流士的支隊。在阿明塔斯所指揮的方陣步兵左方，他命令帕爾米尼奧部署克里特的弓弩手和色雷斯的標槍兵，均由希塔爾西斯指揮，而左翼方面的騎兵則又位置在他們的左前方。希臘傭兵則位置在正面的後方，做為是預備隊。

最後，他又決定在會戰開始之前，先肅清右側面上的敵人，於是他從右翼方面抽出了兩個中隊的僱傭騎兵、一些弓弩手和一些阿吉里亞部隊，將波斯支隊逐入了山地中。於是只留下了三百名騎兵去監視他們，又將其餘的兵力收回右翼之中。

亞歷山大的會戰計畫大致與其對方的相同，就是用帕爾米尼奧去牽制波斯人的右翼，以及使用禁衛騎兵衝散大流士左翼方面的青年兵，然後再從側面及後方去擊潰其傭兵。

在人員集結好之後，他命令他們再休息一下，然後領著他們緩步前進，維持著他們的儀表。

即將接近敵軍時，他又縱馬走入行列，檢查是否一切都秩序井然。為了激勵士氣起見，他高聲喊將軍和隊長，以及過去曾經有英勇戰功的兵員的名字。此時，大家都高呼著要他趕緊領導他們進攻。但是他仍然緩步前進，直到弓矢射程之內為止。

在格拉尼卡斯會戰中，亞歷山大是經過了一番猛烈戰鬥後，才突破了波斯的騎兵；這一次他所面對著的卻是步兵——青年兵。假使誠如阿利安所說的，他們真是重步兵，那麼大流士把弓弩手擺在他們的前面，就未免是矛盾了；因為對於重步兵而言，除非是已經喪失了秩序，否則騎兵的衝鋒是絕不可能成功的，所以把弓弩手位置在他們的前面，是不特不能幫助他們，反而足以妨礙他們的行動。很顯明的，大流士對於青年兵是並不敢太信任的。輕步兵是可以為騎兵所衝散，在公元前四〇一年，庫那克沙（Canaxa）之戰中，波斯騎兵就曾擊敗希臘的輕步兵，所以假使青年兵是輕步兵，則用弓弩手來掩護他們，就是一個合理的預防措施了。不過，又必須事先使青年兵裏留出空隙來，以便弓弩手在射完箭後可以退卻，否則就難免有危險發生。我們應假定波斯人是作如此的安排，但因為亞歷山大的突擊速度太快，所以無法發生效果。

亞歷山大親自率領著禁衛騎兵，連同左翼的輕步兵，和右翼的輕騎兵及阿吉里亞部隊一同前進。他所依賴的是速度，而不是兵器，以使敵人發生恐懼的心理。他們飛奔渡過了皮納魯斯河，在水花四濺之中，喊殺震天，波斯的弓弩手立刻逃潰，可是馬其頓的騎兵來得太快，所以青年兵來不及排開間隙來收容他們，於是秩序大亂，波斯軍的整個左翼都隨之而崩潰了。

這種情形很像一六三一年的布萊敦費德（Breitenfeld）之戰，當提里（Tilly）右翼的騎兵，向薩克森的步兵和瑞典軍左翼衝鋒時，在第一個震動之下，他們就崩潰了。可是大流士並非古斯塔夫（Gustavus Adolphus），他的預備隊又是那些無用的亞洲民兵，當他看到他自己的左翼崩潰時，不特沒有親率精銳的衛士去擋住亞歷山大，或是撤回希臘傭兵的左翼部分，反而回轉他自己的車駕，在恐慌中先逃走了。再過了一會，當他遭遇到為峽谷所切割的地面時，他就丟棄了他的外套和弓盾，騎上一匹馬繼續拚命的逃跑——與在布萊敦費德戰場上的薩克森諸侯如出一轍。

現在展開了會戰的第二階段，有一個短時間，馬其頓方陣是曾經發生了混亂。由於亞歷山大的猛烈突擊，已經把方陣的右端兩個團（也是亞歷山大的這一翼的一部分）帶向前去了，而帕爾米尼奧這一翼的四個團則仍繼續以緩步移動。結果是方陣分裂為二了。或者是如阿利安所說的：「因為亞歷山大已經熱烈的跳入河內，但是在中央部分的馬其頓軍（四個左翼的團）卻不曾以同樣的熱心來執行任務，並且他們發現河岸的許多部分都是極為險陡，以致無法把方陣的正面維持在同一線上，與右面那兩個團看齊。所以馬其頓的方陣已經破裂了，在右翼方面發生了裂痕。」

希臘傭兵就抓住這個機會，他們前進並把已經喪失秩序的敵人趕下河去，在激烈苦戰之中，希勞卡斯（Seleucus）之子托勒密和一百二十名馬其頓軍人都陣亡了。正當中央方面的戰鬥未決勝負之際，亞歷山大已經完全擊潰了卡爾達斯，掃清了戰場，於是他就旋轉禁衛步兵與左翼中的兩個方陣團，從側面上攻擊希臘傭兵，穩住了這個情況。

在此時，馬其頓正面左方的戰況也正發展中，依照大流士的計畫，重裝甲的波斯騎兵從這裏渡過了皮納魯斯河，向帕爾米尼奧的提沙里騎兵衝鋒，壓迫著他們向後撤退。不久大流士已經逃走，而且希臘傭兵已經戰敗的消息傳來了，於是波斯騎兵遂自動停止攻擊，向後撤退。其左面的青年兵所遭遇到的命運是怎樣，已經無紀錄可考，但是我們知道當波斯騎兵撤退時，有許多人都被踐踏致死，料想一定有很多都是青年兵。而當波斯騎兵撤退時，提沙里騎兵也就發動了追擊，砍倒了許多波斯騎兵，因為他們的裝甲太重，使他們在逃跑的途中受累匪淺。

當會戰結束時，太陽應該是已經下山了，阿利安說，亞歷山大一直等到把河邊上的希臘傭兵與波斯騎兵都完全肅清後，才開始追擊。可是到了那時，天應該已經近於黑暗了，因為依照阿利安的記載，在大流士逃走後不久，黑夜就已經降臨了。黑夜使波斯人免於被殲滅的厄運。多數的波斯騎兵都退入卡帕多西亞的境內，在那裏與當地的居民合作，繼續攻擊亞歷山大的交通線，使他感到了嚴重的困擾，安提哥那為了打通交通線，曾經付出了三次戰鬥的代價。上文也已經說過，有八千希臘傭兵由阿明塔斯率領著，越過了山地逃入了提波里斯，並有二千人後來與大流士會合在一起。

雖然波斯人的損失可能很慘重，但是所有古代史學家所提供的數字，卻都是大得荒唐，好像和他們所說的波斯軍總數是一樣的；估計被殺者為步兵十萬，騎兵一萬。但是這些數字比起第二次大戰中為了宣傳目的而發表的許多數字，其荒唐程度也不能算是太過分。根據寇修斯的記載，亞歷山大的損失為死亡四百五十人，負傷四千五百人。假使這個數字是正確的，這對於一支勝利的軍隊，就要算是很高的（在第二次大戰中，有一次據「可靠」的報導，在某次短期的戰鬥中，俄國戰線上一個相當短的地區中所被殺死的德國人共為二十萬人。假定是如此，依照正常的戰鬥統計，德國當時作戰的人數應在一千五百萬人左右了）。

阿貝拉會戰

在亞歷山大的軍隊渡過了底格里斯河後第四天，就達到了尼尼微（Nineveh）的附近，在那裏搜索部隊報告看到一千名波斯騎兵在遠距離之外。亞歷山大就率領一批騎兵去加以尾追。追了十一哩之後，他捉到一些俘虜，從他們口中得知大流士與大軍正駐在高加米拉附近的平原上，那是在布莫多斯（Bumodus）河上的一個村落，在尼尼微的東方約一百五十斯塔德，約合十七哩。此外，他們又說大流士已經削平那些不齊地，以便騎兵和戰車可以易於活動。得到了這個報告後，亞歷山大就停在原地不動，使其人員獲得了四天的休息，並為輜重和不適宜於野戰的人員，建造一個設防營地。於是才以夜行軍前進，在時間的計算本來預定在拂曉時才與敵軍接觸的。但是當他前進了約三十斯塔德之後，就發現波斯軍的營火已經在望了。他停了下來，並與高級將領共商是否應該立刻進攻。

多數人都主張立即進攻，但帕爾米尼奧卻建議軍隊應暫時紮營，並對於前方的地面加以慎重的偵察，以便發現是否有人為的障礙物。亞歷山大表示同意，當軍隊休息時，他率領著禁衛騎兵前進，去偵察整個地區。於是他又召開了一個會議，他告訴他的將軍們這一戰將足以決定亞洲的命運，所以必須保持著極嚴格的紀律，在前進時應保持完全的沉默，以便所有的命令都可以聽到，並能夠立即的傳送；僅當雙方已經接觸之後，才准高聲喊殺。在會議之後，帕爾米尼奧又進帳來，

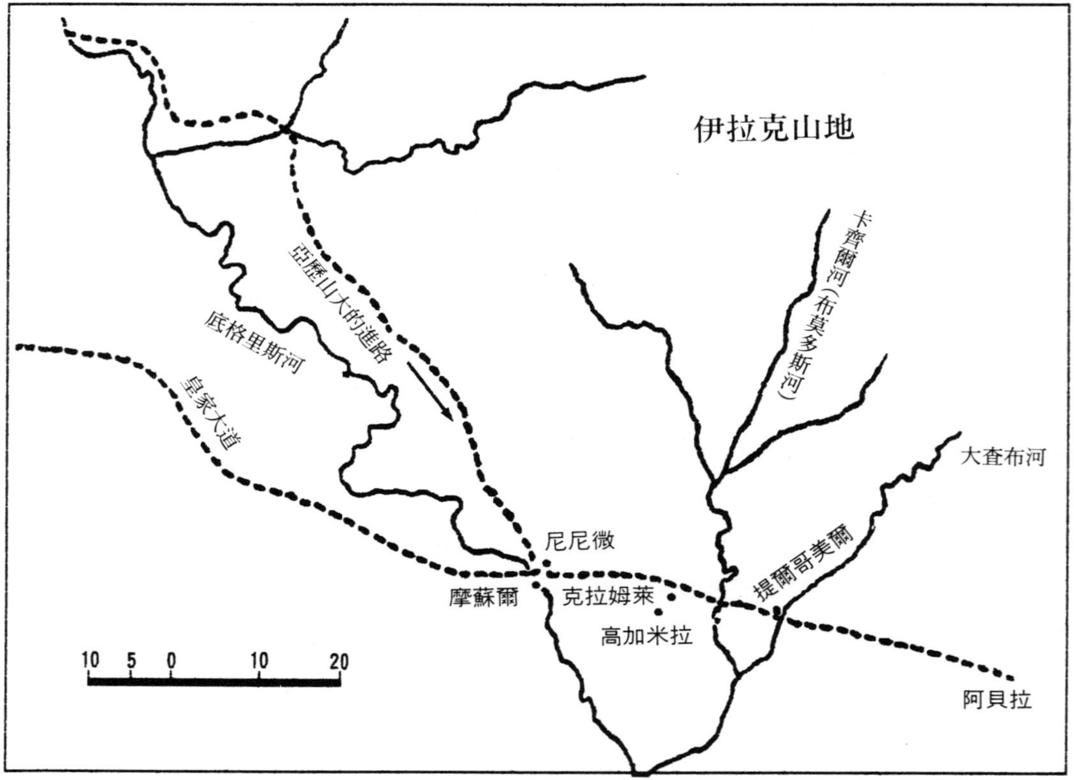

圖九　亞歷山大到阿貝拉的進路

他主張向敵人做夜間的攻擊。亞歷山大對此種建議卻拒絕考慮，雖然他的回答是說，「我不願意偷取我的勝利」，但他是一個很高明的將才，當然不會不了解在黑夜間是無法指揮一個巨大的會戰；在夜間他不易發揮他的天才，而且即令是無比勇敢的部隊，也還是有突然產生恐怖的危險。

當大流士聽到他的敵人已經接近之後，他就把他的烏合之眾列成戰線。阿利安認為他們一共有不下於二十四個民族的部隊，並且舉出了十五位將領的姓名。也像在依沙斯會戰中一樣，古代史學家所記載的波斯軍兵力都是不免過分誇大的。阿利安說有四萬騎兵，一百萬步兵，二百輛裝鐮刀的戰車，和十五頭戰象；狄奧多拉斯說有二十萬騎兵，八十萬步兵，和二百輛戰車；寇修斯的數字在三個人中間要算是最少的，他說有騎兵四萬五千人，步兵二十萬人，戰車二百輛。不管實際兵力究竟有多大，在數量上應該比亞歷山大的部隊大到了相當的程度，因為他們的戰線長度遠超出了他的兩側翼之外。在騎兵方面，波斯不僅數量占有優勢，而且訓練與水準也都不錯；但是在精銳的步兵方面，卻不免要打一個折扣，因為大流士的重步兵僅有二千名希臘傭兵，而皇帝的禁衛步兵，大約也只有三千人（註：大流士一世時代中，所謂的「不朽軍」一萬人，似乎已經不存在了）。這個意義也就是說波斯騎兵所用來當作調動基礎的步兵，實力是十分脆弱的。換言之，大流士的陸軍機動性太多，而穩定性太少。

大流士的攻擊計畫，是以騎兵優勢與獨有的戰車為基礎，換言之，就是想要迂迴敵人的兩翼，因為他的戰線較長，所以也更使這種作戰便利。他把希望寄託在兩個強力的騎兵側翼上。

波斯軍分為兩條戰線，前一線除了其中央部分有步兵外，其餘均為騎兵；後一線則幾乎完全由步兵所組成，大部分均為山地人，並不適宜於在平原上與重步兵或騎兵交戰。其中央部分由大流士親自指揮，他也是最高統帥；左翼指揮官為比沙斯，他是皇族並兼任巴克特里亞總督；右翼指揮官為馬查斯，本是敘利亞前任總督。在大流士戰敗之後，在御營中找到了他的戰鬥序列表，其分布大致是如下：

左翼方面，從左到右，首先為巴克特里亞的騎兵，接著就是達漢（Dahans），阿拉恰西亞（Arachosian）和波斯（混有步兵）及蘇沙的騎兵，最後則為卡都西亞（Cadusian）騎兵，在他們的前面還有一千名西徐亞騎兵與一千名巴克特里亞騎兵混合編在一起，另加一百輛戰車。

中央方面為禁衛步兵和禁衛騎兵，分為兩個師的希臘傭兵，每師約一千人，印度與卡利亞的騎兵，和馬爾地亞（Mardian）的弓弩手，在他們的前面有五十輛戰車和十五頭戰象。在其後方，似乎為亞洲各民族所供給的民兵（註：在會戰中從未提及戰象，也無俘獲戰象的報導）。

右翼方面，從右到左，首先為柯羅—敘利亞（Coelo-Syrian）騎兵，接著就是美索不達米亞、米提、帕爾提亞、沙西亞、塔普里亞和海爾卡尼亞的騎兵，最後才是阿爾巴尼亞和沙賽西尼亞的騎兵。在這一翼的前面為卡帕多尼亞和亞美尼亞的騎兵，和五十輛戰車。

自從依沙斯會戰以來，大流士已經把比較有效的兵器來裝備其部隊；其騎兵已經不用標槍，而改用長刀與短矛，與馬其頓的騎兵相似。至少一部分也獲有裝甲的保護。步兵也有了較大的防盾。他特別對於其四匹馬所拉的戰車具有信心，車上裝有一根長而且重的矛頭，在輪輻上裝有鐮刀。他這種信心是很難令人了解的，因為在庫那克沙之戰中，早已證明出來它是毫無用處。

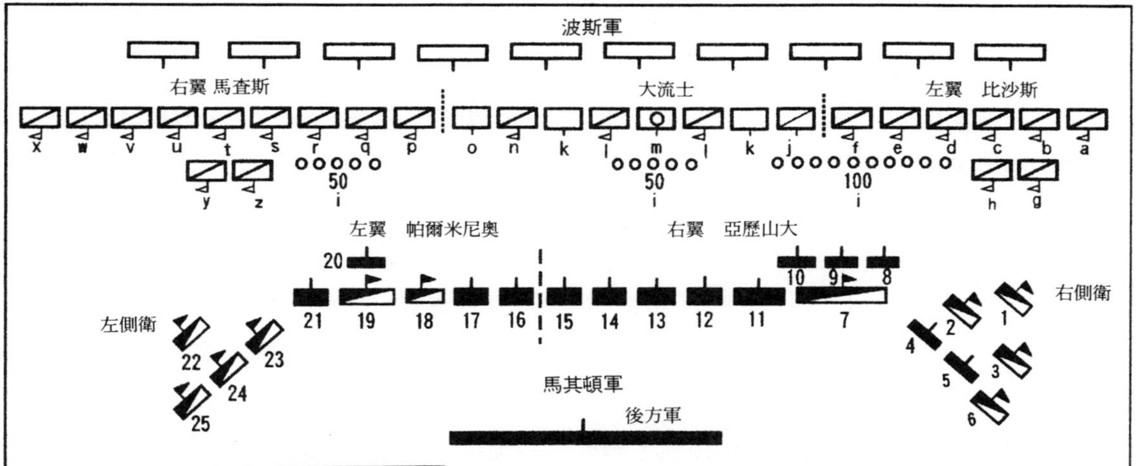

馬其頓軍

右側衛
1.希臘僱傭騎兵
2.長槍騎兵
3.配奧尼亞騎兵
4.阿吉里亞部隊的一半
5.馬其頓弓弩手的一半
6.老僱傭騎兵

右翼
7.禁衛騎兵
8.標槍兵
9.馬其頓弓弩手的一半
10.阿吉里亞部隊的一半
11.禁衛步兵
12.方陣步兵
13.方陣步兵
14.方陣步兵
15.方陣步兵

左翼
16.方陣步兵
17.方陣步兵
18.希臘騎兵
19.提沙里騎兵
20.克里特弓弩手
21.阿該亞步兵

左側衛
22.希臘僱傭騎兵
23.色雷斯騎兵
24.希臘聯軍騎兵
25.阿德里西亞騎兵

波斯軍

左翼
a.巴克特里亞騎兵
b.達漢騎兵
c.艾拉恰西亞騎兵
d.波斯騎兵
e.蘇沙騎兵
f.卡都西亞騎兵
g.巴克特里亞騎兵
h.西徐亞騎兵
i.戰車

中央
j.卡利亞騎兵
k.希臘傭兵
l.波斯禁衛騎兵
m波斯禁衛步兵
n.印度騎兵
o.馬爾地亞弓弩手

右翼
p.柯羅-敍利亞騎兵
q.美索不達米亞騎兵
r.米提騎兵
s.巴爾提亞騎兵
t.沙西亞騎兵
u.塔普里亞騎兵
v.海爾卡尼亞騎兵
w.阿爾巴尼亞騎兵
x.沙賽西尼亞騎兵
y.卡帕多西亞騎兵
z.亞美尼亞騎兵

圖十　阿貝拉會戰的雙方戰鬥序列

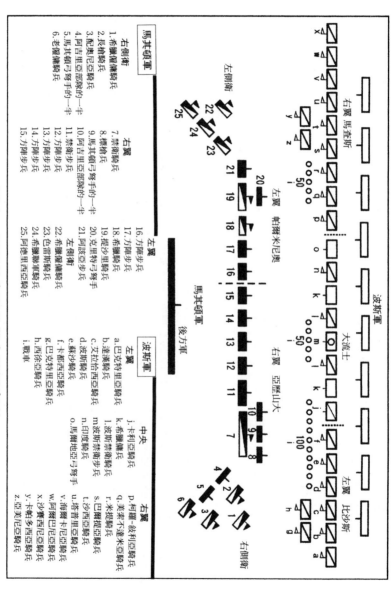

在會戰前一天，大流士已將軍隊部署完成，因為正面沒有塹壕的保護，又害怕敵人做夜間攻擊，所以他決定讓部隊在夜間維持著戰鬥序列，枕戈待旦——這使他們感到極端的疲倦。

與波斯軍恰好成一對比，馬其頓軍的兵力是一個已知數。阿利安說它共有騎兵七千人，步兵約四萬人，他這個數字是頗可相信的（塔恩對於亞歷山大的騎兵曾經分別估計如下：禁衛騎兵二千，提沙里人二千，僱傭騎兵分為二隊各五百人，希臘聯軍騎兵約七百人；巴爾幹長槍兵，配奧尼亞人，色雷斯人和阿德里西亞人共約為一千三百人）。但是所不幸的，也像其他的古代史學家一樣，他並不會說明雙方統帥的戰術目標，而讓他的讀者只能在對會戰的敘述中自行摸索。那麼亞歷山大在阿貝拉的戰術目標又是什麼呢？這是一個重要的問題，除非對於這個問題能夠獲得一個明顯的答案，否則對於其將道也就難以獲得完全的了解。事實是怎樣，他又決定採取何種步驟，以來使它們變得對他有利呢？

關於事實方面，有兩點最為顯著：

一、若與其在依沙斯會戰中的長度作一個對比，則在阿貝拉會戰中，波斯軍的戰線是要比馬其頓軍長過了相當的程度——可能為其兩倍——因為阿利安告訴我們說，當亞歷山大前進時，馬其頓的右翼是正對著波斯的中央。此外，也與依沙斯會戰不同，亞歷山大不可能把其側面依託在無法迂迴的障礙物上——這裏無山也無海。

二、波斯的正面主要是由騎兵所組成，它是一個攻勢的（機動的）戰線，而不是一個守勢的（穩定的）戰線。這也就是說當戰端一開之後，波斯的騎兵一定會前進。又因為在騎兵後方的波斯步兵，就算占領了騎兵所空出來的位置，也還是無力建立一道防禦戰線，所以在其小型重步兵所組成的中央部分的兩側，勢必會有許多無防禦的空隙發生。

於是亞歷山大遂決定採取下述的三個步驟：

一、他第一步採取防禦的態勢，尤其是在側面上，因為他的中央部分——方陣——在防禦時是正面特強，而側面脆弱的。他準備一直守到有機會出現時才發起攻勢；換言之，就是等待波斯正面上有空洞出現。

二、他第二步是採取一種斜行的前進，由其右翼領先。這樣就能使波斯軍的戰線脫節；一方面吸收敵人右翼向他自己縮回的左翼前進：另一方面則猛攻其左翼。若是波斯軍的左翼被突破了，則其右翼的後方也就會感受威脅，這種情形正像在依沙斯會戰時一樣。所以亞歷山大的兩翼都必須具有機動性，並能抵抗包圍。必要時，左面應不惜後退，但右面卻必須向前挺進。因此右翼兵力又必須比左翼強大。

三、最後，當兩翼都已經把波斯騎兵向他們自己的方面吸引，並從事於防禦性的戰鬥時，亞歷山大本人就要親率精兵——禁衛騎兵，衝入敵方正面由於波斯騎兵前進後所產生的空隙中。這在時間上又必須要求有極準確的配合。

亞歷山大根據自己的數量劣勢、戰場的性質、敵軍的部署和其顯明的意圖，於是決定了其目標是用突破的攻擊，來擊敗敵人的兩面包圍，為了達到這個目標，其戰鬥序列的安排也就是以拿破崙下述格言所包括的觀念為基礎：「整個戰爭藝術的精義，就是在一個合理和極端慎重的防禦之後，而繼之以迅速和果敢的攻擊。」

亞歷山大的戰鬥序列是可以概述如下：

中央部分：方陣位置在中央，從右到左為寇納斯團居首，次為皮爾狄卡斯、米里亞格、波里希皮爾強（Polyperchon）、阿明塔斯四個團（後者由希米亞斯〔Simmias〕指揮）。最後才是克拉提拉斯的團。右面四個團應與右翼騎兵合作，由亞歷山大統一指揮；左面兩個團，由克拉提拉斯統率，用來支援帕爾米尼奧所指揮的左翼騎兵。

右翼騎兵：這一翼中有由費羅塔斯所指揮的禁衛騎兵，領先的中隊由克里塔斯率領，在他的後方就是格勞西亞斯（Glaucias）、阿里斯托、素波里斯（Sopolis）、赫拉克里德斯（Heraclidas）、狄米提亞斯（Demetrius）、米里查爾、和希格羅巧斯（Hegelochus）等中隊。在禁衛騎兵的左面為尼卡諾所指揮的禁衛步兵，在這整個右翼的前方，又展開著阿塔拉斯的阿吉里亞部隊之一半，馬其頓弓弩手之一半，在布里素（Briso）指揮之下，以及巴拉克魯斯（Balacrus）的標槍兵。

左翼騎兵：在克拉提拉斯的左方，首先是希臘同盟國的騎兵，由艾科吉亞斯（Erigyius）指揮，其次在他們的左方就是提沙里的騎兵，由米尼勞斯的兒子菲利普指揮。在提沙里人的左面，更可能是在他們的前方，為克里爾巧斯的克里特弓弩手，和阿該亞（Achaean）的僱傭步兵。法爾沙里亞（Pharsalian）騎兵，為提沙里部隊中的最精銳者，則被派充任帕爾米尼奧護衛。

右側衛：在最前方為希臘傭兵中的騎兵，由米尼達斯（Menidas）指揮；在他們的後方，則為阿里提斯（Aretes）的長槍騎兵、阿里奧斯托的配奧尼亞騎兵、阿吉里亞人與弓弩手的那一半剩餘兵力，最後還有克林德（Cleander）的老僱傭騎兵。

左側衛：左側衛也是構成一個鈎形，它包括色雷斯的輕步兵，由希塔爾西斯指揮，然後才是希臘聯軍的騎兵，由柯拉魯斯（Coeranus）指揮，阿德里西亞的騎兵，由阿加索指揮，最後為希臘僱傭騎兵，由安德羅馬巧斯指揮。

後方方陣或第二線：為了準備對付包圍和從後方來的攻擊，所以又在第一線後方（距離不詳）部署了一個後線。它與第一線，及兩個側衛（向後旋轉）可以共同構成一個中空的方陣。寇修斯認為此種安排可以使四面都獲得同樣的安全。

營地與其守兵：一小部分的色雷斯步兵被派往保護這個營地，但是它的位置在何處呢？因為它在會戰中也有很大的重要性，所以值得加以研究。假使這是亞歷山大在四天休息時所建立的營地，那麼其位置就應在戰線後方五哩或七哩的地方，因為並無證據證明它已經向前方移動，所以假定在會戰時，它仍然留在原地。

戰場的位置已經由史坦因爵士考證確定了。它位置在克拉姆萊（Keramlais）以南和以北的平原上，這是一個村落，位置在卡齊爾（Khazir）河上（即布莫多斯河），又在提爾哥美爾（高加米拉）圓丘的西面，相距為六哩。這個圓丘位置在卡齊爾河與大查布河會合點的北面，相距亦為六哩，又在從尼尼微而來的皇家大道（Royal Road）的南方，距離約為一哩。現有的道路也還是在基里克（Kelek）越過大查布河，大流士曾在這裏架橋，然後一直通到艾比爾（Erbil），就是古代的阿貝拉。從現在的公路上走，它與卡齊爾河相距在三十哩以內；所以到提爾哥美爾的距離約為三十六哩，而不應該是阿利安所說的六百斯塔德（約六十九哩）。克拉姆萊平原非常的平坦，從東南到西北整整有八哩長，最大的寬度約為七哩。南側面上為低緩平頂的丘陵地，向底格里斯河傾斜。在其北面有一險陡的賈巴爾山（Jabal Ain-as-satrah），從其高峯上可以俯瞰全局。史坦因爵士認為當亞歷山大在前進時，曾故意向右方斜轉，以避開這個平原，換言之，他是趨向靠近夸羅柯希（Qaro-qosh）的低緩丘陵地。同時寇修斯說在會戰之前，馬查斯曾用搜索兵力占領的丘陵，可能即為賈巴爾。

公元前三三一年十月一日的上午，太陽已經高高在天空中，亞歷山大才折營，領著軍隊向波斯軍前進。但當他看到波斯兵力是那樣強大，兩翼比他長出了那樣多，以至於他的右翼是面對著波斯的中央時，於是他就更向右走，使他的右翼正對著波斯的左側面上。這個斜進的運動使帕爾米尼奧的那一個翼也接近了波斯的中央；同時也引誘大流士移動他的戰線趨向左方，為了擋住亞歷山大，大流士曾經派了一批西徐亞的騎兵去加以攔截，但顯然的都被掃開了，因為阿利安曾經告訴我們說：亞歷山大仍繼續向右前進，並且幾乎完全走出了波斯人所已剷平的地區之外了。

當大流士想到假使亞歷山大若是達到了不齊地上——就是史坦因爵士所說的低緩丘陵地——則他的戰車也就會變得毫無用處了，於是他命令比沙斯率領在他那一翼前方的部隊——西徐亞和巴克特里亞的混合騎兵，趕到亞歷山大的右方，以來阻止他的前進。但亞歷山大立刻明白了他的意圖，就命令米尼達斯率領著他的僱傭騎兵向他們衝鋒，但因寡不敵眾之故，終被逐了回來。接著亞歷山大又命令阿里奧斯托與克林德分別率領所部向西徐亞人衝鋒，終於使他們開始發生了動

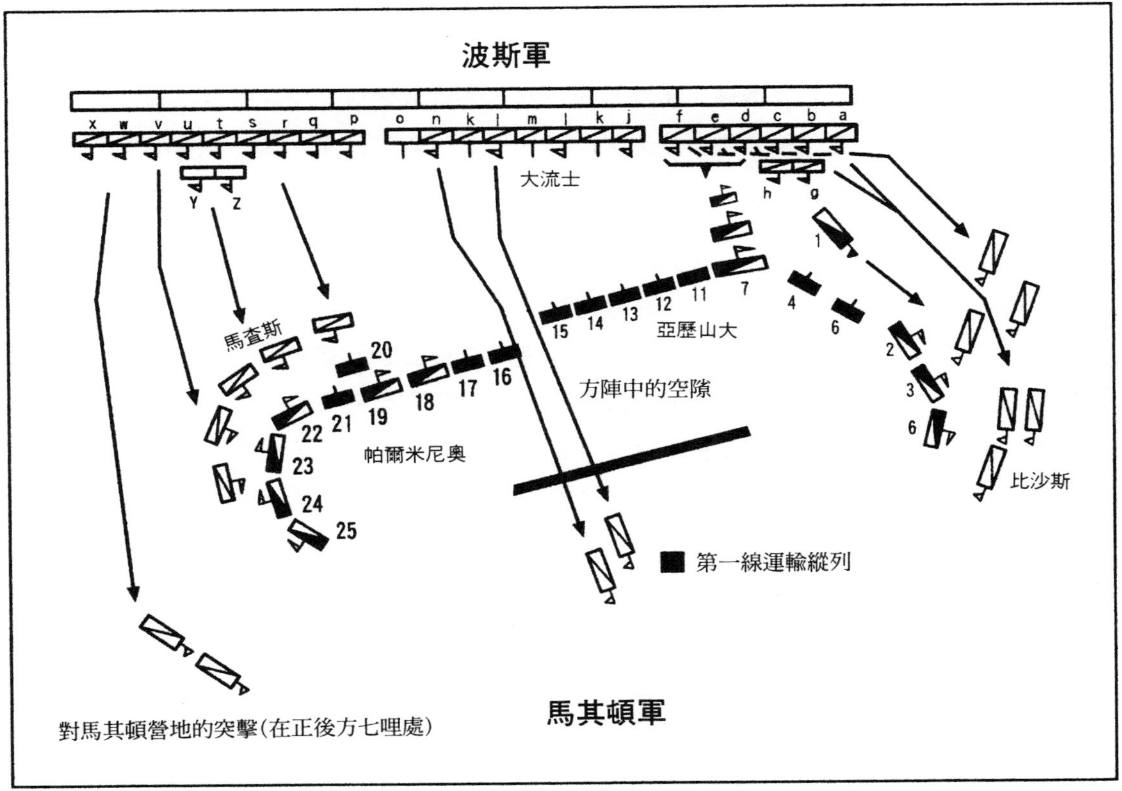
波斯軍
x w v u t s r q p
o n k l m l k j
f e d c b a
Y Z
h g
大流士
馬查斯
亞歷山大
方陣中的空隙
帕爾米尼奧
比沙斯
第一線運輸縱列
對馬其頓營地的突擊(在正後方七哩處)
馬其頓軍

圖十一　阿貝拉會戰

搖而向後潰退了。但在尚未能將其逐出戰場前，比沙斯又從其左翼方面調來了巴克特里亞騎兵以為增援，於是戰況又暫時變得對波斯人有利。接著就發生了一個全面的騎兵混戰，亞歷山大的部下有許多落馬，他們是被對方的數量所壓倒的，同時西徐亞人的人與馬也都有較完全的裝甲保護。但「馬其頓人」還是死戰不退，一個中隊又一個中隊衝了上去，終於擊破了敵人的隊形。

這裏所謂的「馬其頓人」究竟是指哪個單位呢？塔恩認為在亞歷山大的右翼方面，唯一的馬其頓單位就是他的禁衛騎兵，所以西徐亞人是突破了他側衛兵力，直撲在禁衛騎兵的行列上。格里弗斯（G. T. Grifith）與布恩（A. R. Burn）兩先生並不贊成這種看法，他們認為阿利安對於「馬其頓人」這一名詞的使用，是具有概括性的意義，而不是只具有種族的意義。在他的著作中，經常是應作如此的解釋，所以擊退西徐亞人的應該是其側衛，而不是禁衛騎兵，布恩更指明出來，亞歷山大手中還有阿里提斯的長槍騎兵可用，他們的位置可能是在西徐亞人與禁衛騎兵之間，那麼他又為什麼要動用禁衛騎兵呢？這個部隊是他準備保留用來對波斯國王作決定性打擊的。比較更有趣味的不是這種爭論，而是布恩對於這個戰鬥的總述：

> 這一部分的敘述可以使我們看出，亞歷山大對於兵力的運用是如何的經濟而合理，他把其側衛中的單位，順次就原地投入戰鬥，從前到後是完全順乎自然，而一點都不浪費氣力。最後還保留著禁衛騎兵，在主要路線的側面上，還有阿里提斯長槍騎兵隊和阿吉里亞人及弓弩手的掩護。

在這個時候，大流士就想利用西徐亞人和巴克特里亞人所獲得的暫時成功，於是下令左翼的戰車向馬其頓方陣的右方衝去，其目的就是想使它發生混亂。但是這個希望不久就完全幻滅了。當這些戰車衝出後不久，就遭遇到在正面前方的阿吉里亞人和巴拉克魯斯部隊投擲過來的標槍。在槍林之中，戰車發生了極大的混亂，有許多戰車兵被拋出了戰車之外，那些衝入了方陣的戰車，也並不能造成重大的損害，因為當他們接近方陣時，馬其頓人立即放寬行列讓他們衝過去，並留給後方的馬夫去收拾他們（顯然這樣的作法能夠迅速構成寬廣的通道，現在已經不可考了；而照理說它一定是非常的簡單，而所要求的紀律卻是標準極高的）。

在戰車衝鋒後，或者更可能是正在發動時又有兩件事發生了。第一件事是因為比沙斯正在繞過亞歷山大的右側衛，以便從後方攻擊它，於是亞歷山大就命令阿里提斯率領長槍騎兵，去打擊比沙斯的背面。第二件事是當大流士從他的指揮所中看到亞歷山大的最後機動預備隊似乎都已經動用了，他於是以為比沙斯已經達成了他的任務，遂乘機發動對兩方面具有決定性的包圍攻擊。我們的權威（阿利安）記載是說大流士命令整個的方陣採取行動，這是指整個戰線而言，換言之，就是說放出了兩翼上的全部（或極大部分）剩餘騎兵兵力，用來分別擊潰左面的亞歷山大和右面的帕爾米尼奧。真正的情形已經無法確定，但最主要的錯誤卻似乎是，波斯騎兵本應用絕大部分去打擊亞歷山大的禁衛騎兵，而只用一小部分去支援比沙斯，但是他們卻全部用快步向比沙斯方面趕去。這可能是因為對於口頭命令發生了誤解，但也可能是因為大多數的騎兵在本能上有跟著前面單位跑的趨勢。此外還有一種可能，那就是奉命去攻擊禁衛騎兵的單位，在遭遇到了前方標槍兵和弓弩手的「火力」時，就本能的自動向左方跑以逃避它，於是就與支援比沙斯的部隊混合在一起，都向那個方向跑了。

不管其理由為何，亞歷山大所要等待的時機是終於來到了，阿利安對於這一點的描寫是像結晶體一樣的清楚。他說：

因為波斯騎兵都趕往援助正在圍困馬其頓右翼的兵力，所以在其正面上也就發生了一個缺口，亞歷山大馬上旋轉過來正對著這個缺口，利用禁衛騎兵及步兵的一部分（就是禁衛步兵與方陣步兵中的右端四個團）構成了一個尖刀向其中插入。他領導著他們做快速的衝鋒，一聲喊殺之下，直向大流士本人的身邊衝來。在短時間之內，雙方發生了肉搏戰。但是當馬其頓的騎兵，在亞歷山大本人親自指揮下向前狂衝時，馬蹄踐踏在波斯人的身上，使長矛直刺入他們的面部，而馬其頓的步兵也擺成密集的隊形，使長矛像刺蝟一樣的可怕，同樣向他們逼近了。總之一切的情況都使大流士感到膽顫心驚，他本來就早已提心吊膽，現在就又是第一個領先逃跑。

此時，在帕爾米尼奧那一方面的發展又是怎樣呢？從波斯軍的原始部署上看來，比沙斯與馬查斯所擔負的任務應該是一樣的，每一個人負責包圍亞歷山大的一個翼。不幸的，阿利安對於帕爾米尼奧的戰鬥，經常起先是一字都不提，僅僅到了亞歷山大發動決定性突擊時，才突然插入這一方面的故事。塔恩對於此種情況的解釋也不能發生澄清作用，他根據寇修斯所記載的大流士在會戰前所作的講演詞，遂斷定馬查斯的任務為營救在戰場後方七哩或五哩遠，亞歷山大設防營地中的波斯王家屬。這個講詞的長度在一千字以上，除了許多其他的話，大流士也曾經說到：「救出我的骨肉，使我得以重見親人，為了我的母親和妻子，你們是應該不惜一死的……」這些話並不是專對比沙斯或馬查斯而說的，而是對所有全體將士而發的。這只不過是一種呼籲，而根據這一點，塔恩遂認為：「波斯軍曾獲得大流士的明令，要救出在亞歷山大營中的被俘家屬。」很明顯的，比沙斯對它並未作如此的解釋，那麼為什麼馬查斯會如此呢？

於是狄奧多拉斯在這一點上變成了我們的救星，他至少已經一部分的填補了阿利安記載中的空洞。他告訴我們，當比沙斯在左翼與亞歷山大的側衛纏鬥時，馬查斯在右翼方面，也率領著一羣英勇的騎兵，發動了衝鋒，第一次衝擊即殺死了不少的敵人。於是他命令兩千名卡帕多西亞騎兵和一千名西徐亞騎兵，繞過敵軍的側翼，去攻擊對方保護其車輛的塹壕。

關於援救波斯王家屬一節，並無明白的說明，不過毫無疑問的，假使馬查斯手中既有剩餘的騎兵可供利用，則這實在是一個合理的戰術行動，而不僅只具有感情上的意義，其目的就是想引誘或強迫亞歷山大，或帕爾米尼奧去分散兵力以來回救這個營地。此外，亞歷山大的斜行前進也毫無疑問的使他大感便利，因為營地可能已經大部分沒有掩護了。

這次突襲是一個完全的成功。帕爾米尼奧聽到了這個消息之後，就立即匆忙的派了波里達馬斯（Polydamus）去見亞歷山大，報告他這種危險的局勢，並向他請示應採取何種行動。亞歷山大回答他說：「回去告訴帕爾米尼奧，假使我們贏得這個會戰，則不僅可以收回我們自己的財產，而且所有屬於敵人的東西也都是我們的……叫他不要考慮我們行李的損失，而一心奮勇作戰了。」這些突襲者雖然在營中發現了波斯王的家屬，可是大流士的母親，西希剛比斯，卻拒絕了他們的營救，所以他們搶劫了一頓之後，又從原路回到了馬查斯的身邊。

現在又應回過來說馬其頓中央方面的情形。在它的右面，方陣右端兩個團向前猛烈的推進；但其左端的兩個團卻為馬查斯所擋住了，結果在左右兩端的正面分界點上發生了一個裂口。

正在此時，阿利安記載著說，有一部分印度與波斯（禁衛）騎兵，從這個裂口中突入，直趨馬其頓人的行李縱列，打擊在大部分無武裝的人身上，他們作夢都不曾想到會受到攻擊，因為在他們的前方還隔著兩道方陣，換言之，這些騎兵不僅是突破了第一個方陣，而且也更透過了第二個方陣。在行李附近被拘留的波斯俘虜獲得了解放，也參加了搶劫。但當預備隊（即第二方陣）的指揮官知道了這個情況後，就立即命令部隊向後轉，從波斯人後面加以掩殺，殺死了一批人，因為這些人正在圍繞著行李駄獸的身邊，從事於搜劫的工作。在這個時候，馬查斯仍繼續對帕爾米尼奧左側面上攻擊。

塔恩對於這個行動曾作下述的評論：「阿利安不曾說明，為什麼波斯禁衛騎兵在把馬其頓方陣切成兩段之後，不回轉身來從後方來攻擊它，反而直向營地前進的理由。」他對於這個理由也補充解釋如下：依照寇修斯的說法，「大流士曾經命令禁衛騎兵去救出他的家屬，所以他們為了對於這個飯桶國王的愚忠，遂放棄了那一天的最好機會。」但是毫無疑問的，他們最好的營救路線絕不是從兩道方陣中殺開一條血路來。

但是波斯騎兵是否已經衝到亞歷山大的營地呢？那是位置在第二方陣的後方，相隔還有五哩到七哩的距離。阿利安不曾提到營地或波斯王的家屬，他只說到「行李馱獸」。另外，他又暗示出來有相當數量的波斯俘虜，而在營地是不可能會有許多俘虜的。同時假使當波斯騎兵受到第二方陣步兵攻擊時，他們是正圍在那些馱獸的附近，若又假定「營地」之說是正確的，那麼後方方陣中的希臘步兵是至少要走五哩路才追得上他們，這也就需要大約兩小時的時間，關於時間的問題以後還要再行分析。

實際上這是不可能的，為了澄清起見，應指明出波斯騎兵根本上就不會到達亞歷山大的營地，因為這裏所說的「馱獸」是指馬其頓軍的第一線運輸縱列而言，並不是他們的輜重大車縱列，後者是放在營地中的。這裏所釋放的俘虜也就是戰鬥中所俘獲的，而不是戰前的老俘虜，因為若是後者則人數必然很少，根本無力參加戰鬥和搶劫。雖然史書中始終不曾提到這個第一線運輸縱列，除了阿利安所說的「馱獸」以外，但是它必然存在，因為任何有組織的軍隊，不分古今，沒有它也就不可能做成功的行動。不過為什麼亞歷山大不把他們位置在那個有彈性的中空方陣之內，那卻是一個唯一令人難以猜透的啞謎。

從將道的觀點上來看，在這次會戰中最有趣味的問題卻是以下所要討論者。由於波斯和印度騎兵的突破，和馬查斯對左翼上的猛烈攻擊，遂使帕爾米尼奧大感恐懼，於是他又派了一個傳騎去見亞歷山大，把他的緊急情況向他報告，並請他趕緊援救。依照阿利安的記載，當這個使者找到他時，亞歷山大是正在追擊大流士，於是他立刻放棄追擊，率領他的禁衛騎兵向波斯軍的右翼發動攻擊（寇修斯說亞歷山大已經達到了萊卡斯河（大查布河），距離戰場十二哩，然後才回師援救帕爾米尼奧。這種說法是荒謬不通的）。

他是屢在追擊大流士麼？格里弗斯先生提出了這個疑問，這是很值得研究的，亞歷山大此時如何敢放膽追擊，他對於其左翼方面的戰鬥發展幾乎是毫無所知，同時又知道他的右翼仍然受到敵人的嚴重壓迫。他並非有勇無謀之輩，若是在衝動之下，就發動早熟的追擊，結果就會有喪失會戰的危險——這就只能算是第三流的將才了。格里弗斯的假定是，一旦亞歷山大已經透入波斯軍正面上的空隙，並使大流士落荒而逃，使整個中樞部分崩潰了以後，他就首先轉向右方以來援救其右側衛，後者是正在眾寡懸殊的情況下苦撐著。這個假定雖然與阿利安的敘述不合，但卻很合乎亞歷山大在依沙斯的已知將道。格里弗斯說：「依照這種解釋，亞歷山大在趕跑了大流士之後，就率領禁衛騎兵轉向右方，因為他知道那一方面的兵力是正在苦戰之中，迫切需要他的援助。」

他的第一個對手可能為波斯左翼的各中隊，其次才是首開戰鬥的西徐亞—巴克特里亞混合部隊。他擊潰了波斯軍左翼後，後者也就聞風潰逃了。這種假定與寇修斯的敘述多少有一點符合，不過他的記載卻頗混亂。他說，當西徐亞人在搶劫馬其頓人的行李時（這應為右側衛的戰鬥行李），阿里提斯衝過來，將他們的領袖殺死了。接著巴克特里亞人又擊敗了阿里提斯的部隊，其人員都向亞歷山大方向逃走。他收容了他們，帶著他們去攻擊巴克特里亞人已經減弱了的兵力——其中有許多人早已逃走。但是波斯人又嘗試包圍亞歷山大，可是阿吉里亞人又救他出險了，後者用馬刺拚命刺他們的馬，向「野蠻人」攻擊，打擊在他們的背面上，迫使他們反轉過來迎戰。

假使上述的記載，在時間上是發生在大流士逃走之後，而不是像寇修斯所說的，是在逃走之前，則不僅可以證實格里弗斯的假定，而且又是更能補充阿利安記載中的漏洞。若果在時間上接受如此的配合，則他接到帕爾米尼奧告急文書時，應該是在他擊潰了右側面上的波斯和巴克特里亞騎兵之後了。無論如何，假使他早已向阿貝拉方向追擊了，而且他不是用緩步來執行此種追擊，那麼任何使者都不可能追得上他了，不僅是因為他已經距離太遠，而且使者又必須從潰敗的波斯亂軍中找路通過。同時，塵霧是那樣的濃厚，除非是奇蹟發現，否則使者也就絕不可能找到他（關於塵霧的問題，古史上都有記載，寇修斯說完全看不見，狄奧多拉斯說，因為塵霧太大，亞歷山大看不清大流士的逃走方向。據作者個人的經驗，認為此時的能見度將不過四、五碼的遠近）。

當亞歷山大接到了報告之後，就從右側衛與前進中方陣間的寬廣空隙中，回轉身來援助帕爾米尼奧。不久以後，他就與大量的波斯騎兵碰上了，後者是正在撤退中，阿利安說他們是「帕爾提亞人，印度人和波斯騎兵的主力」。這當然就是指那些突破了兩道方陣的人們而言，至於帕爾提亞人本來是位置在波斯戰線的右側翼上，在開始時應該參加對帕爾米尼奧左側衛的攻擊，此時可能是已經繞過了它，而加入在印度人與禁衛騎兵一起，共同從事於搶掠行李的工作。

亞歷山大在擊破了波斯軍左中央部分之後，不管是真正去追擊大流士也好，還是如上文所假想的去援救其左側衛也好，其總時間不可能多於一小時，或者最多也絕不超一小時半，所以在其突破波斯軍中央之後，可能是在一小時之內，或者略多一點，就已經回兵援救帕爾米尼奧了。

因為我們知道印度和波斯禁衛騎兵，是在亞歷山大率領禁衛騎兵發動突擊之後，就立即從馬其頓方陣中的缺口內突入敵陣的。於是問題就來了：他們能否在一個牛小時之內，衝到了亞歷山大的營地，搶劫了一番之後，又回轉來逃跑，而恰好在此時與亞歷山大相遇呢？這當然是不可能的，因為來回就要跑十哩或十二哩的距離，還要打仗和搶劫，這至少需要三個鐘頭的時間。所以除非亞歷山大在戰鬥中已經花費了三小時，否則他們就不可能像阿利安所說的，會在途中相遇。

從這種時間的計算上，就可以判斷波斯禁衛騎兵與印度騎兵，是根本上不會達到亞歷山大的營地。反之，他們是在透過了第二道方陣後，就不能自制的去搶劫馬其頓人的第一線運輸縱列，於是當第二方陣的兵力集中起來將他們擊敗了以後，遂又奪路而逃了。他們向哪個方向逃固然已經不可考，不過他們卻一定能夠看見，在左方與中央是陣雲高起，而右端也是塵霧衝天（比沙斯正在逃跑中），其間有一個寬廣的缺口，因此他們自然的會向這個缺口中衝過去。於是突然的，從第二個塵霧中，躍出了亞歷山大，他率領著禁衛騎兵擋著了他們的去路。他們受到了完全的奇襲，在他們尚未能撥過馬頭逃走之前，亞歷山大已經展開攻擊了（從古至今，勝利的部隊在中途放棄任務從事搶劫的例證太多了。這往往成為失敗的原因）。

　　於是發生了整個會戰中最激烈的騎兵戰鬥。波斯人與亞歷山大的部隊面對面的遭遇著，已經分不清中隊與縱隊了。也來不及投槍扣盤馬，這本是在騎兵戰鬥中的慣有行動，他們只想向前面衝，認為這是唯一獲得安全的希望。這不是勝負之爭，而是生死之鬥了。亞歷山大的

禁衛騎兵有六十餘人已經陣亡了……。（阿利安的記載）

有許多波斯人突圍逃走了，亞歷山大並不追趕，而繼續向波斯軍右翼進擊——他總是能夠堅持目標。但是此時，波斯軍已經開始總崩潰了，其右翼兵力已在敗逃中，提沙里騎兵正在做猛烈的追擊。亞歷山大於是才又命令禁衛騎兵轉過馬頭來，去追擊大流士。這個進擊一直到天黑時才停止，同時帕爾米尼奧也向前挺進。在距離戰場十二哩遠的地方，亞歷山大發現在大查布河上的橋梁還是完整無恙，沒有被破壞，於是就命令人員在那裏休息，而帕爾米尼奧此時則占領了在高加米拉的波斯御營。在午夜時，亞歷山大仍繼續前進，希望能捉著大流士。但是在第二天清晨達到了阿貝拉時，卻發現他的鳥已經向北飛入庫德山地中去了（比沙斯與大流士一同逃走，馬查斯則逃往巴比倫）。這個曾經使古代世界改變政治軸心的阿貝拉會戰，遂告結束。

雖然波斯人所受到的損失極為慘重，尤其是在追擊中為然，但是古代史家所供給的數字，卻還是太大——像依沙斯會戰中是一樣的。阿利安說波斯人被殺者共三十萬人，被俘者則在三十萬人以上。狄奧多拉斯說死了九萬人，寇修斯則說是四萬人。關於馬其頓方面的數字是比較有趣味：阿利安說死了一百人，而戰馬被殺或累死的則為一千匹，而其中近半數都是禁衛騎兵的馬。寇修斯說死亡者在三百人以下，狄奧多拉斯則認為是五百人。後述二位作家都認為負傷人員中包括著有希法斯辛、皮爾狄卡斯、寇納斯、米尼達斯等人在內，狄奧多拉斯並且曾經說負傷者「為數極多」。

海達斯配會戰

在從西北面進入印度平原的侵入者所打的許多會戰中，在歷史上第一個有記錄的即為海達斯配河會戰，照霍加斯的意見，這次會戰，若再與其渡河的行動算在一起，那麼在古代戰史中也就可以列入最卓越的作戰中了。

亞歷山大這次著名戰役的起點為塔克西拉，當他的軍隊正在休息之際，他卻已經從塔克西里斯方面，得知一切有關地理的情報資料，並知道哪一條路線是最好走的。但是除了根據普林尼（Pliny）的紀錄《自然史》中，曾提到從塔克西拉到海達斯配河上的距離，照亞歷山大的測量人員所計算的，是一百二十羅馬哩，換言之，即為一百一十又二分之一英國哩，以及史塔波所說的，直到海達斯配河為止，行軍的方向都是大致向南走以外，就更無其他的紀錄留傳到今天了。

在他尚未從塔克西拉出發之前，亞歷山大就已經知道包拉伐斯的國王，波魯斯，已經占據了海達斯配河的東岸，企圖阻止他的前進。後者的位置在海達斯配河與艾斯西尼斯河之間的。他命令波里莫克拉提斯（Polemocrates）之子寇納斯——他還留在印度河上——把較小的船隻分為兩段，把三十槳的快船分為三段，然後用大車將它們送到海達斯配斯河的河邊。於是他也向該河前進，塔克西里斯率領著五千名印度兵和他一起走。這個河河面頗寬，沿著東岸波魯斯已經利用他的象隊控制了徒涉場。在尚未敘述亞歷山大如何克服這種困難以前，首先應考慮他的可能渡河點設在何處。

這方面的資料是很貧乏的。從弗侖提拉斯（Frontinus）的記載中，我們知道亞歷山大是從上游（在其營地之上）渡河的。阿利安對於渡河點有下述的描寫：「從海達斯配的河岸上伸出了一個地岬，在那裏河流作了一個相當大的彎曲；那裏叢林密布，面對著它為河中的一個島，也是森林遍布和沒有人煙的。……這個島正對著地岬，都是長滿了樹木，便於掩蔽渡河的企圖，亞歷山大遂決定利用這一點。這個地區距離其大營約為一百五十斯塔德（十七哩）。」

此外，寇修斯又說，在河中的島，這是最大的一個，上面森林茂盛，而在河岸不遠的地方還有一個大深溝，亞歷山大認為它不僅可以藏步兵，而連人帶馬的騎兵也都可以隱藏在內。

以這一點有限的資料為基礎，就一共建立了四套理論。第一是布爾尼斯爵士（Sir AlexanderBurnes）與考特先生（Monsieur Court）的理論，認為亞歷山大是紮營在基拉姆（Jhelum）。這個理論又為艾波特（Gen. Sir Tames Abbot）將軍所採納，他在一八四八年，認為亞歷山大從塔克西拉出發，就沿著現有的大幹路（Grand Trunk Road）直達基拉姆，這裏河川有一個相當大的彎曲，但是並無地岬或深溝。從那裏他向上游走十哩到達了布拉（Bhuna），然後在其東岸與巴比丘陵地（Babbi Hills）之間渡河，進行他的會戰。

第二理論是康寧漢將軍（Gen. Alexander Cunningham）在一八六三年所提出的。他認為亞歷山大是在大幹路以南前進，越過了鹽嶺（Salt Range），而在賈納普爾（Jalapur）達到了河邊，約在真納門以南約三十哩處。從那裏他向上游走了八哩，就到了地拉華爾（Dilawar），在那裏河中有一個島，河流也有一個輕微的彎曲，但還是沒有地岬與深溝。他於是從地拉華爾渡河，並在東岸距離西岸上不太遠的地點上進行這次會戰。

在一九三一年，史坦因爵士對地形作了一番精密考察後，又推翻了上述這兩種理論。第一點，因為在河岸與巴比山地（高達一千三百呎）之間的谷地太狹窄，不能容許大兵力的展開（因為這個山地與鹽嶺從會戰時起，到今天為止，其地形不可能有太大的改變）。它是為許多深溝所割裂，而且到處都是浮沙，所以在熱天大雨之後，根本不能通過。第二點，第二種理論雖然比較合理，但是史坦因爵士卻認為，從塔克西拉越過鹽嶺的幾條小徑當中，在歷史上最古老的，和在亞歷山大時代最實用的，卻是取道卡克華爾（Chakwal），阿拉（Ara）和南達拉（Nandana）隘路，以達哈南普爾（Haranpur）的那一條。亞歷山大所走的就是這一條路。這與史塔波說亞歷山大是向南走，以及普林尼認為從塔克西拉到海達斯配河的距離為一百一十又二分之一哩的說法相吻合。假使不走這一條小路，而採取現有的大幹路到基拉姆，則距離就僅大約為八十哩了。哈南普爾現在為基拉姆附近的一個大村落，河川在此處為一條單獨的河道，有大約半哩寬的固定河牀，史坦因爵士認為亞歷山大的營地就是設在這裏。此外，他又認為亞歷山大是向上游走了十七哩半，到了賈納普爾才渡河。在那裏河川雖只作了一個輕微的彎曲，但卻有一個地岬，即為曼加爾地夫（MangalDev），它比河牀約高出了一千呎。在這個村落的東面為康達爾卡斯（Kandar Kas）深溝的寬口，史坦因認為這就是寇修斯所說的深溝。他又說沿著基拉姆河上，再沒有第二個點可以稱得上是一個「地岬」。康達爾卡斯流入哈爾基華尼（Halkiwani）溝中，那也就是基拉姆河的北支，在四月到八月之間是不能徒涉的。後者又繞過艾德馬拉（Admana）島，在這一段河流中也是第一

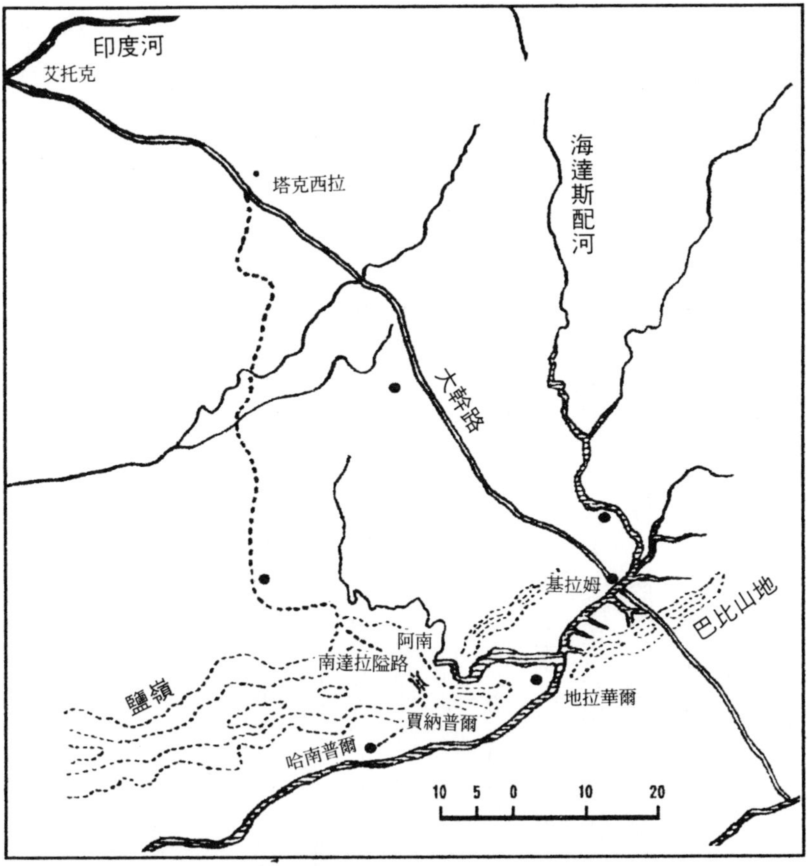

圖十二　亞歷山大到海達斯配河的進路

個大島。在一九一三年，這個島是六哩長，最大寬度為一哩半，上面長滿了厚密的森林。因此，除了「相當彎曲」這一點以外，阿利安，寇修斯，普林尼和史塔波等人所說的各點似乎都能與史坦因的理論相符合，所以我們在這裏也假定亞歷山大最可能的渡河點為賈納普爾（托勒密也許是把輕微的彎曲誤認為相當的彎曲，因為他並不曾繞過頂點去看它，對於這種錯誤的觀念，任何駕駛汽車的人一定都能了解。）不過誠如塔恩爵士所指明出來的，這個問題若是真想獲得解決，則必須先發現和證實布西法拉城的位置，那是亞歷山大在戰後建築在渡河點上，以紀念其名馬的。

第四種理論為布里羅爾（Prof Breloer）教授所提出的，他認為亞歷山大是沿著大幹路前進，在基拉姆建立營地，然後在曼格拉（Mangla）堡以下二哩半的地點（基拉姆以上十三哩）渡河，再沿著左岸向下游走了十五哩，才與波魯斯交戰。這個理論已為史坦因所駁倒，不值得再說。

現在假定亞歷山大設營在哈南普爾，在東岸上面對他的為波魯斯的大軍，他似乎擁有大批的戰象。關於他的兵力有各種不同的估計：阿利安認為是騎兵四千人、步兵三萬人、戰車三百輛、戰象二百頭。狄奧多拉斯則說是騎兵三千人、步兵五萬人以上、戰車千輛以上、戰象一百三十頭。寇修斯完全不會提及騎兵，但說步兵為三萬人、戰車三百輛和戰象八十五頭。

因為所有徒涉場都由哨兵和大象所據守，亞歷山大認清了他的戰馬是不能游泳或用木筏來渡河的，因為只要大象一踐踏，它們在水中或筏上就會秩序大亂了。他於是用了一套詭計。一方面派許多小隊去偵察所有可能的渡河點，另一方面把全軍分為幾個縱隊，在河岸上上下的移動著，好像是到處尋找渡口一樣。不久當夏季來臨之前，雨季先到，河流氾濫，於是他命令從各地運糧

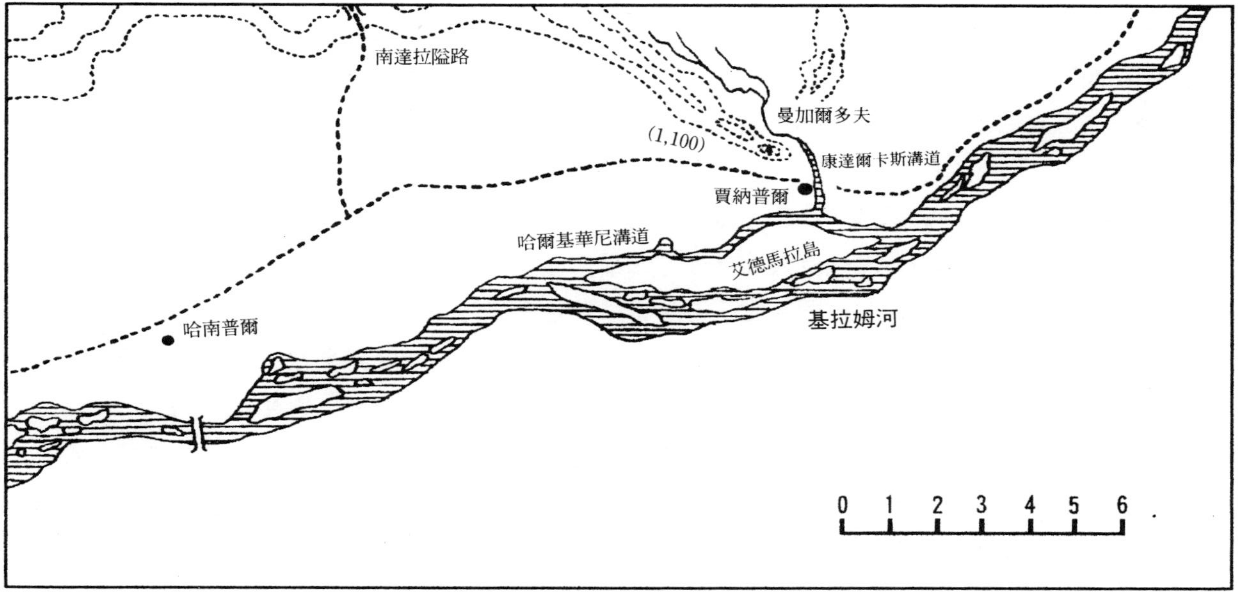

圖十三　史坦因爵士對渡河理論的解釋

到他的營地中來，所以波魯斯相信他可能是會留在那裏等到晴天的來臨。此時，他又用船隻偵察河川，並命令用稻草填塞帳幕的皮革外殼，以來當作浮筏。誠如阿利安所說的，他隨時都在找機會，想用迅速的行動偷渡，使敵人來不及發現。

最後，我們可以斷定是在其親自偵察後，亞歷山大終於決定從阿利安所說的地岬與大島上來實行渡河。在準備時，他又決定採取一種行動，這是與吳爾夫將軍（Gen. Wolfe）在一七五九年魁北克（Quebec）戰役中所採取的行動幾乎是完全一樣（註：漢尼拔渡過隆河的行動，也與亞歷山大的行動極為相似，他可能就是亞歷山大的計畫）。在黑夜掩護之下，他命令他的騎兵沿著西岸上，在許多不同的點上故意大聲鼓噪喊殺，在幾夜之間，波魯斯趕著他的大象在東岸上來回的調動，企圖阻止他的渡河。最後實在跑累了，於是把象留在營地中，只派哨兵沿著東岸加以監視。當亞歷山大已經使波魯斯對於夜間的行動不再感到害怕時，於是他又發明了另一套計策。在上流和沿著西岸，他設置了一連串的哨兵，使每個哨兵都可以視聽相及，命令他們經常發出響聲，並燒著哨火不熄，於是一方面就在營中準備渡河的工作。

在尚未分析亞歷山大的計畫前，應首先列舉出亞歷山大的將領名單，因為自從阿貝拉會戰以來，人事上已經有了很大的改變。禁衛騎兵現在已經分為五個「旅」（Hipparchy），由希法斯辛、皮爾狄卡斯、克拉提拉斯、寇納斯、和狄米提亞斯（Demetrius）分任指揮。方陣的團數也由六個增到了七個，其指揮官為安提吉尼斯（Antigenes。他代替了寇納斯）、米里亞格、波里希皮爾強（皮爾狄卡斯的兄弟）鼻父爾西塔斯（Alcetas，阿明塔斯的兄弟）、阿塔拉斯、哥爾格斯（Gorgais）

和「白人」克里塔斯（Cleitus the White）。希勞卡斯（Selencus）指揮禁衛步兵，陶侖（Tauron）指揮弓弩手，可能在會戰中，一切的輕裝部隊也都是由後者指揮。

對渡過堅強設防河川的行動而言，亞歷山大的計畫可說是一個空前的傑作。必須使波魯斯沒注意到這個迂迴運動，而且為了要使他感到奇襲起見，這支迂迴兵力在數量上不能太多，以便在一個黑夜的掩護下，就能完全渡過；但同時又必須具有足夠的戰力，足以迫使波魯斯接受會戰而且沒有被壓倒的危險。為了解決這個似乎是不能解決的矛盾難題，亞歷山大決定把克拉提拉斯留在哈南普爾，率領一支足夠欺騙波魯斯的兵力，然後將迂迴兵力分為兩個梯隊：先遣梯隊由他自己率領，預定在賈納普爾渡河，其後續的梯隊則在哈南普爾與賈納普爾之間選定的徒涉場邊，採取掩伏待機的姿態。於是當他自己渡河之後，就向下游運動，迫使據守徒涉場的印度兵力後撤，於是後續梯隊就可安然渡過。這也是塔恩對阿利安書中的一段意義含混的文章所作的解釋，假使這種解釋是正確的，那這個徒涉場就應該是在賈納普爾西面不遠的地方。這個計畫的詳細內容可以分述如下：

一、牽制兵力：克拉提拉斯奉命留在營中，其兵力有他自己的禁衛騎兵，阿拉恰西亞和巴拉巴米沙達騎兵，艾爾西塔斯和波里希皮爾強的兩個方陣步兵團，和塔克西里斯的五千印度兵，一共大約有騎兵三千人，和步兵八千人。他所奉的命令是說，在波魯斯尚未向北運動以來抗拒迂迴兵力或自動逃走以前，絕對不准渡河。

「但是（亞歷山大說）假使波魯斯率領了一部分兵力去對抗我，但另一部分兵力仍留在營中，而且還有戰象時，則你還是留在原地不動；不過假使波魯斯把他的全部戰象都帶去對抗我，而只留下了一些兵力在營地中時，那麼你就應傾全力渡河。因為只有大象是以足阻止騎兵的渡河，其餘的兵力則無法擾亂我們。」

二、迂迴兵力：先遣梯隊包括著禁衛中隊（三百人）；希法斯辛、皮爾狄卡斯、寇納斯和狄米提亞斯四個騎兵旅（四千人）；達漢的馬弓手（一千人），禁衛步兵（三千人）；安提吉尼斯與克里塔斯的兩個方陣團（三千人）；阿吉里亞部隊（一千人），弓弩手（二千人）和標槍兵（一千人）等（上述數字均以塔恩的研究為根據）。此外，阿利安又提到了巴克特里亞、索格地亞和西徐亞的騎兵。因為在會戰中，他們並未再被提及，所以姑且將這些騎兵省略不及，於是這個梯隊的全部兵力應假定為騎兵五千人，步兵一萬人。

對於後續梯隊，亞歷山大分配有米里亞格、阿塔拉斯和哥爾格斯的三個方陣團，以及希臘傭兵——步騎都有。他們位置在哪裏，和兵力有多少，都已經不可考，但可能是騎兵五百人，步兵五千人（註：阿利安雖然曾經說到這三個方陣團是奉命獨立渡河，但他以後卻根本上不曾再提到他們）。

當波魯斯受誘而產生了一種虛假的安全感之後，在營地和渡河點上的一切準備也都已經完成，於是亞歷山大祕密的出發，一路對河川都保持著相當的距離，以免其行軍被敵人發現。在賈納普爾他發現一切都準備就緒。但是那些分段運來的船隻與浮筏，似乎是藏在康達爾卡斯深溝中，而不是像阿利安所說的那樣，藏在森林中。

在黑夜狂風暴雨掩護之下，亞歷山大的兵力立即開始上船，雷聲遮住了部隊的鬧聲。將近拂曉時，騎兵裝在浮筏上，步兵裝在船隻中，整個艦隊利用島嶼的屏障，通過了哈爾基華尼水道，到達了該島西端與另一支水道相會合之點上；但不久以後，當領先的快船通過了該島時，他們就為波魯斯的哨兵所發現，他們立刻快馬加鞭的去向波魯斯報告這個消息。此時，亞歷山大認為東岸已到，遂命令其人馬棄舟登岸，但是前進不久之後，卻發現是另外一個小島，與東岸之間還隔著一個很寬的水道。雖然本來是可以徒涉的，但現在卻因為大雨之故，水位已經漲高了。他們花了相當多的時間，才找到了一個徒涉場。最淺的地方都要比步兵的胸部還高，而深的地方則只有馬才能把頭留在水面上。

在這次著名的渡河中，有某些點是特別需要加以分析的。

就是一個大約五千騎兵和一萬步兵的兵力，在會戰當天拂曉前才開始登舟渡河。那麼應該是假定在上午三時完成登舟的工作，而在下午六時開始會戰。以下所有各種行動就都是在十五小時內完成的：沿著哈爾基華尼水道下行數哩，在第二個島上登陸，尋找徒涉場，涉水到東岸並在那裏集結兵力，最後還要作一次小戰，再前進五、六哩，才正式展開會戰。這樣多的行動是否可能在十五小時內完成呢？我們所能給的答案就只能說馬其頓的軍隊參謀應該是非常的優秀。

另外還有一個問題，也是不易作答的。亞歷山大到海達斯配河上的時間不過幾個星期，他如何能集中或建造那樣多的船舶，以來渡過一萬五千人和五千匹馬呢？雖然船隻數字已不可考，但一定是相當巨大的。在水上的作戰中，能與亞歷山大此次作戰媲美的，實在是很少。在一〇六六年，征服者威廉（William the Conqueror）曾經建造或征發大約三百五十艘船隻，以來載運二千名騎士和三千名步兵，渡過英吉利海峽，也許可以算是與他差不多。在亞歷山大的戰役中，經常會發現這一類的行政問題，雖然古代史學家很少提及它們，但這卻可證明出馬其頓軍隊的後勤體系實在具有驚人的效率。若是沒有它們，則亞歷山大的遠征將根本上不可能。

當他的騎兵開始登陸時，亞歷山大就命令馬弓手前進充當前衛，在他們的掩護下，他展開了戰鬥序列。他把所有的騎兵都集中在右翼方面，而命令在希勞卡斯指揮下的禁衛步兵，和兩個方陣步兵團去構成左翼，至於弓弩手，阿吉里亞人和標槍兵則安置在他們的側面上。

因為他相信自己的騎兵是優於敵軍，所以決定率領他們立即前進，而陶侖的弓弩手則在後支援，等到步兵完成渡河後，就跟著用緩步前進。從阿利安的記載中，我們知道他的計畫是包括著三種不同的理想，可以互相替換：一、趁著波魯斯在改變正面時，用騎兵將其擊潰；二、假使發現這是不可能的，就暫取守勢以來等待步兵的趕上；三、假使波魯斯自動退卻，就立刻加以追擊。

波魯斯又是採取何種行動呢？亞歷山大兵力的登陸和集中應該要花幾個小時的時間，假使波魯斯在馬其頓軍登上第二個島之前或之後獲得了情報，則還是有充分的時間來考慮，那就是這個迂迴運動究竟是真正的攻擊？還是一個佯攻？假使是後者，他若把主力用來對抗迂迴兵力，那麼有可能會喪失哈南普爾徒涉場的危險。假使是前者，他不集中兵力去對抗它，即那會使他居於一種極嚴重的危險地位。他的矛盾是多方面的。

他所採取的對策沒錯，但卻未免太遲。依照托勒密的記載，他派了他的一個兒子，率領著二千名騎兵和一百二十輛戰車去迎敵，雖然他所得到的命令已經不可考，但這支兵力若僅用作搜索之用，則未免是太強大，所以可以假定其目的是想把侵入者趕入河水中去。若真能如此，則他的矛盾也就可以迎刃而解了。

當小波魯斯來到時，亞歷山大認定這是印度陸軍的前衛，並且他們可以用馬弓手來壓制，所以他繼續率領著他的騎兵前進。但是在斥堠報告了敵方的兵力之後，他才決心將其殲滅。接著就是一場騎兵的戰鬥，小波魯斯與他騎兵中的四百人全部陣亡，所有的戰車都被趕入河邊的鬆土中，而被亞歷山大所俘獲。可能是在此時，後續梯隊中的兵力也已經渡河，與先遣梯隊會合在一起，不過這已無紀錄可考。

接著就是正式的會戰，雖然戰場的位置已經無法確定，但若是史坦因主張亞歷山大是在賈納普爾渡河之說是正確的，那麼它可能就在納爾普爾（Nurpur）村落西南面約五、六哩的地方，這個村落是在從基拉姆河左岸向西南延展，直達馬拉克華爾（Malakwal）與梅尼（Miani）兩個村落為止的平原上。距離納爾普爾不遠又有一個叫做希康達普爾（Sikandarpur）的村落，但是史坦因卻認為這不太重要，因為在旁遮普地區，希康達（意即亞歷山大）是一個非常普遍的地名。

當敗兵逃回去告訴波魯斯說他的兒子已經戰死，以及亞歷山大渡河的消息後，波魯斯對於應採取的行動深感猶疑不決，因為克拉提拉斯也正企圖從哈南普爾渡河。最後他決定只留下一部分兵力和少數戰象來對抗克拉提拉斯，而親率主力去迎擊亞歷山大。當他找到了一個沒有黏土既硬且平的地方，就在那裏將軍隊擺成了會戰隊形。若把他兒子的損失扣除不算，則他還有騎兵三千六百人，步兵三萬人，戰車一百八十輛，戰象二百頭。他將部隊展開如下：

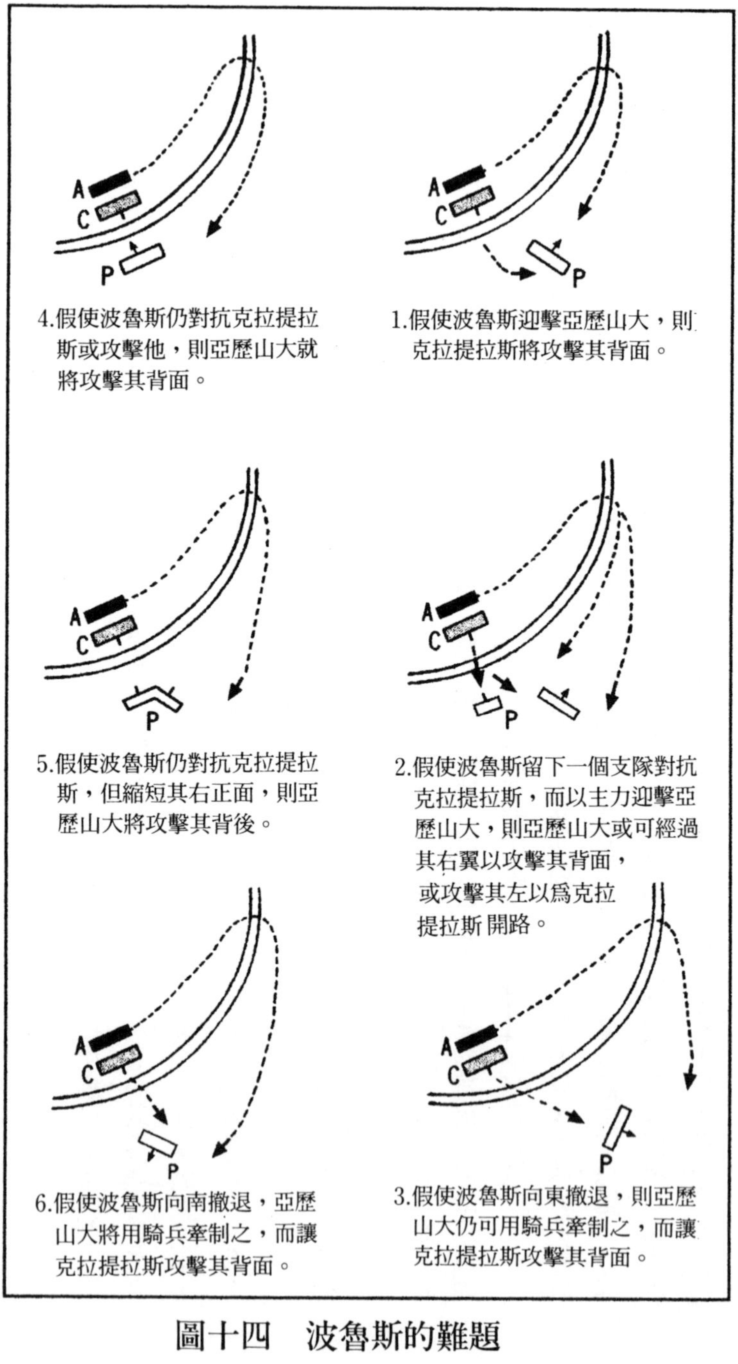
A
C
P
1.假使波魯斯迎擊亞歷山大，則
克拉提拉斯將攻擊其背面。
2.假使波魯斯留下一個支隊對抗
克拉提拉斯，而以主力迎擊亞
歷山大，則亞歷山大或可經過
其右翼以攻擊其背面，
或攻擊其左以爲克拉
提拉斯 開路。
3.假使波魯斯向東撤退，則亞歷
山大仍可用騎兵牽制之，而讓
克拉提拉斯攻擊其背面。
4.假使波魯斯仍對抗克拉提拉
斯或攻擊他，則亞歷山大就
將攻擊其背面。
5.假使波魯斯仍對抗克拉提拉
斯，但縮短其右正面，則亞
歷山大將攻擊其背後。
6.假使波魯斯向南撤退，亞歷
山大將用騎兵牽制之，而讓
克拉提拉斯攻擊其背面。

圖十四　波魯斯的難題

首先第一列都是大象，每一頭象之間相距約一百呎，所以它們在整個步兵戰線的前面構成了一條線，足以在所有的點上使亞歷山大的騎兵望而生畏。無論如何他認為敵人是絕不敢從大象之間的空隙中透入，因為騎兵的馬看到象就會驚恐亂跑的，而步兵若透入，則他們會受到後排重步兵橫隊的阻擋，而大象又可以回轉身來踐踏他們。在大象的後面，他用步兵構成第二線。其縱隊大致是填塞著大象所留下來的缺口。同時步兵的兩翼也長出了大象線（第一線）之外。騎兵則部署在步兵戰線的兩端上，前面就擺著戰車。

這是阿利安的記載。因為由長矛兵小縱隊所構成的一條橫線，其本身是很脆弱的，所以這些縱隊可能為兩倍的縱深——換言之，每個縱隊中有足夠的人力，當必須要形成一條連續戰線時，仍能填塞大象緊後方的空隙。假使方陣的正常縱隊為十人，這種縱隊即可能長至二十人以上。

依照普魯塔克的記載，當亞歷山大與波魯斯之子交戰時，他是在自己步兵的前面約二十「富爾浪」（Furlongs。約合一哩的八分之一）遠。又根據阿利安的記載，在這次戰鬥不久之後，他就發現波魯斯正在組織他的戰線，於是他命令騎兵停止不進，以便步兵可以趕上他們。實際上，他應該早就停下來了，很可能是在掩蔽之下以防敵人的觀察，因為從波魯斯獲得其兒子敗亡之消息起，到他決心改變正面為止，至少有兩三個鐘頭之久。當步兵趕上來以後，亞歷山大也命令他們休息，同時也準備自己的行動計畫。這樣就導致了歷史上最著名的一場騎兵大會戰。

因為對於這次會戰有許多雜亂無章的評論，所以我們在這裏是首先引述阿利安的原文，然後再根據少數合乎常識的假定，使讀者對於當時所可能發生的情形，獲得一個清楚的印象。

阿利安首先說，當亞歷山大將敵軍的部署作了一番觀察後，他馬上看出來了其正面全部都受著戰象的掩護，於是他就立即放棄了一切正面攻擊的思想，決定率領數量占優勢的騎兵斜進，攻擊波魯斯的左翼。於是阿利安又似乎自相矛盾了。他接著說：「寇納斯被派往右方（大家公認這就是指趨向印度軍右側面而言），率領著自己與狄米提亞斯的兩個旅，亞歷山大命令他一旦當印度人發現有大量騎兵來到，並推進自己的騎兵向前迎敵時，他就應該繞到他們的背面。他又命令希勞卡斯、安提吉尼斯和陶侖領導步兵方陣；但是他們必須等到敵軍的步兵主力與騎兵已為馬其頓的騎兵兵力所擾亂時，才准參加戰鬥。」

當還在弓矢射程之外時，亞歷山大即下令馬弓手向印度軍的左翼進攻，以使其發生混亂，然後立即趁著混亂中，率領禁衛騎兵向他們衝鋒，不讓他們有整隊迎戰的機會。

「此時（阿利安說）印度人已經從各單位搜集騎兵兵力，從原有位置上前進，迎擊亞歷山大的衝鋒。寇納斯也遵照命令，在敵軍背面出現。印度人看到之後，遂被迫分兵兩面作戰；較大和較好的一部分對抗亞歷山大，其餘則轉過身來對抗寇納斯。」

寇納斯的出現使印度人的意圖和隊形都發生了混亂，於是亞歷山大抓著這個機會立即進行猛烈的攻擊。印度人不敢迎戰，匆忙的向其大象戰線上退卻，好像這是一道友好的長城一樣。

塔恩的解釋與上述的完全不同，在他的《劍橋古代史》中，所說的又比在《亞歷山大大帝傳》第一卷中所說的較為清楚。其內容如下：

在弓矢射程之外，他（亞歷山大）停止不追……波魯斯看見那些集中的騎兵，遂命令自己的全部騎兵繞到他的左面。亞歷山大命令馬弓手去攻擊波魯斯左翼（延長部分超出了大象戰線者）的步兵，並釘住他們；其自己的步兵則奉命暫不攻擊，直到他已經擊敗了波魯斯的騎兵為止（這應該是左翼的騎兵，而不是步兵，否則馬弓手將為前者所衝倒。馬弓手的有效射程要比步弓手短了很多）。他希望把那些騎兵引到遠離戰象的地方，所以他命令寇納斯率領兩個旅向波魯斯的右面前進（即亞歷山大的左面）。於是當印度騎兵超前進攻時，他們就應攻擊其背面。假使亞歷山大居然能預知其劣勢的敵人，會敢於向他衝鋒的話，那麼其原因就是因為他自己做成了這樣的一個圈套，好讓敵人來鑽。這個引誘敵人來攻的方法就是分散其自己的兵力，使敵人以為寇納斯是派往支援馬弓手的，而他們現在看到亞歷山大身邊只有兩個旅的兵力了。這個計畫成功了，印度騎兵趨前攻擊亞歷山大的兩個旅，當亞歷山大擋著他們時，寇納斯即從背面上加以打擊。經過了一場激戰之後，他們被擊潰了，逃往大象的後方。

假使塔恩的解釋是正確的，那麼就可以獲得兩個結論：一，從戰術上來說，波魯斯可以說是已經瞎了眼睛。二，亞歷山大也應該是一個極平凡的騎將，這顯然是不合理的。

關於第一點，阿利安不曾說過當亞歷山大停止在弓矢射程之外時，然後才派遣寇納斯去趨向印度人的左翼，而是說在暫停之前，早已派遣了他。假使誠如塔恩所云，他是剛剛在派出弓弩手之前，才派出寇納斯的兵力，那麼波魯斯也應該能夠看見寇納斯趨向印度人左翼的行動，於是他也不可能會以為寇納斯的意圖是想要支援那些馬弓手，因為他們是正在與印度軍的左翼交戰——那正是相反的方向——而且也許在亞歷山大那兩個旅的前方，相距不過幾百步而已。因此，波魯斯人會立即明瞭亞歷山大的心事，他或者會提早派遣其一部分騎兵去抵抗寇納斯，又或者是把他的全部騎兵都撤到戰象的後面——這也是亞歷山大最不希望發生的事情。

關於第二點，即有關亞歷山大的將道方面。任何有經驗的騎兵將領，當他自己正居於可以發動衝鋒的地位時，就絕不會等待敵人的攻擊。因為重騎兵存在的理由就是為了衝鋒，當他們停止不動時，其防禦力是極為微弱的。當在靜止不動時，即令受到劣勢兵力的攻擊，也都可以發生極大的混亂。假使亞歷山大想要引誘敵方騎兵遠離他們的戰象，則他應該後退，以來引誘敵人尾追上去。不管對於阿利安的希臘原文意義作如何的解釋，總之，亞歷山大是絕不會有計畫的坐待敵人的衝鋒，而且任何人也都不會的。

因為從阿利安的記載上看來，很明顯的，寇納斯的攻擊對於印度騎兵而言，完全是一種奇襲，所以從邏輯上來說，從亞歷山大派遣這個支隊之時起，到他們開始在印度騎兵「出現」時為止，波魯斯對於他們的位置都是一無所知的。若承認這個合於邏輯的假定，則一切似乎都變得很顯明了，於是不必違反阿利安對於寇納斯發動其背面攻擊以前的一切記載，我們就可以將一切的經過重新加以撰述如次：

當戰勝了波魯斯之子以後，亞歷山大就命令騎兵暫停，同時如我們假想的，他們掩蔽著，不讓敵人看見他們，反之我們又應假定他或他的哨探對於敵人的行動都一目了然。於是波魯斯不能估計亞歷山大的騎兵兵力，反之亞歷山大卻能估計波魯斯的騎兵兵力。因為亞歷山大深知他的騎兵不能對抗大象，又深知方陣步兵必須單獨進攻他們，而無法獲得騎兵之支援，所以為了使他的方陣在側面和背面上不至於受到騎兵的攻擊威脅起見，又必須在方陣尚未發動突擊之前，先擊毀印度騎兵。如何能達到這個目標呢？於是只有引誘波魯斯把他的騎兵集中在其一個側翼上，然後再來將之擊潰。

現在讓我們以亞歷山大自居來設想他的行動。他的兵力是在敵人的視界外，當他對於整個戰場和敵方的戰線作了一個迅速的觀察後，於是就決心攻擊波魯斯的左側面。他於是轉過身來，向他的將軍們說：「當我們快要接近的時候，我會推出馬弓手以來當作掩護兵力，並命令他們應向敵方左翼的騎兵挑戰。其次我將率領著兩個騎兵旅，向敵軍左翼騎兵運動，因為這支兵力要比敵方騎兵總兵力少，所以也就足以引誘波魯斯抽調其右翼騎兵來增援左翼騎兵，以求對我保持優勢。」

於是他又回過頭來向寇納斯說：「我要你率領你自己的旅及狄米提亞斯的旅，沿著地面上的那個窪地（用手指著），掩蔽的向敵方的右翼前進。等到你看見我向敵方騎兵前進時，我希望此時他們已完全集中在左翼上，你就立刻率領一切能用的兵力，向其側面和背面上衝鋒，而我自己則向正面衝鋒。」

照這樣解釋，亞歷山大在波魯斯視線之外暫停的原因，就只不過是每個騎兵指揮官所應有的預防措施。等到他再前進時，波魯斯雖然能夠看到他自己的兩個旅，但因為地形的影響，寇納斯的兵力他始終不曾看見。以下的經過就可以完全採取阿利安的敘述。

當印度騎兵被逐回之後，在印度戰線左面的象奴，就催動戰象攻擊亞歷山大的騎兵，此時馬其頓的方陣也勇敢的前進，於是展開了全面的戰鬥。因為阿利安說當大象前進時，象奴會遭到標槍的射擊，而且他們和大象都為標槍兵包圍著，後者從各方面用標槍向他們投射。由此可見陶侖的輕裝部隊應該是位置在方陣的前面。

「這次會戰與以前任何戰鬥都不相同（阿利安說）；因為只要大象能行進的地方，牠們都衝了過去，牠們衝散了馬其頓人的方陣，不管它是多麼的厚密。印度騎兵看見步兵已經接戰了，又再度集合起來，再向馬其頓的騎兵發起攻擊。但因為亞歷山大所部在實力與紀律上都遠比他們優秀，於是又再度的被擊敗，而且被趕向大象的身邊，馬其頓騎兵也向他們擠去。到了此時，馬其頓的騎兵已經分不出單位來，而混成了一個部隊，他們各自為戰，只要一碰著印度人，就將他們衝散，拚命的大殺一頓。這些大象被擠在一個狹小的空間中，不分敵友都同樣受到牠的攻擊，牠們盲目的亂衝亂踏。因為印度騎兵都擠向大象的身邊，所以損失也特別慘重。象奴多半已為標槍殺死，象因為沒有象奴的指揮，所以也就不能做有目的的戰鬥，牠們已經痛得發狂，不分敵友的亂衝，碰著就是死。不過因為馬其頓人是在開闊地中去攻擊這些野獸，並且也還有他們自己的空間，看到牠們衝過來，就四散讓開，等到牠回轉過身來，就從各方面靠攏並向牠們投擲標槍，所以損失還比較小。反之印度人卻在象羣中間竄逃，所以損失格外慘重。不久這些野獸都倦了，不再能做猛烈的衝鋒，而自動緩步的退卻，面對敵人只能昂首悲鳴而已。亞歷山大用騎兵包圍著全線，同時用訊號命令步兵集中起來，再以密集的方陣前進。印度兵不分步騎兵，除了從空隙中逃

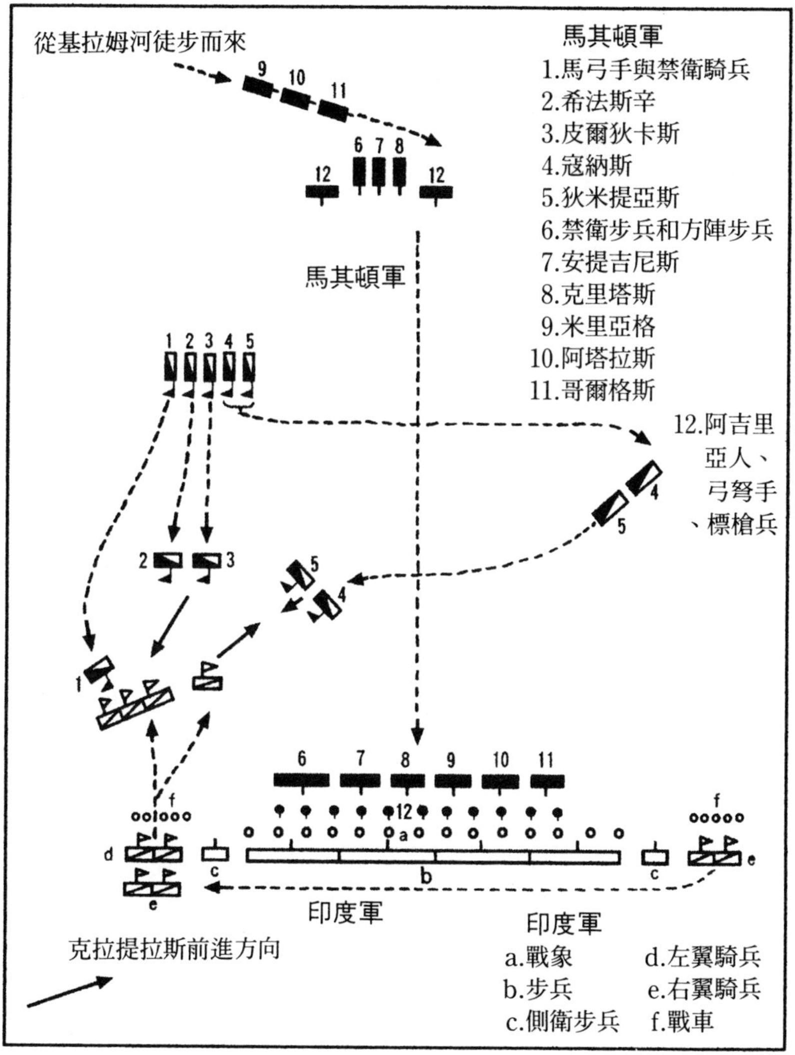
從基拉姆河徒步而來
馬其頓軍
1.馬弓手與禁衛騎兵
2.希法斯辛
3.皮爾狄卡斯
4.寇納斯
5.狄米提亞斯
6.禁衛步兵和方陣步兵
7.安提吉尼斯
8.克里塔斯
9.米里亞格
10.阿塔拉斯
11.哥爾格斯
12.阿吉里亞人、弓弩手、標槍兵
馬其頓軍
印度軍
印度軍
a.戰象
b.步兵
c.側衛步兵
d.左翼騎兵
e.右翼騎兵
f.戰車
克拉提拉斯前進方向

圖十五　海達斯配河會戰

走者以外，其他均被殲滅。」

當戰鬥正酣時，克拉提拉斯也就從哈南普爾方面徒涉強渡了。當他看到亞歷山大正在贏得一個卓越的勝利時，也就趕急挺進，因為他的人員是生力軍所以也負起了追擊的任務。不過在大屠殺與崩潰之中，波魯斯卻不像大流士，只要戰場上還有部隊在奮戰，他就還死戰不退。雖然他已經負傷，仍然還是繼續苦戰下去，最後因為失血過多，口渴和力弱而無法支持，他才向一個印度人投降了。這個印度人名叫米羅斯 (Meroes)，本是他的老朋友，亞歷山大因為對波魯斯的英勇深感敬佩，就派他去勸波魯斯不要徒然的犧牲生命。這樣也就結束了這一場會戰。

根據阿利安的記載：印度步兵被殺者二萬人，騎兵三千人，所有的戰車均被毀滅，所有未死的大象俱被俘虜。死亡的包括有波魯斯的兩個兒子和他的孫子，希皮塔克斯 (Spitaces)，他也是戰場所在的這個省區的省長。所有大象和戰車的指揮人員，以及其他的指揮官也幾乎全部陣亡。阿利安又說馬其頓方面僅損失八十名騎兵。十名馬弓手，二百二十名騎兵，其中包括禁衛騎兵二十人。狄奧多拉斯的數字似乎是比較實際：印度人陣亡者一萬二千人，被俘者九千人，還有八十頭戰象。馬其頓人陣亡者，騎兵二百八十人，步兵七百人。

第七章　亞歷山大的圍城戰

哈里卡納蘇斯的圍攻

亞歷山大一共打了三次主要的圍城戰，那就是哈里卡納蘇斯（Halicarnassus）、泰爾和加薩。哈里卡納蘇斯，即為現在的波德侖（Bodrum），那也是卡利亞的首府，和控制通到愛琴海的南面進路的波斯主要海軍基地。它位於一個小型半島的南岸上，這個半島向西伸入海中，其北為孟地萊（Mendilia）灣，其南為柯斯（Cos）灣。其戰略地位頗為重要，經由賽克拉德島羣（Cyclades）可以與阿提卡取得連繫；經由斯普拉德島羣（Sporades）其中最重要的一個島為羅德斯（Rhodes）島——又可以與克里特島取得連繫。為了要控制愛琴海，並保障其與馬其頓之間的海上交通安全起見，亞歷山大也就有從波斯人手中奪取哈里卡納蘇斯之必要。

同時有兩種記載留傳至今：一是阿利安的，他又是以托勒密與亞里斯托布拉斯的記載為根據，這是從圍攻者的觀點來寫的；另一是狄奧多拉斯的記載，那是以不知名的傭兵記述為根據，那是以被圍者的角度來敘述這個故事。雖然二者在細節上是有差異的，但大體說來卻是相同的。

從自然和技術上來說，哈里卡納蘇斯要算是一個防禦很堅強的城市：在向陸地那一面，有一道高牆包圍著，牆外還有護城河，寬達四十五呎，深達二十二呎。它一共有三個「衛城」（Citadls），最原始的衛城（Acropolis）是在西北角上，沙爾馬西斯（Salmacis）要塞在海岸上，靠西南隅，還有一個「國王堡壘」（King's Castle），則位置於港口中靠近海岸的阿孔尼沙斯（Arconnesus）小島上。守兵的實力也很強大，有二千多名希臘傭兵，由一個雅典流亡者，艾伐爾提斯（Ephialtes）指揮；另有強大的亞洲兵力，由阿侖托巴提斯（Orontobates）統率，他也兼任卡利亞的總督。門農，最近被任命為下亞細亞都督，對於陸海兩軍具有最高的指揮權。他的府庫充實，有充分的補給足以抵抗長期的圍攻，也有許多的防禦機器。此外，他又已命令一個支隊的海軍停泊在港口中，其水兵也可以用來增援守軍。最後因為亞歷山大已經解散了艦隊，所以波斯人對於海洋也獲得絕對的控制，可以任意向該城輸送援兵與補給。

在公元前三三四年秋季中，米利都投降之後，亞歷山大遂向哈里卡納蘇斯前進。這個城的圍攻就當時而言，對亞歷山大要算是前所未有的艱鉅行動。與米利都不同，他的行動是僅限於其向陸地的方面。他的軍隊在靠近該城東南角的地方宿營，距離米拉沙（Mylasa）門不遠，從那一個門有一條路通到東北二十五哩遠的米拉沙城。

他的第一個行動就是在米拉沙門的附近，去對城牆做一番偵察，但是城內守兵卻做了一次突如其來的猛烈出擊，使他受到了奇襲。雖然終於被擊退了，但卻產生了一定相當的混亂，因為他並未能阻止攻擊者退回城內。這個輕微的挫折使亞歷山大決心另外換一個地點。幾天之後，他從該城的東南移到了西面，並在明達斯（Myndus）門附近再度對城牆執行偵察，這裏有一條路線通到西面十二哩遠的明達斯城，該城也就位在這個半島的極西頂點上。他也同時想占領該城，因為有一部分城民表示願意向他獻城投降。

他率領著一部分兵力，繞到該城的西面，從那裏擬向明達斯發動一個夜間攻擊，但當他接近城牆時，卻不曾看見內應所約定的信號。因為亞歷山大並未攜帶攻城縱列，於是他只好企圖用坑道以來挖毀城牆。可是敵方的援軍已從海上趕來，於是他放棄了一切攻城的企圖，而撤回到哈里卡納蘇斯的城下。

於是對哈里卡納蘇斯才開始展開激烈的圍攻，並企圖在該城的北端擊破城牆。亞歷山大已經填塞一段護城河，以便攻城塔與撞城槌可以接近城牆，並靠著城牆建築「庇檐」（Mantlets）以保護工兵挖掘牆基。在這些工作尚未進行多久時，守兵又做了一次夜襲，想在這些攻城塔尚未進入陣地前，就先縱火將其焚燬。他們雖然被擊退，但在戰鬥中，馬其頓軍陣亡了十六人，傷了三百人，而守軍也死了一百七十人，其中包括著尼阿普托里馬斯（Neoptolemus）在內，他是流亡者阿明塔斯的兄弟。依照阿利安的說法，馬其頓人的死傷之所以如此不成比例的原因，是因為敵人憑著黑夜的掩護，使他們很難利用防盾以來對抗向他們所投擲的矢石。

幾天之後，當兩個碉樓與中間一段城牆已被撞毀，而第三個碉樓也搖搖欲墜時，守軍為了掩護這個缺口起見，遂趕緊用磚塊建造一道「新月堡」（Demi-lune）。正當此時又發生了一個意外事件。在皮爾狄卡斯營中有兩個喝醉酒的士兵，互相誇耀自己的勇敢，為了證明到底是誰比較勇敢，遂自己拿起了兵器去攻擊這個「新月堡」。當他們接近城牆時，為缺口側面守軍所發現，遂跳下來將他們殺死，並前進攻擊馬其頓軍的前哨。皮爾狄卡斯馬上增援，而城上守軍也紛紛捲入了混戰之中。照阿利安的記載，經過了一度苦戰之後，馬其頓軍逐回了守軍，並幾乎奪獲了該城，因為城牆上已經沒有部隊了。

狄奧多拉斯所講的故事又略有不同，他說皮爾狄卡斯的增援兵力還是受到嚴重的挫敗，直到亞歷山大親率援兵趕到，門農才收兵回城。換言之，這是守軍占了優勢的一場鬥爭。此外，托勒密對於某一件小事也不曾提及，似乎可以當作反證。當這次戰鬥結束後，亞歷山大曾經派人去向守軍要求休戰，以便抬回在城下被殺死的馬其頓人屍體。由此可證比較吃虧的還是馬其頓。這個要求被艾伐爾提斯所拒絕，但最後還是獲得了門農的允許。

次日亞歷山大推進他的攻城塔和撞城槌，以求摧毀這個新月堡，但是敵軍又再度出擊，焚燬了靠著城牆的庇檐和一個木塔。其餘的則為費羅塔斯與希拉尼卡斯所救回。等到亞歷山大趕來，突擊者又丟下了火炬，逃回城中。

「可是從此時起，攻擊軍逐漸入佳境，他們不僅可以從正面攻擊，而在缺口兩側的木塔上，也更能攻擊新月堡部分的側面和後方。」

在這次戰鬥之後，艾伐爾提斯就在城中的一次戰爭會議中指出，欲救該城就必須採取攻勢。門農也完全表示同意。雖然狄奧多拉斯所記載的計畫，其內容很含混，但似乎是有如下述：兩千希臘傭兵，分為兩個集團各一千人，擔負著出擊的任務，一個縱隊攜帶著點著的火把，從新月堡上出發，去焚燬敵人的攻城機器，另一個縱隊由艾伐爾提斯指揮，從「三號門」（Triple gate）出發，那大致是位置在缺口的側面上，相距沒有多遠。當第一個縱隊攻擊那些機器，引得敵人趕去營救時，第二個縱隊也就應該打擊在其側面上。若這個奇襲成功了，門農就更應率領波斯軍的主力去支援艾伐爾提斯，並做最後的一擊。假使狄奧多拉斯的記載內容是應作上述的解釋，則亞歷山大所面對的就絕非一個凡將。

接著，阿利安就這樣的說，在上次戰鬥幾天後，亞歷山大推進他的機器來攻擊新月堡。突然的，他在缺口附近受到了攻擊；不久之後，又受到第二個縱隊的攻擊，他們是從三號門中跑出來，這是馬其頓人認為不會有危險發生的地點。於是在敘述了攻城機周圍的戰鬥情形後，他就又這樣的寫著：

> 至於那些從三號門中出擊的人，亞歷山大的侍衛長托里馬斯（Ptolemaeus），立即迎擊他們，他率領著艾達斯（Addaeus）和提曼德爾（Timander）的兩個團（並非方陣團）以及一些其他的輕型部隊，很輕鬆的將那些突擊人員逐退了。當他們撤退時，護城河上的狹橋也使他們受到重大的損失，這座橋在許多人的壓力之下斷裂了，有許多人落在河中，有些人自相踐踏而死，另外有些人則為馬其頓軍所射死。最大的屠殺是發生在城門周圍，因為城門在恐慌中過早的關上了，守軍害怕馬其頓軍會跟在敗兵後面衝入城內。所以許多人被閉在城外，就在門邊被其敵人盡情的屠殺。若非亞歷山大吹退卻號，則這座城即可能已被攻克。甚至於到此時，

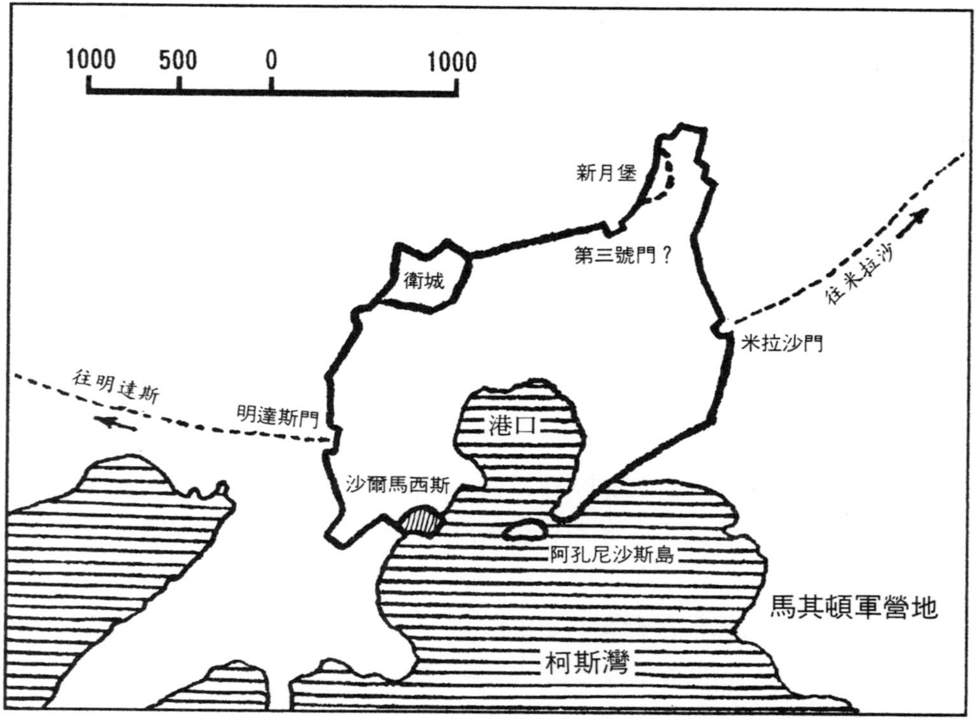

圖十六　哈里卡納蘇斯的圍攻

他還希望哈里卡納蘇斯自動投降，免得生靈塗炭。

狄奧多拉斯的記載又相不同。他說當一切準備就緒之後，在預定反攻的那一天拂曉，城門突然大開，第一個縱隊首先衝出，將他們的火把投在敵方的攻城機器上面。緊接著，艾伐爾提斯也就跟著出來，把他的人員組成了一個縱深的方陣，向那些忙於保護攻城機器的馬其頓軍衝鋒。營地中一片喊聲和響聲，到處都可以聽到緊急備戰的號聲。雖然馬其頓人很快就撲滅了餘火，但在戰鬥中，艾伐爾提斯卻已經占了上風。於是門農又帶著強大的兵力出現了，亞歷山大一時卻感到不知所措。於是他繼續寫下去：

> 突然的局勢又轉變了：有些馬其頓的老兵，照年齡是已經不應再參加戰鬥的，儘管他們在菲利普老王駕下，是曾經百戰百勝的。在這個危急的時候，遂突然激發了舊有的勇氣和決心；因為他們是英勇而有經驗的單人（比其餘任何人都要較高一等），他們痛斥那些轉身逃走的新兵膽小無用。他們自己凝結成為一個整體，將他們的防盾扣在一起，攻擊在自以為必勝的敵軍身上，殺死了艾伐爾提斯和許多其他的人員，迫使其餘敵軍退入城中。此時在黑夜中，有一些馬其頓人也和他們混合在一起，進入了城內。但是國王卻命令吹退卻號，於是他們返回營地。

為了解釋上述的記載，似乎艾伐爾提斯首先所攻擊的部隊——即艾達斯與提曼德爾的營——

都是由青年和無經驗的軍人所組成，直到老馬其頓兵趕來，然後才擊退了艾伐爾提斯。這也與寇修斯另一段記載互相印證。他說當亞歷山大與克里塔斯爭吵時，後者曾經這樣的說著：「你罵菲利普的老兵，卻忘記了若非老艾塔赫斯（Atarrhias）制止那些年輕人退卻，我們今天也許還要在哈里卡納蘇斯附近遊蕩了。」

阿利安對於波斯軍被擊退後，亞歷山大仍命令吹退卻號一節所下的結論，似乎還有一點漏洞，所以不易講得通。假使誠如他所說的，這個城市是已經快要攻下了，那麼除非亞歷山大確知至少有一部分公民準備迎降，否則若不繼續壓迫，則在將道上就未免太說不過去了。當然也可能是如狄奧多拉斯所云，那是在黑夜混亂之中，而且敵我不分；不過更可能的是他一直與哈里卡納蘇斯城中的反波斯分子有接觸，這些人是準備歡迎他的（應記著在明達斯城中也有反波斯分子之存在）。足以當作反證的，是當這次攻擊失敗後，門農與阿侖托巴提斯立即決定放火焚城，並把軍隊撤入國王堡壘和沙爾馬西斯。做這個決定的理由是因為這個城市已經喪失了一部分，而損失也已經夠重（已有一千人被殺），所以這個城已經無法固守了。雖然這些理由是並沒有錯的，不過更可能的是因為害怕亞歷山大已經在城中有了部署，人民會起而響應。由此看來，亞歷山大的解放政策在此是已經生效了。

縱火焚城是在午夜時。當亞歷山大看見了火光後，就立即命令部隊入城，凡是手執燃燒物的人一律殺無赦，但留在家中的公民則獲得了自由。天亮之後，他知道門農已經把軍隊撤入國王堡壘和沙爾馬西斯，於是他決定不對這兩個要塞做正規的圍攻，而只加以監視而已。為何採取這種辦法的理由可簡述如下：他們的實力很雄厚，城中沒有內應，又有海上交通線，無法將其餓斃。根據阿利安和狄奧多拉斯的記載，都是說他接著又命令把這個城夷為平地。但這似乎是不可能的，因為他並無意將該城居民出賣為奴，而且在幾小時之前，他還命令對於縱火者殺無赦。比較可能的是他只把那兩個要塞附近的民房拆除，以便布置防禦工事。於是他留下拉古斯（Lagus）的兒子，托勒密，率領著三千希臘步兵和二百騎兵，封鎖著這兩個要塞，而自己則率領大軍向佛里幾亞出發。他決定不對這兩個要塞做正規的圍攻，的確是很明智的，因為下述的事實即可以當作反證。直到公元前三三三年的秋季中，依沙斯會戰之前不久，阿倫托巴提斯才在苦戰中，為托勒密與艾桑德（Asander）所擊敗，這兩個要塞才投降。這兩個衛城一共堅守了十二個月之久。

泰爾的圍攻

在依沙斯會戰後，亞歷山大的問題即為征服腓尼基。這個地區像希臘一樣，是一個城市國家的地區，每個城市都是一個貿易中心。它們之間充滿了內在矛盾，尤其是泰爾與希登之間，更是勢不兩立。他們有時也會征服鄰國，例如艾拉達斯（Aradus）之於馬拉沙斯（Marathus），雖然他們承認波斯的宗主權，但實際上，他們都是獨立的小王國。這些國家的總數有二十五個之多，有許多是非常的小，其中最重要的為泰爾、希登、艾拉達斯、拜布拉斯和提波里斯。

當亞歷山大以慣有的高速向南挺進時，這些城市遂處於進退兩難的地位。假使他們企圖反抗，則在不聯合的狀況之下，就有被各個擊破的危險；假使他們投降，則他們的艦隊現在還留在愛琴海內，並有他們的許多領袖人物，連同幾個國王在內，也都在船上，就有被大流士扣押為人質的可能性。第一個擋著亞歷山大進路的城市是艾拉達斯，它雖然小但卻頗強，因為它位置在一個岩質的島上，八百碼長，五百碼寬，距離海岸為兩哩半。它的城牆極厚，有些地方是由十五呎到十八呎長的大石塊所築成，有一部分城牆竟高達三十呎以上。不過若無艦隊之支援，則也還是不能抵抗長期的圍攻，所以其世子，斯特拉頓（Straton）還是決定投降——國王吉羅斯特拉塔斯（Geros-tratus）率領著艦隊仍留在愛琴海中。他同時也把他勢力範圍之內的馬拉沙斯（Marathus）、希根（Sigon）和馬萊米（Mariamme）三城也交出來了。拜布拉斯是第二個開門迎降的國家，他的國王也不在城中。希登的人民早就怨恨波斯人，所以也歡迎亞歷山大。這樣遂使各城市中最強大者——泰爾，處於孤立的地位。其國王艾齊米爾克（Azemilk）仍在愛琴海中，為了想使該城免受圍攻起見，遂派遣使臣去見亞歷山大，告訴他願意接受他所提出的任何條件。亞歷山大表示他想到泰爾的海克力斯神廟中去犧牲上祭一次，但是他卻不知道依照泰爾的習慣，只有國王才有上祭的資格，所以使者若允許了他這個要求，即無異於承認他是他們的國王了。這些使臣卻不會把這一點解釋給他聽，而只是回答說除了犧牲上祭外，其他任何條件都可以照辦，同時他們深信其城牆的威力，所以又補充一句話，他們不願讓波斯人或馬其頓人入城。這樣遂使亞歷山大大為震怒，他命令使臣退下，召集其將領，向他們做了第五章中已經引述過的訓話。

舊泰爾位置在大陸上，在希登的南方二十哩處，在它的西北方約二哩遠的地方，距離海岸線約半哩遠的海中有一羣岩質的小島，大致與海岸平行。在這個島群中央有兩個最大的，因為中間

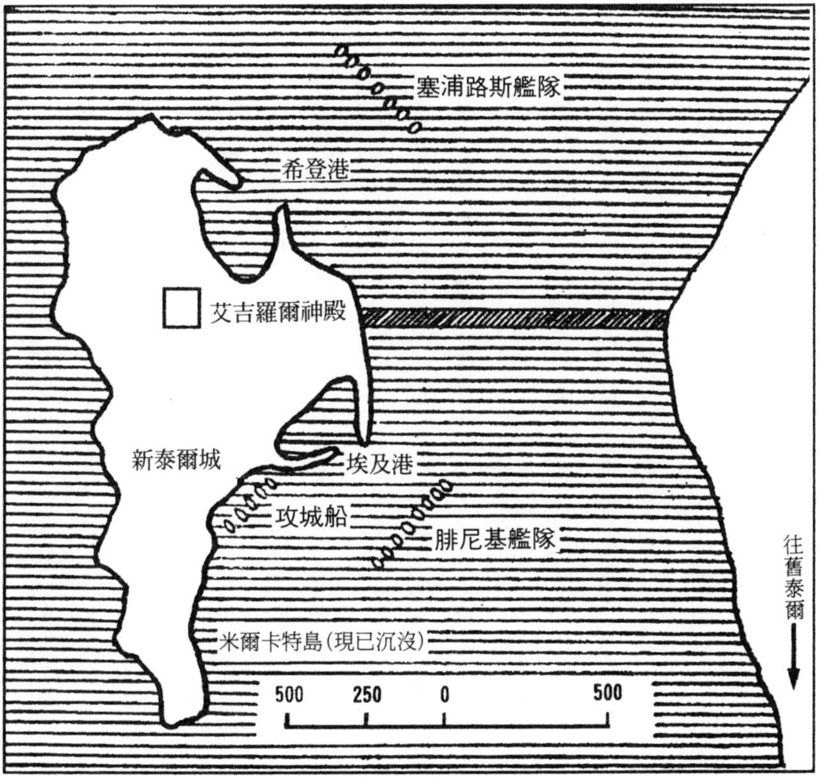
塞浦路斯艦隊
希登港
艾吉羅爾神殿
新泰爾城
埃及港
攻城船
腓尼基艦隊
米爾卡特島(現已沉沒)
往舊泰爾
500
250
0
500

圖十七　泰爾之圍攻

隔的水道已被填起，所以已經結成了一體，新泰爾城就建在上面，根據普林尼的記載，其周圍為二又四分之三哩長。

該城為高牆所圍繞著，在東面高達一百五十呎，南面的牆基是在海中，現在還可以看到它的遺址。像希登一樣，它有兩個港口，都位置在東面，此端的一個叫做希登港，南端一個叫做埃及港。為了節省空間起見，房屋都是有許多層的樓房，而且都擠在一起，城市中染料工業極發達，居民似乎約有四萬人。他們的貿易活動有悠久的歷史。

因為亞歷山大已經決定先占領埃及，然後再來與大流士做最後的決戰，所以他不能容許一個不臣服的泰爾留在他的交通線上。照格羅特的看法：因為這些腓尼基城市的主要價值就是他們的船隻，假使亞歷山大堅決要求他們不再替波斯服務並將艦隊交出，則該城可能會同意，於是泰爾之圍也就不必要了。但是格羅特卻忽視了一個事實，因為艾拉達斯、拜布拉斯、希登以及一切小城都已經投降了，當他們的艦隊從愛琴海回國時，泰爾的艦隊也就可能會跟著回來。此外，亞歷山大又知道當泰爾的使臣回城後，泰爾人即開始把婦孺送往其迦太基舊殖民地，同時迦太基人也有用強大艦隊來援的諾言。所以即令他並無艦隊，對於圍攻泰爾之舉卻是一分鐘都不能延遲。

在公元前三三二年一月間，圍攻開始了。亞歷山大所採取的第一個步驟，就是橫跨著大陸與島城之間的半哩長水面上，建築一道隄岸，雖然這裏的海水很淺，但在島嶼的這一面，其深度也達三噚之多，依照狄奧多拉斯的記載，這個隄岸的寬度為二百呎，雖然這可能是一個誇大的數字，但當其最後完成後，一直到今天它仍然還是構成該島與大陸之間的一個連繫物。

除了軍人以外，當地的人民也被迫參加勞動，石頭是從拆去舊泰爾城得來的，木材則從豐富的黎巴嫩森林中去採取。這個工程，也像圍城戰中其他一切工程一樣，都是由亞歷山大的總工程師監督進行，他的助手則有卡萊斯（Charias）、波賽多拉斯（Poseidonius）和菲利普斯（Philippus）。這個工程是用最大的努力向前推進。據記載，亞歷山大對於所急欲採取的每一步驟，都會親自加以解釋，並且對於工作最努力和效率最高的人員予以重賞。僅僅當工程接近城邊時才受到嚴重的妨礙：城上的守軍向工作者投擲矢石，又因為海水很深，所以泰爾的戰船也可以划近隄岸來攻擊工作者。

為了制止這些攻擊並控制城牆起見，亞歷山大命令建造兩個木塔，外面有生牛皮的保護，以來對抗火箭，一直推到了隄岸的頂點上。因為它們是必須要用人力來運轉的，所以這在工程學上要算是一個驚人的成就。塔的高度與城牆看齊——一百五十呎——這也是空前未有的高塔。從它們的最高層上，用彈射機將矢石射向城頭上，以來攻擊守軍，在以下各層中，則發射矢石使泰爾的戰船不敢逼近。

也像他們的同族迦太基人一樣，泰爾人對工程頗為內行，所以在不久後，就找到了毀滅敵方攻城器械的對策。他們把一艘運兵船改裝為火船，上面裝備了引火之物。等到風向有利時，他們把火船拖到隄岸附近，引火延燒木塔，等到它們著火後，守兵又紛乘小船，拆毀隄岸外面的木樁，並燒燬其他的機器。

這次成功的反擊使亞歷山大認清了泰爾人真的不易應付，他命令拓寬隄岸，以便建立更多的木塔，正當此項工程還在進行之際，腓尼基諸國的海軍也紛紛開始從愛琴海返國了。亞歷山大率領著禁衛步兵和阿吉里亞部隊到希登去搜集已經返回的戰船。他深知若無制海權，則不可能攻下泰爾。

此時，吉羅斯特拉塔斯和艾尼拉斯，都已經率領其艦隊返回艾拉達斯和拜布拉斯（應假定在同時，艾齊米爾克也已經率領艦隊返回泰爾）。當他們發現自己的城市已經落入亞歷山大手中，他們也就毫無選擇之餘地，只好將他們的船隻交給他使用，與希登的船隻加在一起，總數已經有八十艘之多。於是從羅德斯島又來了十艘，索利與馬拉斯來了三艘，里西亞來了十艘，不久以後，塞浦路斯島上諸國王，也帶來了戰船一百二十艘，他們聽到大流士已在依沙斯戰敗的消息，遂決定加入勝利的一邊。這樣途使亞歷山大獲得了東地中海的控制權。

當攻城機器還在建造，和船隻正在修補時，亞歷山大總是不願休息的，遂乘機出發做十天的遠征以來征服安提里巴拉斯山地中的部落。他回到希登時，又發現已有四千名希臘傭兵從伯羅奔尼撤送來增援。於是圍城戰進入了第二階段。

亞歷山大率領著艦隊從希登前往泰爾。泰爾人最初本擬一戰，但當他們看到了這支艦隊後，對於其數量之大不禁深感駭異，他們還不知道塞浦路斯和腓尼基的船隻都已經加入敵方。於是他們不敢迎敵，而只阻塞了兩個港口的出口，使敵人不能進入。因此，有些腓尼基船企圖強迫進入希登港的狹口，有三艘泰爾船被擊沉，在獲得了這次小勝之後，亞歷山大撤回他的艦隊，命令它們在距離隄岸不遠處，沿著海岸停泊以避風浪。次日，他命令塞浦路斯的兵力去封鎖北面的希登港，腓尼基的兵力去封鎖南面的埃及港。

此時在塞浦路斯和腓尼基又召募了許多技術優良的工程人員，建造攻城機器，在隄岸上建造了新的木塔，以及大量的彈射機與撞城槌。亞歷山大並且把一些撞城槌裝在船上，這也是在船上使用撞城槌的唯一戰例。雖然對於這種工具的詳情已不可考，但它卻被證明為亞歷山大的王牌，下述這些頗有疑問的敘述，可以使以後的攻城作戰比較易於了解。

亞歷山大的問題就是要撞開城牆，但若從隄岸上著手，那也就是說其攻擊正面將僅限於二百呎——假定狄奧多拉斯的數字是正確的。因為泰爾人也可以把大量的防禦兵器集中在這個狹窄的正面上，所以亞歷山大遂認為有擴大攻擊正面之必要，這就只有從海上著手，於是才有了在船上裝置撞城槌的理想，但這僅是問題的一部分而已；除非這些船的位置是十分的穩定，而且又非常靠近城牆，否則撞城槌也就不會發生效力。因為城上又可以向船上投擲一切的矢石，所以頂上又必須有堅強的蓬蓋。所以這種撞城槌船很像一個「諾亞的方舟」（Noahs' Ark），其頂蓋應盡可能有防禦力，並且四方都能投錨，以使它成為一個相當穩定的平台，這樣才可以使用撞城槌。於是另一個問題又來了，從一艘單獨的船上，使用一具撞城槌，是否有力量足以撞毀特別堅固的泰爾城牆呢？在古代歷史中可以考據的最大攻城槌，是狄米提拉斯（Demetrius）在羅德斯圍城戰（公元前三〇五年）中所使用的，其長度為一百八十呎或一百三十呎，每一個要一千人來使用它。雖然亞歷山大所用者也許沒有這樣大，但一艘船的空間總還是不夠，所以可能是要用幾艘船聯合在一起來使用。

當亞歷山大在準備第二次突擊時，泰爾人也並未休息。他們在面對著隄岸的城牆上建造更高的木塔，以來控制亞歷山大在隄岸上所建立的新塔；同時他們在面對隄岸的城牆上，也集中了大量的彈射機，據記載說他們曾經用火箭擊退了敵船——應該就是那些撞城槌船。但是還有一個極大的困難要克服，亞歷山大發現了在隄岸終點附近的海水中，已經沉下了許多的石塊，使撞城槌船無法接近，要想使用這些船隻，則必須先肅清這些水下障礙物。雖然從船上來肅清它們是一種極困難的工作，但最後還是用起重機和吊索將那些石塊拖走了。

泰爾人又採取了次一個行動，他們把一些船隻加上裝甲的保護，衝近敵船以來切斷它們的錨索。亞歷山大也立即使用裝甲船隻以供防禦之用。泰爾人又改用潛水者（蛙人）來割斷錨索，亞歷山大又換用鐵鍊。最後，那些撞城船還是駛近了牆邊。

為了解除在隄岸附近城牆上所受到的壓力，泰爾人又使用了一個計策。他們注意到每天大約在中午時，從封鎖希登港口的塞浦路斯船隻上，有許多船員都回到陸地上去用午餐。而通常總是與腓尼基艦隊在一起的亞歷山大也是在這個時候午餐，接著他就要作片刻的午睡。他們於是就決定利用這個機會一次奇襲。為了替其計畫保密起見，他們用一道船帆所構成的屏障，遮希登港口，後面集中了十艘最堅強的船隻，上面載著精選的船員和武裝最好的陸戰隊。

在那一天正午時，風帆被移開了，這個艦隊划出了港口，打擊在塞浦路斯的船隻上，第一次攻擊就擊沉了四艘船。但是對於泰爾人而言，可說是不幸之至，雖然亞歷山大曾經回岸上吃午餐，但這一天卻未睡午覺，提早回到了腓尼基艦隊上。當他一獲得警報後——可能是從隄岸上發出的——他立即召回所有上陸的船員，並命令嚴密的封鎖埃及港，以防泰爾船隻突出。接著他就率領一部分船隻，繞過了該島的南端去支援在隄岸北面的塞浦路斯艦隊。因為在城上是完全可以看見這個行動，所以他們也明瞭亞歷山大的意圖，於是大聲的高喊要他們的船隻回來。但是很顯然的，泰爾人的船隻已經陷入混戰中，無法擺脫。亞歷山大的兵力趕到後，就從其左後方打擊他們。泰爾人的船隻損失殆盡，但大部分的人卻游泳回到了城中。

毫無疑問的，這一次亞歷山大又幾乎為敵所乘。利用午餐機會攻擊也並非一個新問題，在公元前四一三年，敘拉古人也曾使用類似的詭計，此外，既然船員在此時上岸吃飯，則似乎更應該加強戒備，同時風帆的屏障也應使亞歷山大猜到敵人是在準備耍花樣。假使泰爾人能夠更勇敢一點，用全力分別從兩個港口出擊，而不只是使用那一點有限的兵力，則亞歷山大即將居於一種極惡劣的地位，而圍攻的時間也會延長許久。

在這次出擊後，從隄岸上的攻擊也就日益激烈。但因為城牆太堅固，所以並無顯著的收穫。亞歷山大又把攻城船移到希登附近，想尋找一個弱點，結果並未找到。於是他又繞到埃及港的正南面，在幾個點上嘗試，最後發現在某一點上，城牆發生了嚴重的振動，而且有一部分破裂了。利用吊橋，他向裂口做了一次嘗試性的攻擊，雖然他的攻擊很容易就被泰爾人擊退了，但他終於找到了一弱點，遂決定發動全面的攻擊。

他的計畫是首先擴大已經撞開的裂口，他認為這樣就足以迫使泰爾人集中兵力去對抗他，於是趁這個機會，就又命令塞浦路斯與腓尼基兩支艦隊同時攻入希登和埃及兩個港口，另外又用一個艦隊，攜帶著彈射機和弓弩，繞著城牆航行，到處射擊，以使敵人感到四面八方都受到了攻擊，讓他們感到莫知所措。

在進攻後的第三天，攻城船在風平浪靜中到達了城牆腳下，將相當長度的城牆撞垮了。於是這些船隻撤回，換上了裝有吊橋的兩艘大船。每艘船上都載有一個突擊隊，一個是由艾德米塔斯（Admetus）所率領的禁衛步兵所組成，另一個則由寇納斯的方陣步兵所組成。亞歷山大也與前者在一起。

當這些船靠攏後，船上即放下了吊橋，突擊隊衝上岸後，就從碎石堆中殺向前去。禁衛步兵領先，在艾德米塔斯高呼督促之下，他們攻占了缺口側面上的部分城牆，但當他率領人員繼續前進時，艾德米塔斯卻死在敵人的長矛之下。在他們的後面，亞歷山大率領著第二波兵力前進，他逐退了當面的敵人，迫使他們向皇宮退卻，此時，腓尼基與塞浦路斯的艦隊也分別攻入南北二向的港口。他們的突擊隊也占領了那一方面的城牆。

當泰爾人發現已經在三方面受到攻擊，並被逐下城牆，於是退向艾吉羅爾的神廟（Agenorium），在那裏繼續頑抗，直到亞歷山大所率領的禁衛步兵突破了他們的行列，才開始潰散。阿利安對於孤城末日的景象曾作下述描寫：

> 馬其頓人現在大肆屠殺，因為他們正懷著滿腔的怒火。他們一方面痛恨泰爾久守不降，另一方面更恨他們屠殺俘虜並棄屍於海中。泰爾人一共死了八千人。在馬其頓方面，捷足先登

的勇將，艾德米塔斯，和二十名禁衛步兵在這次攻擊中陣亡。在整個圍城戰中約有四百名馬其頓人被殺。

凡是海克力斯神廟中的避難者，都獲得了亞歷山大的赦免，其中包括著泰爾國王艾齊米爾克，許多泰爾的貴族，以及迦太基的使者等都在內。其餘未死的泰爾人，連同其傭兵在內，總數達三萬人，都被出賣為奴。

在屠殺結束後，亞歷山大重建了秩序，他在海克力斯神廟中犧牲上祭之後，就舉行了一次運動大會和火炬賽跑來慶祝他的勝利。

泰爾是在公元前三三二年七月間淪陷的，前後被圍攻了七個月之久，自從公元前三九八年，戴奧尼索斯（Dionysius）對莫特亞的圍攻之後，這要算是最偉大的一次攻城戰，而且在其後的古代史中，也再沒有能與其相比擬者。雖然公元前三〇五年，狄米提拉斯對羅德斯的圍攻，規模還要更巨大，但它結果卻是失敗的，而且即令能夠成功，其政治後果又還是不足稱道的。

加薩的圍攻

在泰爾淪陷後，亞歷山大又沿著海岸道路向埃及前進。走了約一百五十哩後，即到了加薩，那是古老菲力士（Philistine）城市中最南端的一個，位置在埃及沙漠的邊緣上，距海岸約一哩。許多世紀以來，它都是一個相當出名的聖城，位置在一個高崗上，周圍有高牆，牆外就是沙漠

（Gaza 一字的意義就是「堅強」）。其總督為巴提斯（Batis），可能是一個伊朗人，而並非像阿利安所說的是一個宦官。他是意志堅定的人，為了抵抗亞歷山大起見，他是早已作了準備，他曾經召募了一支阿拉伯傭兵，並屯積給養以便應付長期的圍攻。

當亞歷山大到達了加薩後，就向他召降，但是巴提斯卻以為這個城是攻不破的，拒絕投降。於是亞歷山大在他認為最易攻擊的那一部分城牆附近，安下了營塞。但是他的工程人員卻向他指出，因為這個山崗的高度，將使攻城機器無法靠近城牆。可是這種理論更足以鼓勵亞歷山大做這樣的嘗試，因為「奇蹟式的成就」足以使其敵人感到畏服。反之，若不攻下加薩，則對於他的威望將是一種打擊，而使希臘和大流士都會蠢蠢欲動了。雖然這種解釋很合於亞歷山大的個性，但是他為什麼要攻占加薩，卻另有更明顯的理由。他不能冒險讓波斯人威脅其交通線，這正像泰爾的情形是一樣的。必須占領加薩，才能安全的進入埃及，所以又不僅是為了虛榮而已。

這裏所要解決的問題又與在哈里卡納蘇斯和泰爾都完全不同。誠如其工程人員所指出的，因為加薩城是建立在高崗上，所以無法使攻城機器接近城牆。唯一的辦法就是在城外也積土成山，然後在山上安置攻城槌。他命令照這個構想去做。他下令在該城南邊的一段城牆附近，開始堆山的工作，毫無疑問的，當地人民必定也被迫參加這種工作。

在土坡尚未完成以前，巴提斯做了一次突擊，把工作人員趕了下來。亞歷山大率領禁衛步兵反攻時，卻為流矢所傷——肩部負傷頗重。

攻泰爾所使用的攻城機器，已經從海上運來，阿利安說當它們來到之後，亞歷山大即命令將土坡延長，繞著全城，擴大其寬度為兩個斯塔德，高度為二百五十呎。這些數字是完全不可能的，因為根據狄奧多拉斯的記載，這次圍攻的時間並未超過兩個月，在這樣短的時間中，當然不可能完成如此巨大的工程。亞歷山大最多所能做到的，就是繞著全城挖掘一道對壘線的工事，以來防止守軍的突擊，然後放寬和升高土堆，使其與城腳看齊，這樣也就可以使用撞城槌了。即令如此，也還是一個極艱巨的任務。

等到土堆完成，撞城槌就被拖上了平頂，於是一部分的城牆被撞垮了。但似乎還不足以造成一個有作用的缺口，因為在矢石的掩護下，亞歷山大又曾命令工兵用坑道去炸毀城牆。

在爆破之下，守兵還是擊退了三次突擊，接著又有另一段城牆被撞毀，方陣步兵利用雲梯，在瓦礫之中爬上了城牆。一旦入城後，這些突擊隊就打開了幾個城門，放其餘的軍隊進入。加薩守軍奮鬥到底，直到所有戰鬥人員都被殺盡為止。換言之，即無一人投降。於是到埃及的道路已經暢通，而亞歷山大的交通線也就獲得安全的保障。

從軍事的觀點上來說，阿利安對於這次著名圍城戰所作的記載，未免太簡略，這點很令人感到遺憾。雖然積土成山，再從山頂上安置攻城機器的觀念是並無任何新奇之處，但是若是我們能記著在手邊的建築材料都只是鬆軟的沙泥，即可以明瞭這種工程的困難。若是與這裏的工程作一個對比，則泰爾海隄就簡單多了。因為古史的記載不詳，遂使人忽視了這些作戰的困難與價值。但這卻是必須要了解的。尤其是在下述一章中，這種記載上的漏洞更是特別多。

第八章　亞歷山大的小戰

巴爾幹與伊利里亞戰役

亞歷山大與所有其他偉大的將領不同，那就是他在所有的各類型戰爭中都是戰無不勝的。有許多其他的人，在大規模的會戰與圍城戰中，也能獲致與他相等的成功，但是古往今來的名將卻多半都視「小戰」（Small Wars）為畏途，能像他那樣成功的真可說是鳳毛麟角。所謂小戰者，其範圍包括著有：對於民族起義與叛變的壓制、反游擊戰、對於山地好戰部落與沙漠遊牧民族的征服、對於征服地區的綏靖或警察行動等。在這種流動、複雜和組織鬆懈的作戰中，亞歷山大的成功程度也正像在大會戰與圍城戰中同樣偉大。因為他的將道曾經受過如此普遍的考驗，所以他在古今名將榜上應該是列於第一位的。

亞歷山大的小戰中的第一個，就是在巴爾幹的戰役，那是當他在承繼王位並已在希臘建立權威後就立即進行的一次戰役。根據阿利安的記載，其目的就是為了征服提巴里亞（Triballian）和伊利里亞（Illyrian）部落。他們從北面及西面經常威脅著馬其頓，所以亞歷山大在遠征波斯前，必須先將他們解決，以免後顧之憂。但從這次戰役的經過上看來，實際上還不僅此而已。他認清了僅只征服這些部落還是不夠的，他的北疆必須推進到多瑙河上，然後才能獲得安全的保障，迫使他向北進軍的還是這個戰略目標。這不僅是一種膺懲性的討伐，更是一種征服行動，其意圖就是要表示他是主人：下述的事實可以做為一部分的佐證，在他出發之前，曾經命令一支艦隊從拜占庭向多瑙河中溯江而上，並在某一點與陸軍及本人會合。

提巴里亞人住在多瑙河與巴爾幹山地之間，即今之普里芬（Pleven）省區。在他們的南面為阿吉里亞人和配奧尼亞人的地區，在這些部落的西面則為伊利里亞，這是一個野蠻的國家，其部落經常侵入馬其頓境內。從馬其頓起，有兩條路線通到提巴里亞人的境內，一條是沿著艾卡斯河谷走，通過配奧尼亞人和阿吉里亞人的領土，另一條則從安費波里斯向北走，通過色雷斯人的領土，並越過哈馬斯（Haemus）山地（即巴爾幹山地）。亞歷山大選擇了後述的路線，可能是因為阿吉里亞人一向是馬其頓的忠實同盟者，而色雷斯人卻不是，所以沿著東面的路線前進，他又可以順便使自由色雷斯人承認他的權威。

公元前三三五年的春季中，他從安費波里斯出發，而菲利比（Philippi）則在他的左面，因為補給的困難，所率領的兵力已不可考，但不可能太多。渡過了尼斯塔斯河經過了十天的行軍才到達了巴爾幹山地，也許是在希普卡隘道上（Shipka Pass）發現了色雷斯人的守軍。他們已經把他們的車輛構成一種障礙線，並且決定若是敵人繼續壓迫，則準備趁敵人進攻隘路時，放出車輛衝突敵軍的行列，並趁著他們發生混亂時向其衝鋒。

因為並無可以繞過這條隘道的方法，亞歷山大遂決定用方陣做正面的突擊，但是值得頌揚的，卻是他一看到車陣後，馬上就猜透了敵人的意圖，知道當他的部隊向上爬的時候，敵人就可能推動車輛向他們衝突（註：這種計策是否新奇固然很難判斷，不過如果是的話，則很少有將領能夠猜透它，因為一般人，一定會假定色雷新人是準備躲在車陣後方作防禦戰的）。這個斜坡雖然很陡，但可能很平坦，否則亞歷山大不會使用方陣；同時假使斜坡上是高低起伏而且蓋滿了樹木，則衝車也無法使用。他立即警告部下應注意此種可能性，並指示他們說：假使坡度平緩時若遇到了車輛衝來，應立即向兩側讓開，以便車輛從中間衝過；假使來勢太猛無法讓開，就應伏在地面上，把防盾緊結在一起，等到車輛衝近身，則也許會從上面飛越而過，結果也不會造成太大的損傷。其次，他又把弓弩手位置在方陣的右前方，命令他們假使看到色雷斯人在衝車發動之後，若乘機向方陣衝鋒時，就立即攻擊其左側面。最後，他又把禁衛步兵與阿吉里亞部隊位置在方陣的左方，其目的是打擊色雷斯人的右側面。照阿利安的記載，亞歷山大是在看到衝車發動後，才命令採取上述行動的。事實上，這是不可能的，因為他絕無那樣多的時間來執行這些計畫，同時一旦當亞歷山大已經認清了對方的計策後，他馬上也就自然的知道真正的危險並不是那些車輛，而是緊跟著來的野蠻衝殺。

果然一切不出亞歷山大的預料之外，那些車輛不是溜過去了，就是飛越過去了。不曾殺死一個人，雖然有一些人被壓斷了腿。方陣步兵從地面上爬起來，重整隊形繼續向坡上挺進。不等到亞歷山大發動攻擊，那些色雷斯人發現他們的計謀失敗了，馬上感到心膽俱碎，丟棄了他們的兵器向兩旁的山地中逃竄。一共被殺死了一千五百人，另有少數人被俘，此外還要算進城中的婦孺等。

亞歷山大於是越過了巴爾幹山地，進入了提巴里亞人的地區，向賴吉拉斯河上進發（註：這條河已不可考，可能為阿斯馬〔Osma〕，費德〔Vid〕或依斯克爾〔Isker〕三條河中間之一條）。但在他尚未出發之前，提巴里亞的國王賽爾馬斯（Syrmus），因為害怕他的來到，就早已把婦孺送到了多瑙河中的普斯（Peuce）島上避難，而色雷斯人也逃往那裏，賽爾馬斯本人也退向那裏。當亞歷山大前進時，提巴里亞人的主力已先退走了，然後占領了後方的一處隘口。亞歷山大獲知此項消息之後，就立即追蹤而至，發現他們正駐在一個幽谷之中，厚密的森林使他難於攻擊。為了想引誘他們到開闊地中，他就用了一個計策。第一步，他命令他的弓弩手和投石兵進到幽谷的入口處，向敵人投擲矢石。同時在其後方相當距離之外，他展開了方陣並加以掩蔽，在其前方和兩翼上又都有騎兵的掩護。他知道當敵人發現谷口上只有弓弩手和投石兵時，他們就一定會傾巢而出，並一口氣衝入開闊地上。於是埋伏著的步兵和騎兵就可以將其一網打盡。

一切如他所預料的。受到矢石的挑撥，提巴里亞人開始自投羅網；他們衝出了谷口，逐退了那些輕裝部隊，但卻突然的遭遇到方陣與騎兵。方陣在亞歷山大親自率領下，突破了他們的中央，騎兵縱隊則從兩側翼實行包圍。他們是一敗塗地，被殺死了三千人，但因為森林厚密和夜幕低垂之故，所收容的俘虜頗少，殘兵都越過了賴吉拉斯河逃跑了。在馬其頓方面，只死了十一名騎兵和四十名步兵。

這一次又是亞歷山大的智慧支配了他的戰術，在這次戰鬥中，又還是像在巴爾幹隘道中一樣，他是完全拿猜透了敵人的心事。他知道這些部落民族，雖然擅長伏擊和詐謀，但因為缺乏紀律所以很容易上當，他用一種表面上似乎是很輕鬆的勝利，以來引誘他們走向陷阱。在他的全部小戰中，只要是可能的話，亞歷山大總是以奇襲為行動的基礎，或者是隱瞞的行動與意圖。

在這次戰鬥的三天後，亞歷山大達到了多瑙河，並與從拜占庭北上的軍艦會合了。他把弓弩手和重步兵裝在這些船上，駛向普斯島，企圖擊敗賽爾馬斯，後者率領著相當數量的人員據守該島。他本擬作登陸的企圖，因為發現兵力不夠，而且河流湍急，島上的海岸也極為險峻，所以遂又決定放棄這個作戰，而嘗試另一種計畫。

他的計畫是那些部落民族眼中，幾乎是不可能的嘗試：在一夜之間渡過多瑙河，並切斷賽爾馬斯與古塔（Getac）人間的連繫。後者為色雷斯人的同族，住在令人所謂摩達維亞（Moldavia）和比薩拉比亞（Bessarabia）的地區中，他們與西徐亞人很相似，以馬弓手為其主力。他們已經在多瑙河左岸上集結了一支兵力，估計約有四千騎兵和一萬多步兵，其目的是阻止亞歷山大的渡河，並乘機支援提巴里亞人。

在亞歷山大的時代中，多瑙河為歐洲最大的河川，他如何在那樣短的時間中渡過這一條大河，其詳情已經不可考。所有的記錄就只說他搜集了許多的漁船，和利用帳幕實以乾草，來造成浮筏而已。僅僅利用這些原始的工具，而能於一夜之間，將一千五百名騎兵和四千名步兵渡過多瑙河，在今天都應該算是一個驚人的奇蹟。所以毫不足怪的那些部落民族會大感震驚，認為亞歷山大簡直是天神了。

在第二天清晨，天還沒有亮的時候，亞歷山大利用田地中作物的掩護，在多瑙河左岸集中了他的兵力。尼卡諾率領方陣前進，而亞歷山大則親率右方的騎兵。當他們達到了未耕種地的邊緣上，也就可以看見吉塔人的營帳。騎兵立即向睡夢中的敵人衝鋒，他們在混亂中逃回了他們的村落，其位置是三哩半距離以外的後方。於是方陣步兵繼續前進，攻入了這個村落，吉塔人四散逃走，隱入了北面的大草原中，亞歷山大命令停止前進，將這個村落夷為平地，在向宙斯、海克力斯和河神犧牲獻祭之後，沒有損失一人一騎，全軍又在白天裏渡河撤回到南岸上的營地中。

這個幾乎令人難以置信的果敢行動達到了它的目標：賽爾馬斯和他的部落都為這種神勇所懾服，他們立即投降，而其他的部落也紛紛效尤。甚至於遠在亞德里亞海東岸上的塞爾特（Celts）人，都派了一個使節團來向亞歷山大表示友誼（據威爾肯教授說，這次恐怖行動有極長久的作用。差不多又過了五十年，塞爾特人才敢入侵馬其頓和希臘）。

當這些使節團都回去了以後，亞歷山大就開始經過阿吉里亞人和配奧尼亞人的地區南歸了，換言之，他是採取西面那一條路線。在途中他聽到克萊塔斯的叛變消息，後者為一個伊利里亞酋長，也是巴爾德里斯（Bardylis）的兒子（巴爾德里斯在公元前三五九年為菲利普所殺死。十年後亞歷山大又征服了克萊塔斯）。而陶南提亞人（Tanlantians）的國王格勞卡斯（Claucias）也準備與他合作，後者為住在杜拉左（Durazzo）附近的一個伊利里亞民族。此外，與配奧尼亞接壤的奧塔萊提亞人（Autariatians），也是伊利里亞人之一支，也準備在半路上攻擊他。這也就是說在不久之後，伊利里亞地區中的大部分都會燃起了叛變之火，而馬其頓的西疆也面臨著侵入的威脅。

要想在勢未燎原之前，先撲滅這個火燄，則必須有最快的速度。很幸運，阿吉里亞人的國王，南加拉斯（Langarus），正率領著他的親信部隊，與亞歷山大在一起，他是亞歷山大的忠實同盟者，他自願率領所部去與奧塔萊提亞人周旋，使其自顧不暇，以便讓亞歷山大去進擊克萊塔斯與格勞卡斯。亞歷山大用強行軍進到了艾卡斯河上，然後再進到艾里根（Erigan）河上，以來收復已為克萊塔斯所占領的馬其頓邊境要塞皮命，後者正在那裏等待格勞卡斯的來到。

皮命控制著艾普沙斯河的河谷，以及通到馬其頓西部的主要路線，這個要塞位置在一個寬廣平原之上，四周都是山地，大部分的路線都是狹窄而險陡。它不僅易於防守，而且必須要在格勞卡斯來到之前，先擊敗克萊塔斯，否則頓兵於堅城之下，或是南加拉斯未能擊退奧塔萊提亞人，則會使亞歷山大喪失了與馬其頓之間的交通線，而被迫居於一種非常危急的地位上。

他對於南加拉斯的信任是毫無錯誤的，因為他已經完全成功的執行了他的任務，並且受到了亞歷山大的重賞。當到達了皮命後，亞歷山大即宿營在其附近，並決定用突擊的方式將其攻下，不過在尚未發動突擊前，他又必須先確保後方的安全，換言之，必須把隱藏在附近山麓中的克萊塔斯攆走。在亞歷山大壓迫之下，克萊塔斯將其兵力撤入了皮命城，於是亞歷山大決定建立一道對壘線將其圍困在內。可是到了次日，格勞卡斯又率領著大軍來了，占領了克萊塔斯剛剛放棄的山地，於是又再度使亞歷山大陷入了窘境。他的處境越來越困難，前面面對著在皮命城中的克萊塔斯，後面受到格勞卡斯的威脅，他不僅在數量上居於劣勢，而且也缺乏補給，於是他命令費羅塔斯率領全部的馱獸，由二百名騎兵掩護著到各地去搜集補給。但是格勞卡斯也獲得了消息，立即從山地衝向平原上，打擊這些征發人員。若非亞歷山大親率強大的騎兵、阿吉里亞步兵和弓弩手等適時趕往救援，則他們就有被全殲的可能性。

因為亞歷山大的實力不夠同時控制在皮侖城中的克萊塔斯，而又把格勞卡斯逐離山地，所以他的問題就是如何將格勞卡斯誘至平原中，在那裏嚴謹的紀律方可穩操勝算，而且除非他能馬上達到這個目的，否則其補給就會迅速的耗竭。亞歷山大知道再沒有比軍隊的花式操演更能吸引觀眾的，所以他決定用一種大規模的會操，以引誘陶南提亞人離開原有的位置，湧入利於攻擊的地區，等到他們圍觀得最起勁的時候，才突然的向他們攻擊，而把他們擊潰。

因為阿利安對於地形並未敘述，所以很難設想其真正的情況。我們所知道的只是亞歷山大在一個徒涉場渡過了艾普沙斯河，在平原上（那顯然是接近山麓的）擺成了一個長方形的方陣，一共是一百二十列，兩側上各有騎兵二百人。於是他命令他的部下絕對保持著肅靜，並服從他的口令行事。於是他命令首先舉起他們的長矛，然後再放下來向右面衝刺，接著又向左面，於是這樣的前後左右飛舞著，做各種不同的花樣變換。

這種操演使陶南提亞人大感興趣，他們都紛紛跑下山來，希望能看得更清楚一點，這種優越的紀律和漂亮的動作，使他們為之神往，於是亞歷山大突然的下命進攻，在一聲喊殺之下，他們的長矛與防盾相撞，發生了一片響聲，那些方陣步兵用加倍的快步向敵人衝擊，他們在混亂中到處逃竄，有些人則逃入了皮侖城中，道奇上校（Col. Dodge）對於這次行動曾作如下的評論：「在這之前的戰爭中，和在這之後的戰爭中，都沒有第二個人曾經用過這樣高明的計策。」

儘管有了這次成功，亞歷山大的退卻線卻仍然受到少數敵人的控制，這些人位置在一個小山上，控制著那個徒涉場。結果騎兵下馬戰鬥，才將其逐走，於是禁衛步兵和重步兵奉命徒涉渡河，而亞歷山大則在小山上率領著後衛掩護他們撤退。當陶南提亞人發現其敵人已在退卻，遂又前進攻擊其後衛，可是在看到重步兵又回過身來，準備要再渡過河來反攻的樣子，他們遂立即自動退走。於是馬其頓軍繼續撤退，最後阿吉里亞人與弓弩手也開始渡河了。

但當他（亞歷山大）看見敵人正在壓迫後方的人員時，他命令把他的戰爭機器推進到河岸上，並命那些工程師盡可能用最大射程投射出來各種不同的「飛彈」。他又命令弓弩手也追入水中，從河川的中流射出他們的箭來，但是格勞卡斯並不敢追到矢石射程之內，所以馬其頓軍安全的渡過，在撤退中不曾損失一條生命（註：以上為阿利安的記載。這也是把彈射機用作野戰砲兵的第一次記載）。

三天以後，亞歷山大得知克萊塔斯與格勞卡斯正毫無戒備的宿營於皮命的城外，他們既未建立防禦工作，也不曾派遣哨兵。這樣疏忽的原因是因為他們相信亞歷山大已經退走了。在黑夜掩護之下，亞歷山大率領著禁衛步兵、阿吉里亞人和弓弩手，再渡過了艾普沙斯河，其餘的部隊則跟著後面走。等到他接近敵人時，發現攻擊的機會是那樣的有利，於是他決定只使用阿吉里亞部隊與弓弩手來從事於這一次的攻擊。他們衝入了睡意正濃的營地，在床上殺死了許多人，其餘的敵人都紛紛逃走，這些奇襲是如此完全，所以亞歷山大能夠追擊殘敵一直到陶南提亞山地為止。此時，克萊塔斯已逃回皮侖城中，發現其盟友已經棄他而去，於是也就舉火焚城，逃往格勞卡斯的山地巢穴中去了。

這樣就結束了亞歷山大的第一次小戰，雖然阿利安的記載是很簡略，使我們難於判斷其將道，但這個地區在東歐要算是很困難的作戰環境，他能克服一切的危險，真可以算是萬幸。這一次他也對伊利里亞人貫徹了他的意志，終其生他們是不敢再反了，有一件事是最值得注意的，就是在這整個山地戰役中，他從來不曾喪失他的神經。不管情況是如何的惡劣，他都拒絕受到它的支配，他總是能夠在困難中找到一條出路，拿破崙曾經說過：「軍事天才是出於天授的；但是一位主將的最主要素質卻是性格的堅定，和不惜任何代價而一定要征服敵人的決心。」——他的第一次戰役即可證明出亞歷山大是從來不缺乏這種素質的。

波斯波里斯戰役

在哈里卡納蘇斯圍城戰之後，亞歷山大曾在小亞細亞進行了一些小戰，但是可惜並無詳細的記載足供研究之用。一直到公元前三三一年底或三三〇年初，當他從蘇沙進向波斯波里斯時，才有一次戰役是阿利安和寇修斯都有足夠詳細的紀錄，所以也就值得加以檢討，其目的為占領波斯波里斯城，這是阿契曼尼德（Achaemenid）王室的故居，占領它足以報復澤爾西斯在公元前四八〇年對雅典的侮辱，並可奪取存在那裏的大量財富。當時的波斯波里斯是波斯西斯省區總督，艾羅巴查尼斯（Ariobarzanes）的首府，他率領著大軍把守著一個叫做「波斯門」（Persian Gates）的著名隘路，它在往波斯波里斯的西面路上，並在貝比漢（Behbehan）—希拉茲道路的北面。

波斯波里斯在希拉茲的東南方，相距約四十五哩，它在現今的基拉里（Kinareh）城附近，在巴伐爾（Palvar）河東面約幾哩遠，後者為庫爾（Kur）河的支流，並在蘇沙的東南相隔約三七〇哩。要想達到該城，亞歷山大決心要通過烏克西亞人的地區。這是一個在阿利安人以前的民族，他們分布在平原與山地中，平原的那些受到一位波斯總督的統治，但是山地人卻始終不曾馴服；他們以盜劫為生，波斯人並不想征服他們，而寧肯為了通過山地而付出一筆買路錢。在許多世紀以後，英國人對於印度西北邊疆上的部落民族，也曾採取這同樣的收買政策。

當亞歷山大從蘇沙出發時，他首先渡過了巴希提格里斯（Pasitigris）河，於是也就進入了烏克西亞人的境內。那些位在平地上的人立即向他投降，但那些山地人卻以為他一定會遵從波斯人的慣例，遂向他要求買路錢。亞歷山大就派了一個使者去告訴他們，要他們在某個隘道中去等候他，以便給與買路錢。於是他率領禁衛步兵及八千名其他的部隊，採取了一條不常用的路線，用夜行軍進攻在烏克西亞人的村落，殺死了許多在睡夢中的人。於是他迅速向那個約定的隘道前進。

當他在村落中時，他應該已經詢問被俘的酋長們，得知這個隘道附近的情形，因為在他前進途中，他已經命令克拉提拉斯先去占領某些能夠控制烏克西亞人退路的高地。他自己用極高的速度挺進，搶在烏克西亞人之前占領了該隘道，將他的兵力列成了戰鬥隊形，並位置在有利形勢上以等候敵人的來到。烏克西亞人對於亞歷山大的神速大感驚懼，在恐怖中匆忙逃走，紛紛向那些高地尋求庇護，卻不知道克拉提拉斯早已經占領了它們。有些為亞歷山大所殺，許多人墜岩喪命，而克拉提拉斯所殺死的人還要更多。

二十四小時之內，亞歷山大解決了一個波斯人在兩個世紀內都不敢解決的問題。於是亞歷山大允許烏克西亞人在其境內平安的過活，每年給他們一百匹馬，五百頭牛，和三萬頭羊——但這卻只算是亞歷山大給與他們的「禮物」。

在征服了烏克西亞人之後，亞歷山大的問題就不僅是如何進入波斯波里斯而已，那是一個相當容易的任務，而是如何阻止艾羅巴查尼斯——他現在正率領著四萬步兵與七百騎兵，據守著波斯門——在他前進時，從波斯波里斯帶著當地所儲存的巨大財富先行遁走。這個行動的防止是具有極高戰略重要性的，因為金條就是波斯軍事權力的基礎。假使亞歷山大取道貝比漢，卡齊魯門，希拉茲大路向波斯波里斯前進，這條大路是繞著波斯門以南山地的山麓走的，則當艾羅巴查尼斯聽到他來到時，因為他距離波斯波里斯較近，所以也就有充分的時間來做撤退。但是亞歷山大若能採取一條較短也較困難的路線，那是通過大路北方山地的，則可能使艾羅巴查尼斯受到奇襲，而感到措手不及。因為奇襲的要點就是速度，所以亞歷山大決定讓帕爾米尼奧率領著輜重縱列，提沙里騎兵、傭兵，及其他裝備較重的部隊沿著大路前進。他自己則率領著禁衛騎兵，輕騎兵，馬其頓步兵，阿吉里亞部隊及弓弩手等，採取山中小路前進。

當帕爾米尼奧沿大路前進之後，亞歷山大即開始以最快的速度穿越山地前進，依照寇修斯的記載，他在第五天就達到了在波斯門西面不遠的一個開闊地上，並在那裏建立營地。次日他開始

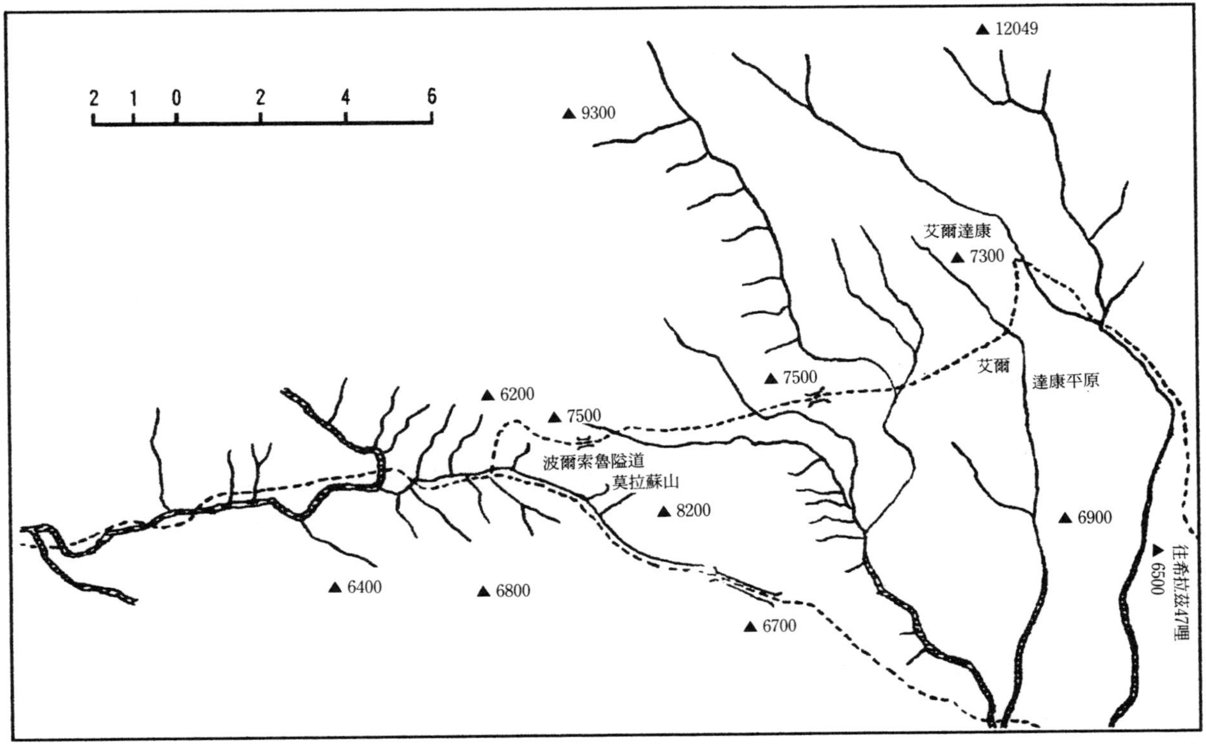
2 1 0 2 4 6
▲12049
▲9300
艾爾達康
▲7300
▲7500
艾爾
達康平原
▲6200
▲7500
波爾索魯隘道
莫拉蘇山
▲8200
▲6900
▲6500
往希拉兹47哩
▲6400
▲6800
▲6700

圖十八　波斯門

向該隘路進攻。通常他的神速行動總是可以癱瘓對方的，可是這一次卻不靈了，因為受到奇襲的不是敵人而是他自己。他發現自己在一個深谷中，面對著一道高牆，那是艾羅巴查尼斯所建造的，夾在兩個高岩之間。因為無法迂迴它，所以必須做正面的攻擊，但因為地形的險惡和城上彈射機的強烈「火力」，亞歷山大看到部隊的損失頗重，遂決定叫停而退回了他的營地。這是一個確實的挫敗，所以根據托勒密記載的阿利安，對此幾乎是一字不提。

雖然寇修斯的記載是不免故神其詞，但卻並非完全不真實的。當巨大的岩石從高地上向馬其頓人頭上滾落時，他們就好像是野獸被關在陷阱中一樣的驚慌。於是寇修斯就這樣的描寫著說：

於是他們的憤怒變成瘋狂，他們抓著突出的岩石，想爬上山去達到敵人的陣地，可是在許多人的攀援之下岩塊紛紛崩裂，使他們紛紛下墜。他們既不能立足，又不能著力，而龜甲陣（Tortoise-formation）也不能供給任何的保護，因為野蠻人正把極大的石塊向下滾落。國王極感怒惱，不僅是失望懊悔，而且使他的軍隊陷在此種窘境之中，也深感恥辱。在過去他幾乎是戰無不勝的，這一次卻是例外。於是吹退卻號，命令他的人員組成密集隊形，把防盾頂在他們的頭上。一退就是三十二斯塔德（即三個半哩）。

亞歷山大現在感到非常的窘迫，因為帕爾米尼奧已經向波斯波里斯進發，若是他不把艾羅巴查尼斯擊敗，則這支兵力即將陷於前後夾攻之中。即令亞歷山大仍然面對著艾羅巴爾查尼斯，但卻不知道是否已經牽制了他的兵力，後者可能只留下少數兵力據守這個隘道，而用大部分兵力去夾擊帕爾米尼奧。唯一的解決方法就是要從山地中找到一條能夠迂迴隘路的小徑。

很僥倖的，亞歷山大已經捕獲了一些戰俘，現在他就來詢問他們。其中有一個戰俘告訴他說，要想越過山脊去尋找一條迂迴這個隘道的路線，是毫無希望的，但是在森林中卻有一條小路，那只能容許單行縱隊通過，並且完全為樹木所掩蔽著。亞歷山大就問這個人，他是得之於傳聞呢？還是親自觀察呢？這個人說，他是一個牧羊人而且曾經走遍了一切的小路。

亞歷山大於是立下了決心。他對這個人說若是他的情報確實，則將予以重賞，並命令他擔任嚮導。他命令克拉提拉斯在他自己率領一支「飛行」縱隊，企圖通過這個牧羊人小路以迂迴波斯門時，負責據守原有的營地。留在營地中的兵力有克拉提拉斯和米里亞格的兩個方陣團。以及五百名騎兵和一些弓弩手。他維持著全部的營火，以使艾羅巴查尼斯保持戒備而不疑惑有其他企圖正在進行。等到「飛行」縱隊達到了敵軍後方後，就立即吹起號聲，於是克拉提拉斯也就應立即向牆壁發動猛列的突擊。亞歷山大又命令「飛行」縱隊中的人員都帶著三天的口糧，在那個牧羊人的領導下，趁黑夜向厚密的森林中前進。

阿利安對於這個孤注一擲的冒險，所形容的就只是說「道路十分險惡而狹窄」，亞歷山大用「全速」走了一百餘斯塔德（合十一哩又二分之一）。在途中他又分派阿明塔斯率領費羅塔斯與寇納斯前往波斯波里斯西南不遠的地方，在阿拉克斯（Araxes）河上架設橋梁。寇修斯在描寫了這次行軍的困難與恐怖後，卻又加上了下述的評論：「黑夜、陌生的地方、不盡可靠的嚮導，都足以增加他們的恐懼。他們的國王與他們本身的生命安全都寄託在這一個戰俘的身上。最後他們終於到達了山頂。」

史坦因爵士對於這個地區曾經做過實地的考查，他走過亞歷山大所走的路線，他判定亞歷山大的營地是設在莫拉蘇山（Mallah Susan），而這個所達到的山頂，可能即為波爾索魯（Bolsoru）隘道、海拔為七千五百呎，從那裏，有一條小路向東通至艾爾達康（Ardakan）平原，然後再到艾拉克斯河上，並接近希拉茲大路，假使是如此，他派遣阿明塔斯支隊的地點可能就是在這個隘道上或附近。他已經將兵力分給帕爾米尼奧和克拉提拉斯，為什麼還要再派遣這個支隊來更進一步減弱兵力呢？關於這一點我們只能作下述的猜度：他也許認為奪獲在波斯波里斯的財富，是要比擊敗艾羅巴查尼斯還更為重要。假使他這個奇襲失敗了，他還可以回轉過來，趕上阿明塔斯，並占領波斯波里斯，於是再從北面迎擊艾羅巴查尼斯，而帕爾米尼奧則從南面夾擊，那也就一定可以穩操勝算了。換言之，即使他不能在波斯門擊毀艾羅巴查尼斯的兵力，但當後者若企圖向波斯波里斯撤退，他卻又能使其處於兩面夾攻的地位上。這是一個大膽的決定，但是亞歷山大卻正是一個大膽將軍，他本能的照著拿破崙的格言做：冒險才能成功。

在分兵給阿明塔斯後不久，亞歷山大就採取一條向右走的小徑，到了正午時他命令其人員暫停休息。於是他又出發做另一次夜間行軍，寇修斯對它有生動的描寫：在拂曉前不久，他的前衛遭遇到敵人的三個哨所，兩個被俘第三個則被擊散。到了拂曉時，他是已經那樣的接近敵方的營地，於是他吹起號角命令發動攻擊。這樣就又接上了阿利安的記載：

敵人發現到處都已被圍，於是馬上開始崩潰，只想逃走了。可是卻已經無路可逃，亞歷山大與克拉提拉斯的兩支兵力已經會合在一起。殺得敵軍走投無路，有些人跑向城牆上想從那裏逃命，而不知道它本身已經落入了馬其頓軍手中。因為亞歷山大早已料到了這一點，他留下了托勒密率領三千步兵在那裏據守著。有許多人在懸岩上落下去送命了，但是艾羅巴查尼斯卻率領了一小部分騎兵，逃入了山地之中。」（寇修斯的記載卻說，艾羅巴查尼斯率領四十名騎兵和五千步兵，衝破了馬其頓軍的包圍，逃向波斯波里斯。但達到了該城時，守軍卻閉門不納，遂為追兵所殺。）

等到這一場屠殺結束後，亞歷山大馬上又用「全速」從原路趕回去，從艾拉克斯河上已經架好的橋梁上渡過，再一直向波斯波里斯飛奔，在其守軍尚未能動手搶劫其財富前，就已經先趕到了。那一共發現有十二萬台侖（照一九一三年價值折算，在二千九百萬英鎊以上）。寇修斯說，「對於國王的豐功偉業，我覺得最令人崇拜者即莫過於其行動的速度。他留下其步兵，只率領其騎兵，不顧疲勞，終夜奔走，在拂曉時終於達到了艾拉克斯河。」（這個距離應在八十哩到一百哩之間）。

這樣就結束了這一次山地戰役，在歷史這也要算是最大膽，最困難，和利潤最大的一次戰役。

巴克特里亞與索格地亞那的攻略

當大流士為比沙斯所殺時，亞歷山大根據征服的權力，也就自動的獲得了波斯王位的承繼權，現在獵捕這個兇手也就變成了他的義務，不僅是為了表示他的皇權，而且也是為了要消滅一個對手；這個任務的執行也就使他連帶的征服了巴克特里亞，那正是殺人兇手的根據地。但是一直到了公元前三二九年的春天裏，當他在加茲尼時，才完成了對比沙斯發動討伐的部署。其經過情形已在第五章中作了一個述要，其中包括對於興都庫什山脈和奧薩斯河的越過；托勒密對於比沙斯的追擊與捕獲；亞歷山大進到賈克沙爾提斯河上，以及對於居魯波里斯和波斯人所建立，用來防守其東北邊界七個要塞的占領等都在內。亞歷山大於是深信任務已經接近完成，遂召集巴克特里亞和索格地亞那兩地區中的部落酋長（Barons）到巴克特拉會談，以共商全面解決條件。但是這個地區卻突然的發生了叛變，其領導者即希皮塔米尼斯，也就是出賣比沙斯的人。

亞歷山大所聽到的一個消息，就是叛徒（也是真正的愛國者）已經占領了居魯波里斯和那七個要塞，並屠殺了守兵。這意謂著沿賈克沙爾提斯河的東北疆界防線的喪失，同時住在該河以東大草原上的西徐亞人（即沙卡斯人）也可能會乘機渡河，而侵入索格地亞那的境內。這是一個不能置之不顧的危險，他們是一種機動性極高的馬弓手，假使他們深入到索格地亞那的境內，而與希皮塔米尼斯會合在一起，則要想再把他們逐出，可能就要經過極長期的苦戰了。所以邊疆防線必須趁早恢復。

亞歷山大的目的還不僅是奪回居魯波里斯和那七個要塞據點，而且還要將那些占領城鎮的叛軍全部予以俘獲或殲滅，因為他害怕他們一聽到他來到的消息，就棄城逃入大草原中，等到他回轉身來應付希皮塔米尼斯時，又跑回來了，因此，他命令克拉提拉斯去圍攻居魯波里斯，就在城邊建立營地，繞城掘壕並裝置機器。其次，他命令騎兵去包圍最遠的兩個要塞，以防止守軍逃走。他自己則攻擊附近的三個要塞，至於另外兩個要塞如何處置卻未提及。

第一個被攻擊的要塞叫做加查，它只有一道低土牆包圍著，在石矢掩護之下，用雲梯爬城的方式就將其攻克了。在強大「火力」掩護之下，馬其頓軍很快的爬上了城頭，並將全部守軍都殺盡了。亞歷山大於是繼續攻擊另外兩個要塞，一個在同一天之內陷落，另一個則在次日陷落。其他兩個較遠的要塞，情形則有如下述：

> 它們的陷落是完全不出他（亞歷山大）預料之外，騎兵的派遣也恰到好處。因為那些守城的部落民族，一看見前面的要塞起火，又在少數逃兵口中獲知它們被攻陷的消息後，就馬上紛紛出城逃走，哪知道一頭碰上騎兵的包圍線，許多人都被砍倒。（阿利安的記載。）

於是在戰役開始後四十八小時之內，有五個要塞都已被攻陷。

亞歷山大現在就進向居魯波里斯，它的城牆很高，守軍也是部落民族中的精兵。他命令推進撞城槌，準備硬攻，正當此時他在偵察中卻發現一條流入該城的小河，水流已經乾枯，其在水門中的深度足以容許部隊從這裏透入該城。於是他決心利用攻城槌去吸引敵人的注意力，而另一方面卻從水道中祕密的透入該城（公元後五三五年，貝利沙流士在那不勒斯（Naples）之圍攻中，也曾經用同樣的方法進入城市）。

雖然並無明文記載，但很可能是在黑夜或黎明時亞歷山大親率禁衛步兵，阿吉里亞部隊和弓弩手，向水門前進，他率領少數人鑽入城內，然後打開附近的城門，放其餘的部隊入城。當那些部落民族發現敵軍已經入城，卻仍不潰逃，反而拚命的向亞歷山大的兵力猛撲，結果亞歷山大的頭部與頸部都為石塊所傷，克拉提拉斯也中了一箭，此外也還有許多軍官負傷。儘管如此，他們還是把城市中的部落民族肅清了。此時城上已無守軍，所以攻擊軍也就都順利的入城了。

據說有八千人的部落民族被殺害，而在衛城中避難的一萬五千人，也於次日因為缺水而投降。其他兩個要塞也跟著很輕鬆的被攻陷了。

當居魯波里斯與這些要塞被攻擊時，西徐亞人始終繼續在賈克沙爾提斯河右岸上作壁上觀，等到它們被攻陷後，又有消息傳來說希皮塔米尼斯已經在圍攻馬拉康達。為了援救該城起見，亞歷山大派遣一支由六十名禁衛騎兵、八百名傭傭騎兵和一千五百名僱傭步兵所組成的兵力，由法爾魯齊斯率領著。他是一位翻譯官或是外交官，他精通當地土人的方言，並且似乎很懂得如何應付他們。與他同行的有三個軍事指揮官：安德羅馬巧斯、米尼地馬斯和卡拉魯斯，這是一個很不幸的安排，因為法爾魯齊斯似乎對軍事完全是外行，所以部下對於他也殊少信心。亞歷山大在以後二十天的時間中，都是用來建築一個新要塞城市的城牆，它的名稱為最遠的亞歷山大城，位置在賈克沙爾提斯河的左岸上，靠近其在塔希肯特（Tashkent）以南的直角河灣。

當正在築城之時，西徐亞人集結在右岸上的數量加多了，他們高聲向對岸辱罵，並問亞歷山大有無勇氣渡河。就憑這一點，亞歷山大不會饒恕他們，何況當他既然決心鞏固東北疆界，所以也就決心要讓這些遊牧民族受點難忘的教訓。

在這裏的賈克沙爾提斯河並不太寬，但面對著那樣多的馬弓手，渡河當然不是一個容易的問題。依照寇修斯的記載，在三天之內用皮革做成了一萬二千隻浮筏——但他卻不曾說明這些工作是如何進行的。左岸是在弓箭射程之外，因為我們知道西徐亞人的箭都落在河水中，但是到了中流情形就不同了，換言之，就必須面對今天所謂的「火力優勢」。為了克服這個困難，亞歷山大展開了他的彈射機，其數量可能相當多，在左岸上來掩護渡河。等到一切準備就緒之後，在一聲號令之下，就開始向西徐亞人發動了「轟擊」。

他們中間有些人為石塊所擊中，有一個人的籐牌與胸甲都被飛箭所射穿，並且落下馬來。其他的人看到彈射機的射程這樣遠，以及他們夥伴的死亡，也就開始離開河岸向後退卻了。亞歷山大看到彈射機的威力已經使他們發生了混亂，遂下令在號角齊鳴之下渡河了，他自己身先士卒，全軍都跟著他勇往直進。他首先把弓弩手和投石兵送上岸去，並命令他們立即向西徐亞人射擊，以掩護方陣步兵登陸，最後一直等到所有的騎兵都渡過時才停止。（以上為阿利安的記載。）

寇修斯的記載比較詳細，雖然他有誇張的老毛病，但卻有足夠的真實性而值得加以引述：

亞歷山大站在浮筏的前端，那些攜帶手盾的人，奉命把膝部以下都浸在水中，以便對於敵箭可以獲得較大的安全。在後面就是投石機（砲兵），其四周均有裝甲人員的保護。在砲兵之後，其餘的人員也都用防盾構成龜甲陣，以來保護划手。騎兵的渡河辦法也差不多，但多數的馬都是拉著韁帶游過去的。那些沒有裝甲保護的浮筏則在後方，受著前列的保護。

這很像目前的兩棲作戰，兩棲戰車在前，而無裝甲的登陸艇在後。

接著，寇修斯又描寫在渡河時的危險和恐怖情形：

國王本身率領了一批精兵首先跳上一艘浮筏，直向對岸衝去。西徐亞人趕到河邊想阻止他們上岸。在筏上的人員非常的害怕，簡直把握不著他們的方向。他們的安全完全要靠投射機來保護，那些矢石使對岸上擠在一起的敵軍受到了相當的損失。但是野蠻人也向浮筏上射出了大批的箭，幾乎沒有一個防盾上不是為好幾支箭所透穿。

一旦渡河成功之後，亞歷山大的次一問題即為如何擊敗敵人。必須先擊潰他們，始能向其追擊，而要擊潰他們又必須先迫使他們向他進攻。雖然在他渡河之前，預言家艾里斯坦德（Aristander）曾向他提出警告說，前途似乎不利，而且連他個人都有危險。他回答著說，他寧可冒極大的危險，因為在征服了幾乎整個亞洲之後，他不能再像澤爾西斯的父親大流士一世，那樣的成為西徐亞人的笑料。為了要引誘他們向他攻擊，他首先派了一部分的希臘僱傭兵，和四個中隊的長槍騎兵，毫無疑問的這是用來當作誘敵的香餌。因為西徐亞人看到他們的人數是那樣的少，於是馬上就趨前進攻，並向他們構成一個包圍圈。

亞歷山大接著命令他的弓弩手、阿吉里亞人，以及其他的輕裝部隊，在巴拉克魯斯指揮之下，構成一道屏障，在其掩護下，他就率領騎兵前進。當他們接近敵人之後，他首先命令三團禁衛騎兵，和全部的標槍騎兵向西徐亞人衝鋒，而其餘的騎兵則在他個人率領之下，成縱隊前進做一個迅速的攻擊。阿利安說：「所以，敵人無法像過去一樣的，旋轉他們的騎兵構成圓陣，因為我方的騎兵與輕步兵與他們混合在一起，使他們無法安全的轉動。西徐亞人於是開始潰逃，被殺了一千人，另有一百五十人被俘。」（依照寇修斯的記載，馬其頓方面死亡了六十名騎兵和一百名步兵，並有一千人負傷。）

因為天氣酷熱，而亞歷山大又因誤飲污水而患病，遂放棄了追擊。

雖然阿利安對於亞歷山大的戰術，所記載的很含糊，但是只要略有想像力，即不難明瞭其究竟。這可以用第十九圖來表示。

西徐亞人位置在(a)地，而亞歷山大則在(b)地，亞歷山大的目的為尋求一次會戰。他把一支微弱的騎兵兵力推進到(c)，於是西徐亞人(d)立即將其包圍。現在既然已經把敵軍引出，他的次一問題即為盡量的擊毀敵軍。於是他命令輕型部隊前進，構成一道屏障(e)，可以假定其兩翼是向前傾斜，所以大致是成一個新月形。這樣可以減少輕步兵側翼與前進騎兵側翼之間的距離。此後，亞歷山大就命令三團禁衛騎兵與全部的標槍騎兵去向敵人衝鋒。其位置已經不可考，但根據常識來判斷，可能是從輕步兵與前進騎兵之間的空隙中，向西徐亞人的側面進攻，在圖上這支兵力(f)是假定分兩面出擊的。

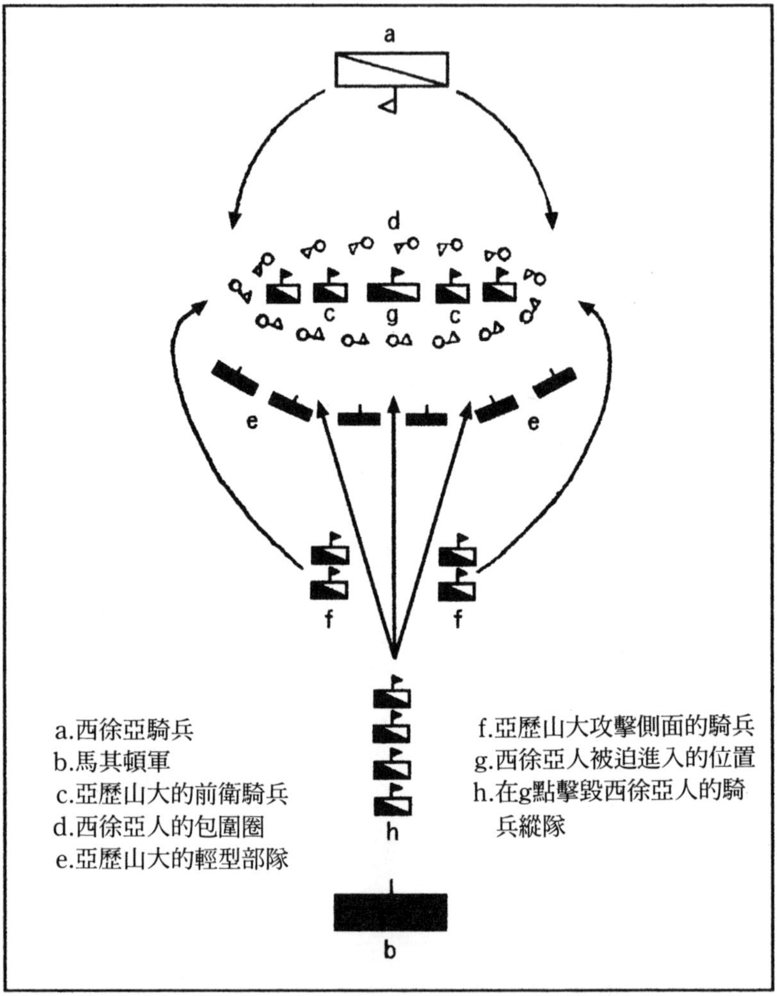

圖十九　亞歷山大對付西徐亞人的戰術

這種戰術的運用結果，是把夾在輕步兵與前進騎兵之間的敵軍在(g)的附近變成了一羣混亂的烏合之眾。於是亞歷山大本人率領其騎兵的主力(h)，透過輕步兵向他們做最後的衝鋒，並加以盡情的殺戮。據我們所知，似乎只殺了一千人的樣子，這是一個很小的數字，所以他並不曾擊敗西徐亞人的全軍。上述的戰術似乎很符合這樣的結果。

不管他是如何的作戰，但這種戰術卻已經使西徐亞人發生了極強烈的印象，因為在這一戰之後不久，其國王就派了一個使節團來向亞歷山大道歉，並聲明這不是西徐亞的國家行為，而是某些遊牧部落見財起意想趁火打劫而已。

毫無疑問的，亞歷山大使西徐亞人感覺到，雖然他們的戰術對波斯人是很有效的，但他還是有辦法擊敗他們。他的勝利，若用殺傷的數字來衡量，固然並不算大，但就精神效力而言，卻具有決定性——擊敗了他們的戰術而不是他們的本身。既然他們的戰術失效了，那麼還能有什麼辦法呢？於是只好派遣使臣了。

這次會戰的戰術是極有趣味的，因為它可以表示出來亞歷山大面對著一個新的戰術問題時，其心靈是如何的活潑。因為對於大會戰，他還有許多過去的名將來當他的老師；對於山地戰他也還可以有色羅奉作榜樣；但是在平原上，對付一個無基地，無交通線和無組織的敵人，他在戰術上卻是無所師承的，甚至於偉大的居魯士也會為西徐亞人所擊敗。

在他所有一切的大會戰中，其敵軍的組織自動就構成了一個決定點，換言之，他的打擊點在這個組織的腦部（指揮者）上。在山地戰役中，他可以總是打擊在山地人的村落上，換言之，也就是攻擊其經濟基礎。可是遊牧民族既無村落，又無需一個軍事頭腦的組織。對於這樣的敵人，最有效的方法就是用計策將他們引入一個足以限制其機動性的地區中；若是不能找到這樣一個地區，那就只好用活動的人構成一條活籬笆，在開闊地上將其包圍。這也就是亞歷山大的想法，他完全明瞭過去是什麼條件才使西徐亞人顯得是無敵的，因為他對此有極深刻的理解，所以他能迫使他們做他們本來所不想做的事情——進入一個由有訓練，紀律和較好裝備部隊所構成的包圍圈中。他們出發去包圍馬其頓軍，結果卻受到了敵人的包圍。假使這種對亞歷山大的戰術所作的解釋是正確的，則這也就可以算是一種模範了。

當亞歷山大正在與西徐亞人交戰時，在西南方一百五十哩以外的地方，也正在進行一個完全不同的戰役，雖然這與他本人並無直接關係，但也還是值得加以研究的，因為它可以反證出來這些遊牧民族的騎兵，假使遇到一支領導不佳的軍隊，其威力將會是如何的可怕。

當亞歷山大奪回居魯波里斯及那些要塞據點之時，希皮塔米尼斯是已經在圍攻馬拉康達，而亞歷山大也派遣了法爾魯齊斯和三位將領，率領八百六十名騎兵和一千五百名僱傭步兵去援救它。當希皮塔米尼斯知道他們快要來到的消息，就自動解圍而去。法爾魯齊斯不去占領馬拉康達城，反而去追擊他。此時，希皮塔米尼斯又獲得了六百名西徐亞人的增援，於是當法爾魯齊斯追上來以後，他就採取正常的西徐亞人戰術，用馬弓手去包圍他的敵人。阿利安的記載於是這樣的說：

當法爾魯齊斯的兵力向他們衝鋒時，他們很容易的逃走了，因為他們的馬比較快，而且在

> 那時也是比較活力充沛的，而安德羅馬巧斯的騎兵卻因為不斷的行軍，和缺乏飼料而疲憊不堪；等到他們停止或退卻時，西徐亞人遂又傾全力來向他們壓迫。其中有許多為箭所傷，更有一些人被殺害。

因為他不知道如何還擊，法爾魯齊斯途把他的人員組成一個方陣，並向波里提米塔斯（Polytimetus）河上退卻，想靠一個森林谷地來提供保護，因為這樣可以使敵人難於繼續圍困他，而他自己的步兵也可以作較有效的使用。但不幸他的部下卻不聽他的指揮，卡拉魯斯並未通知安德羅馬巧斯，就催促他的騎兵從一個徒涉場上渡過該河，當步兵看到這種行動後，就發生了恐懼現象，紛紛跟著他跑。於是西徐亞人趁機從各種不同的方向上衝入了溪流，這也就是乘其未渡而擊的老道理。馬其頓軍混亂不堪，紛紛逃到河中的一個小島上去避難。西徐亞人與希皮塔米尼斯的騎兵，構成了一個圓圈將他們圍住，用箭把他們全部射死，只有少數人被俘，但後來又還是被殺害了。

像這樣的悲劇在歷史上卻是不只一次的，最著名的有公元前五三年的卡爾海（Carrhae）會戰，公元一〇七一年的曼齊克特（Manzikert）會戰，一一八七年的哈丁角（The Horns of Hattin）會戰，一七五五年的摩羅加希拉（Monogahela）河會戰等。所有的慘敗都是因為難以從多少是一種靜態的基礎上發展機動性的緣故，雖然我們不敢斷定假使亞歷山大遇到了這種問題，他將會如何的去尋求解決，但是這個問題卻絕非不能克服的。在七年戰爭中，面對著印地安人，一位傑出的小戰將領，包奎特（Henry Bouquet），曾經發明了一種彈性的方陣，這是一種可以迅速發展機動性的保護隊形。

在肅清索格地亞那地區的結束作戰中，其性質又與對付西徐亞人者完全不同。這是公元前三二八年的仲冬時節，平原是已經贏得了，希皮塔米尼斯已經死了，亞歷山大正率領軍隊在勞塔卡休息過冬。但是索格地亞那的四大酋長：阿克雅提斯、恰里尼斯、卡塔尼斯和奧斯塔尼斯，卻還沒有屈服。前二者的山地要塞是尤其著名，分別稱為索格地亞岩和恰里尼斯岩。

公元前三二七年的春初，亞歷山大出發征討第一個要塞，當他走近它的時候，發現各方面都是絕壁懸岩，有許多索格地亞那人在其頂點上死守著，其糧食足以應付長期的圍攻，而深厚的積雪使人難於接近，同時也使防守者可以獲得充沛的水源。

他首先勸他們作有條件的投降；但他們卻開玩笑的回答說，請他去尋找長翅膀的兵來攻擊他們的要塞，除了有這種人以外，他們什麼都不害怕。他立即接受了這個挑戰，在軍中召募善於爬山的志願人員。對於第一個達到山頂的人，他準備給予極重的獎賞，第二名以下也都給與等差性的獎賞。根據寇修斯的報導，他曾經對他們說：「天下沒有勇氣所不能克服的東西。因為我們能為人所不能，所以才能做亞洲的主人。」

有三百人踴躍應召；他們每個人攜帶十顆大釘和繩索，因它是不設防的，所以他們趁著黑夜向那個最陡的部分前進。他們把鐵釘插入岩石的裂縫中或冰塊中，並利用繩索將他們互相的吊上去。除了途中喪生的三十個人以外，其餘的人在拂曉前達到了山地的絕頂上。等到天已經有光亮可以看見時，他們就用白旗向下面的營地打出了訊號。他們的冒險行動已經完全成功。

在接獲了這個信號之後，亞歷山大就派人去向索格地亞那的哨兵喊話，要他們告訴他們的首領趕緊投降而不要再延遲，因為有翅膀的人已經找到了，並且已經占領了山地的絕頂，於是這些傳話的人用手指著山頂要他們看，「這些野蠻人大感驚懼，不知所措，並且以為占領絕頂的人數是遠比真正數量多，而且又以為他們是全副武裝的，於是遂自動投降。」

接著亞歷山大與羅莎娜締結良緣，於是其岳父阿克雅提斯，也自動向他投降了。

占領恰里尼斯岩的工作更為困難。阿利安說它高達二十斯塔德，周圍約六十斯塔德。各方面都是壁立的，上面只有一條困難的小路，窄得只容單人通行。此外圍著山地又有一道深谷，要想攻上山時，必須先渡過這一道障礙物，儘管如此，亞歷山大卻還是勇往直前，他下令砍伐松林製成梯子，以便軍隊可以降入谷內，為了加速工作起見，他又把軍隊分為兩班，晝夜不停的工作。雖然如此，但進度仍然極緩。據說白天只能前進三十呎，而夜間則更少。

究竟是如何的工作，阿利安的記載是很不易了解，大體來說是修造一種棧橋。最後那些部落民族對於這種企圖感到好笑，認為它是毫無希望的。最後當馬其頓人的箭已經射到了山上時，而且馬其頓人又建立了屏障，使山上的箭無法傷害他們。於是恰里尼斯大感驚懼，派人去向亞歷山大傳話，要他派阿克雅提斯來談和。

亞歷山大立即照辦，在阿克雅提斯勸誘之下，恰里尼斯下山來到了敵營中，他立即獲得了國王的禮遇，不僅讓他可以繼續保持他的山塞，而且還任命他為總督，統治其以前的一切地區。

史瓦特戰役

當亞歷山大在巴佳爾已經征服了艾斯巴西亞人之後，其軍隊經過了相當的困難才渡過了古拉斯河，而進入了史瓦特山地，那裏住著一個繁榮而好戰的民族，希臘人稱之為艾沙西尼亞人。依照阿利安的記載，他們可以拿出騎兵二千人，步兵三萬人和戰象三十頭的野戰兵力，並準備阻止亞歷山大的前進。但當他來到時，他們卻感到畏縮不前，而只想躲在他們的設防據點中固守不屈。其中最大的一個為馬沙加（Massaga），其居民已經從印度河那邊獲得了七千傭兵的支援，因此更感到壯膽而決心抵抗。

亞歷山大進向馬沙加，並宿營在附近，那些部落民族對於他們的傭兵感到很有信心，不等待敵人進攻，就勇敢的向他挑戰。為了想吸引他們離開城牆，並在開闊地上擊敗他們，亞歷山大命令其人員退向一個距離營地約一哩遠的小山上。這使那些艾沙西尼亞人大感興奮，以為他是害怕與他們交戰，於是都蜂擁而上，成了一團毫無秩序的烏合之眾。但是等到他們進到了弓箭射程之後，亞歷山大卻命令軍隊向後轉。標槍騎兵、阿吉里亞人和弓弩手突然的趨前進攻，接著亞歷山大也親領方陣前進。這個意料不到的行動使敵人受到了奇襲，當場殺死了二百人，其餘的都紛紛逃回城內。在這一戰中，亞歷山大的腳踝也受了輕傷。

次日，亞歷山大用圍攻器見撞毀了城牆的一段；但是印度人的戰鬥極為英勇，當馬其頓人企圖衝入缺口時，竟被他們逐回；亞歷山大於是撤回了其衝鋒隊。第二天，一座木塔被拖到城牆邊，從那裏弓弩手向印度人射箭，從彈射機中所發射出來的矢石也將他們逼退了很遠的距離，但即令如此也還無法衝入缺口。

第三天，方陣步兵也上前，利用在泰爾用過的天橋，使兵員從橋上可以衝上城牆，但當一羣禁衛步兵衝上去之後，天橋卻被壓斷，於是他們紛紛墜落在地面上。那些部落民族齊聲喝彩，從城上矢石交加的打在禁衛步兵的身上，一些人從城門中湧出，也向混亂中衝殺。這些倖存的和負傷的人由艾爾西塔斯（Alcetas）和他的方陣團所救回，於是亞歷山大又只好命令收兵回營。

第四天又繼續攻城，但是到了現在，印度人因為其領袖在前一天為飛箭所殺，所以開始發生了動搖，遂派人向亞歷山大求和。亞歷山大表示同意，因為誠如阿利安所云，「他願意保存勇士的生命，所以他與印度傭兵等達成了協議，其條件為允許收編他們，讓他們為他服役。」這些傭兵遂攜帶武裝從城中出來，並宿營在亞歷山大營地附近。但是當亞歷山大知道了——可能是由諜報得知——他們不願意與同血統的印度人交戰，並擬乘著黑夜的掩護，偷渡印度河逃回家去。於是他在夜間包圍了那個小山將其全部殲滅。馬沙加在喪失了主要守兵之後，也就很易於攻克了。在這次圍城戰中，亞歷山大所損失的不超過二十五人。

在占領了馬沙加之後，亞歷山大以為必可使這個地區中的部落民族感到懾服，他派寇納斯到巴齊拉（Bazira），並以為該城一定會向他投降；同時又派艾爾西塔斯，阿塔拉斯和狄米提亞斯前往阿拉（Ora），先行封鎖以等待他的來到。在阿拉，艾爾西塔斯受到了一次攻擊，但敵人很容易的被擊退了。可是巴齊拉的居民卻認為他們的城塞是不能攻克的——它位置在一個岩山上，而且有強力的工事——所以並無投降的表示。

亞歷山大於是啟程前往巴齊拉，但在途中又得到情報，得知哈查拉（Hazara）王，艾比沙里斯（Abisares），正擬來援助阿拉。於是他命令寇納斯找一個可以當作作戰基地的位置，建立防禦陣地，留一部分兵力去據守它，而率領其餘兵力趕到阿拉與他會合，以便先攻克該城。當寇納斯向巴齊拉轉進時，部落民族從城塞中出來，向他做了一次突擊，結果被擊敗了，並損失了五百人，於是退回他們的巢穴中不敢再出來。幾天之後，亞歷山大用突擊的方式攻克了阿拉，當在巴齊拉的部落民族聽到了這個消息後，在失望中於黑夜裏放棄了巴齊拉，與鄰近的其他部落一同逃入了阿爾拉斯的岩塞中。在阿拉被克服後，亞歷山大在史瓦特谷地中的作戰也就勝利的結束。

一旦這個谷地落入了亞歷山大手中後，他對於馬沙加、阿拉和巴齊拉都留下了駐防的兵力，於是就進向印度河上，在艾托克上流十六哩的阿因德（Ohind）地方，已由希法斯辛架好了橋梁。亞歷山大指派尼卡諾為印度河以西地區的總督，當格南德哈拉的首府普克萊提斯投降後，他又命令菲利普在那裏駐防，然後他就進向艾門波里拉，那裏距離阿爾拉斯只有兩天的行軍距離。自從阿拉攻陷之後，有大量的部落民族都已集中在阿爾拉斯。

史坦因爵士根據地理形勢，對當時亞歷山大的戰略曾作詳細的分析。他指明出來，在史瓦特的部落民族是想依賴印度河左岸上的艾比沙里斯人的援助，所以他們撤出史瓦特河谷，而退到面對哈查拉的右岸上。因此我們才可以了解亞歷山大在攻擊阿爾拉斯之前，必須先向南進入皮夏華爾（Peshawar）谷地，確有其健全的戰略理由存在。一旦等他已鞏固了該地的立足點，並對於印度河的渡河工作做了極安全的安排後，就可安全轉回右岸上，以從南面進攻這些史瓦特部落的最後山地巢穴。這樣既可以避免在山區糾纏，並且可以切斷那些部落的退路，和印度河東岸上的援助。最後，當從南面攻擊阿爾拉斯時，亞歷山大又可以享有一切補給上的利益，印度河谷與皮夏華爾河谷的肥沃平原都可以供給各種不同的資源。

史坦因認定阿爾拉斯即為皮爾沙爾高地，其說已見〈戰略述要〉一章中。因為它的攻占在亞歷山大所有的山地戰役中要算是最負盛名的，所以對於史坦因的記載是有值得引述之必要。

在艾托克以北約七十五哩的地方，印度河作了一個半圓形的彎曲，轉向東流。在這大河灣中是一片山地，其中有兩個山脊，一為烏拉沙爾（Una-Sar），另一為皮爾沙爾（Pir-Sar），彼此成直角構成一個倒L形（⅂）。前者由西到東，而從其東面極端，後者則由北向南延伸。皮爾沙爾，高出印度河上約五千呎，只有一個狹窄的平頂，在一哩半的長度中，其平均海拔約為七千一百呎；其東西兩側是非常深的險坡，有些地方更是絕壁懸岩。在其南端為一個顯著的小丘，稱為庫茲沙爾（Kuz-Sar），而在其北端則為一個錐形的小丘，稱為巴爾沙爾（Bar-Sar），它高到七千九百呎。在巴爾沙爾的西方，為一個深險的峽谷，稱為布里馬爾康多（Burimar-Kandao），其底部大致與皮爾沙爾高原等高，後者夾在巴爾沙爾與烏拉沙爾之間。巴爾沙爾有一個肩部，叫做馬西侖（Mashlun），比峽谷的底部升高了四百五十呎，在它的後面懸岩更升高到比巴爾沙爾的頂點還多三百五十呎的樣子。

這些敘述與阿利安的記載也不牴觸。他說：「這個岩塞的周圍據說約有二百斯塔德，其高度

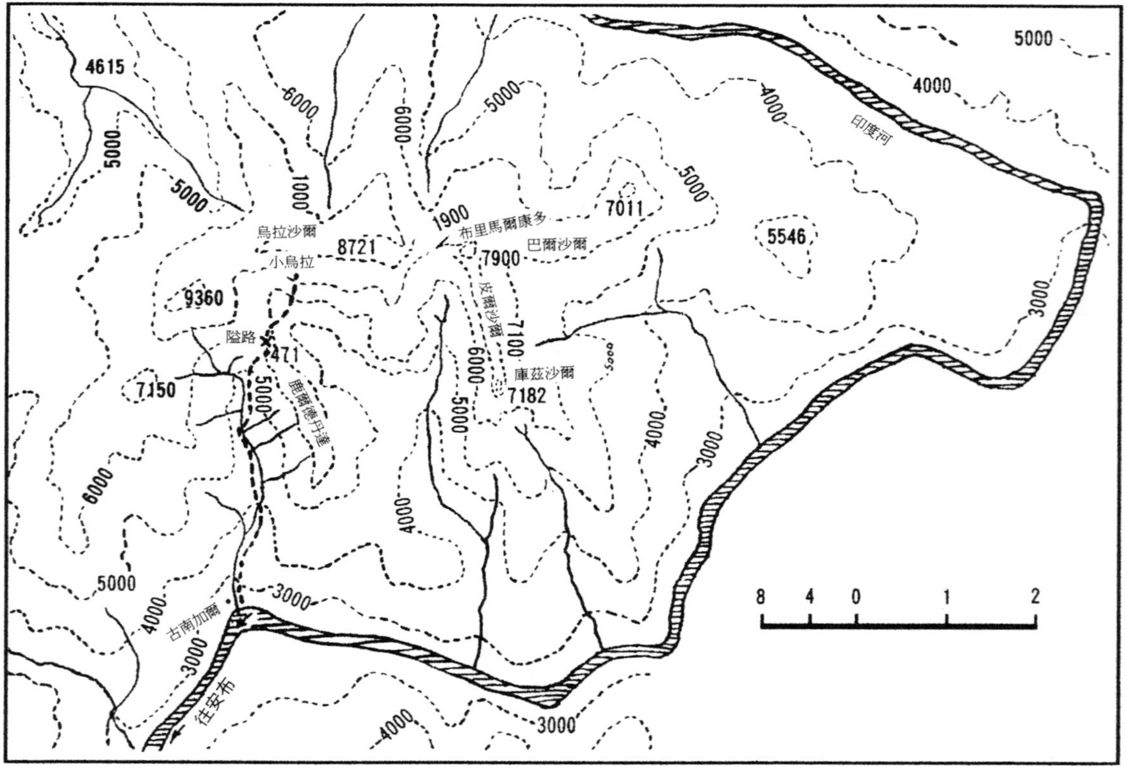

圖二十　阿爾拉斯及其附近

在最低之處也有十一斯塔德（六千六百七十五呎）。只有一條登山的小路，那完全是人工所闢，並且十分的艱險；在絕頂上又有豐富的清水……同時也有木材，和足夠的耕地，可供一千人的墾種。」

在艾門波里拉，克拉提拉斯奉命留守，並集中一切的補給物資，以防阿爾拉斯的攻擊，若需要長期圍攻時，即可以將其變成一個作戰基地。於是亞歷山大率領著近衛步兵，阿吉里亞人，弓弩手、寇納斯的團（方陣中的較輕裝者）、二百名禁衛騎兵和一百名馬弓手，向阿爾拉斯進發。黃昏時宿營過夜，次日再進，又再度宿營。

對於阿爾拉斯的圍攻，只有一種完整的紀錄，那就是阿利安在其歷史第四篇，第二十九和三十兩章中的記載。這是以托勒密的回憶錄為根據的，他在這次圍攻中是扮演著一個重要的角色。但因為阿利安既無地圖又無計畫可供參看，所以他的記載缺乏細節。在可能範圍之內，史坦因的分析是可以補充，他使阿利安的敘述與地形發生了關係。所以在下文中首先引述阿利安的記載，然後再說到史坦因的解釋。

當亞歷山大在離開艾門波里拉，設立第二個營地時，有些鄰近的部落民族逃到他的營中，願意為他擔任嚮導。他接受了他們的好意，命令托勒密，指揮著阿吉里亞人、其他輕型部隊，以及一批精選的禁衛步兵，隨著他們走。他命令托勒密，在達到了那個目的地後，就應用強大兵力將其據守，並燃火發出信號。

托勒密由嚮導率領著，取道最險惡的小徑，達到了那個位置後，就立即掘壕和樹立柵欄，並發出了烽火信號。亞歷山大看見了之後，次日即拔營前進，但立即受到部落民族的抵抗，因為地形的困難，終於停頓下來了。當敵人看到他已經不能再進，遂轉而攻擊托勒密，他們企圖拉倒那些柵欄，發生了激戰，但敵人終於還是被擊敗，在黑夜來臨時退卻，這樣就結束了第一天。

在這次失敗後，亞歷山大又派了一個逃亡者在夜間送了一封信給托勒密，要他看到亞歷山大所部接近時，也立即同時發動攻擊，這樣就可以收夾擊之效。拂曉時，他從營地中出發，但這一次他卻採取托勒密所已經用過的祕密路線，因為他認為若能從這個方向上與托勒密會合，則以後的行動就會比較簡單。在中午時，他與部落民族發生激烈的戰鬥，因為馬其頓軍一波又一波向上衝，過午之後敵人終於被驅散，而與托勒密會合了。等到全軍會合後，亞歷山大率領他們直向岩上進攻，但仍未獲進展，這樣就結束了第二天。

在第三天拂曉時，亞歷山大命令每一個士兵砍下一百個木樁，接著就向那個大岩積土成山，從他們現在紮營的山坡上開始。他以為從這位置弓弩手和彈射機的石矢就可以到達岩上的守軍。這個工作以極高的速度進行著，第一天前進了不下一個斯塔德（二百碼），第二天投石兵即可以從已經完成的部分上向印度人射擊，而彈射機也可以參加作戰，並擊退了敵人的出擊，使其無法擾亂工程的進行。第三天，這個土堆幾乎已經填起兩軍之間的那個空隙，有少數馬其頓人衝向前去占領了一個與岩塞等高的小高地。亞歷山大一分鐘都不延遲的在延伸土堆，希望使其人工隄岸與現在為少數人所占領的小丘相連。

那些馬其頓人在奪占小丘時的神勇已經使印度人大感驚懼，當他們再看到土堆又快要與它連接起來了，遂派人向亞歷山大傳話，說只要他同意休戰，則他們願意投降。他們的目的是想要拖時間，以便趁夜間逃走。但當亞歷山大發現了這個企圖後——他是怎樣知道的，我們卻無法知道——他就故意撤回哨兵，以來引誘他們撤退。於是等到他們開始逃走時，就親自率領七百名禁衛步兵攀登敵人已經放棄的那一段岩壁。他第一個先上去，接著其他的人也都跟著上來。在一聲號令之下，他們衝向正在退卻中的部落民族，殺死了許多人，更有許許多多在驚恐中跳岩送命。

阿利安說：「這個不曾為海克力斯所征服的岩塞，終於為亞歷山大所占領了。」

只要與這個地區的地形配合研究，即可以知道阿利安的記載是如何的正確，因為現有的地形與亞歷山大的時代所有者，還是很少改變的。從其對於這個據點的描寫上看來，可以知道阿爾拉斯之為皮爾沙爾，那是應無疑問的；但是阿利安對亞歷山大的營地位置卻不曾說明，所以對於這次圍攻的分析是必須以一個並非特定之點為起點。但是因為從皮夏華爾河谷到皮爾沙爾的最容易路線，為在安布（Amb）達到印度河右岸者，若再前進三十哩即為現有的古南加爾（Gunangar）村，那是位置在該河東灣的西端頂點上，因為安布即可能為艾門波里拉，而這個營地距離它為兩天的行軍里程，所以應該就是古南加爾。

假使我們站在亞歷山大的角度上來分析他的問題。因為皮爾沙爾嶺的側面上都是絕壁懸岩，所以想從東、南、西三面突擊這個據點均無可能。在其北面的烏拉沙爾嶺升高到八千七百二十一呎的高度，所以它對於皮爾沙爾有居高臨下之勢，後者平均高度僅為七千一百呎，所以前山高出了約一千六百呎。毫無疑問的，那些自願充當嚮導的人一定是指著烏拉沙爾給他看，並告訴他取道烏拉沙爾，即可以達到在皮爾沙爾極北端的巴爾沙爾。又因為那些嚮導是本地人，對於當地的情形一定很熟悉，他們也一定不會不說明烏拉沙爾與巴爾沙爾之間，是隔著一個深谷，那就是布里馬爾康多。

亞歷山大於是派遣托勒密，而他的嚮導則帶著他走一條困難的路線，也許就是地圖上從古南加爾取道有六千四百七十一呎記號的隘路，達到小烏拉（Little Una）的路線。照史坦因的看法，小烏拉非常可能就是托勒密的設防營地，因為它的位置足以控制通到印度河上的小徑，所以也就足以便於亞歷山大的增援。此外，自今日視之也還有許多其他的利益。易於獲得水源，且不易於受到敵方在皮爾沙爾主陣地的攻擊。這條路線仍在經常使用中。

當亞歷山大接到了托勒密的烽火訊號之後，他也就採取同一條路線去與之會合，可是他的前進卻為敵人所阻，也為惡劣地形所延遲。史坦因指明出來，敵人從皮爾沙爾很容易集中在鹿爾德丹達（Nurdai-Danpa）戟嶺上，從那裏即可以阻止馬其頓軍進入谷地，而自己卻可以避免公開的出戰。此外，一旦亞歷山大的前進被阻止後，他們也同樣便可轉身過來攻擊托勒密的支隊。

向托勒密的攻擊被擊退役，在夜間亞歷山大即派人送信給他，要他明天攻擊敵人的後方，而他自己則攻擊其正面。史坦因認為這次夾攻的目的即為打通有標高六千四百七十一呎記號的隘道，因為若不如此，則不可能與托勒密會合。在攻下了這個隘路後，進展就很順利，亞歷山大與托勒密會合在一起，在下午就進到了布里馬爾高原上。史坦因說，在那裏又停頓下來了，因為前面就是那個巨大的天然障礙物——大峽谷。

上文已經說過，峽谷的底部要比巴爾沙爾的陡坡約低了八百呎。敵人居高臨下是很易於防守，除非使其位置在「火力」射程之內，否則任何攻擊都絕無成功的希望。從巴爾沙爾的頂點到布里馬爾高原上大約同高度之點，其間的距離約為一千三百碼。在巴爾沙爾的馬西侖肩部（即阿利安所說的小丘）到布里馬爾以下斜坡上相當高度之點，其距離也在五百碼之上。

史坦因說：「因為那個時代的希臘砲兵（彈射）投擲矢石的距離僅只三百碼左右，而投石兵和弓弩手的射程也不會更遠，所以必須進到這樣的位置上，始能發揮其『火力』。這又只能從平行的方向上去想辦法，因為若向谷中下降，則想向高坡上進攻的成功機會就只會更小。」

值得遺憾的，史坦因並不曾對這個谷地繪製一張縱斷面圖；若有這樣的圖，就可能計算出亞歷山大所建土丘的大致高度。從他所能有的時間上來計算，那不可能太高。在尚未開工之前，他曾經命令每一個人員都砍伐一百支木樁，那可能即為樅樹棍（在這個地區中這種樹最多），用它來當作攔土的工具，以便構成弓弩手和彈射機能用來發射的平臺。從其建築速度上看來也是這種說法較為合理。若是照阿利安的說法，他是把木樁堆積成山則似乎頗不合理。史坦因又說明為什麼第一天工程能進展到二百碼，而以後三天的進度則較少的理由：因為在布里馬爾高原東邊附近的坡度是比較平緩，而愈向谷底走，則坡度也就愈陡，所以進展當然也愈困難了。所以，直到第四天，馬其頓人中才有少數的勇士，衝上了對岸的那個小丘。而阿利安也告訴我們，為了使兩方面能連接上，土堆的工程還必須繼續進行。

阿利安所說的「小丘」，據史坦因的研究，應為馬西侖，它比布里馬爾康多的底部，約高出了四百五十呎，與皮爾沙爾的平坦部分大約是看齊的，所以阿利安才有那樣的說法。於是後面還有一個險陡的高地，阿利安的記載也極為顯明，他曾經說亞歷山大與那七百人是如何的爬上那個頂點。

在他的分析完畢後，史坦因對於亞歷山大所面對的天然困難作了一番回顧，遂不禁對他作了下述的頌揚：亞歷山大的精力、智慧和勇敢真使他像一位天神，而不僅是一個人類的領袖。阿利安本人在其歷史的最後一章中也曾經這樣的說過，「此殆天授，而非人力所能致也」。

桑加拉戰役

在海達斯配河大會戰之後，為了避免古拉特（Gujrat）酷熱平原起見，亞歷山大向北進入了羅西拉（Naoshera）的山麓地區，那是一個厚密森林地，空氣較為清涼，日光為林蔭所蔽，而水源也較充足。經過了相當的困難並受了不小的損失，他渡過了水位高漲的齊納布河（即阿西斯尼河），據托勒密說它有十五個斯塔德那樣寬。他留下了寇納斯和他的營去搜集補給，他自己則向南進入賽爾柯特（Sialkot）平原中，並逼近拉費（Ravi）河。渡過這條河要容易得多了，於是他進入了卡塔安人的領域中，他們與馬里人，阿克德拉卡人，以及其他「無王」（Aratta）部落，都是這個旁遮普地區中的最好戰民族。他們早已武裝，因為不久以前，波魯斯與艾比沙里斯曾前去進攻他們，很明顯的，由於亞歷山大的來到，他們才放棄了這個戰役，回轉身來迎擊他。

當他聽到了這個消息，亞歷山大從拉費河做了兩天的強行軍，達到了平普拉納（Pimprana）城，它有條件的向他投降，在那裏休息了一天，於是就前往桑加拉。它是一個大城，可能是位置在艾門里特沙爾（Amritsar）地區中，它有城牆的保護，有些地方則只有淺水湖或沼地的保護。卡塔安人和其他同血統部落都已將兵力集中在此。在城市的正前方有一個小山，可能為過去舊城的遺址，根據阿利安的記載，它各方面的坡度並非一致。環繞著它，卡塔安人已經用車輛構成三道同心的圓圈，他們就宿營在這個「車陣」（Laager）之內，顯然的，他們的目的是希望敵人在這個車陣上自己撞得粉碎，於是趁著混亂再向他們追擊。若是如此，則他們的戰術也就與齊斯卡（Ziska）在胡斯（Hussite）戰爭中所用者極為相似。

當他接近桑加拉時，他首先命令馬弓手向前，沿著車陣的前方展開，向它射箭以來釘住敵人，這樣他就可以從容部署其兵力，而不必害怕敵人的擾亂。於是他以禁衛中隊，克里塔斯騎兵團，禁衛步兵和阿吉里亞部隊為右翼；以皮爾狄卡斯的騎兵團和方陣步兵為左翼。弓弩手則分為兩個羣，分別位置在兩翼上。正當此時，其後衛部隊也已經趕到，他就又將騎兵分為兩部，分別增援兩翼，而步兵則完全用來增強方陣。

這種展開的方式是不太清楚的，因為亞歷山大的行軍序列我們並不知道，但這是以行軍縱隊為展開的基礎，則似可斷言，因為記載中曾經提到後衛。似乎當時的情形是這樣的，當亞歷山大向桑加拉前進時，他還以為卡塔安人是留在城中的，等到他發現敵人已在城外時，於是就立即推進其馬弓手，其次為了保護側翼起見，他又把領先部隊分為兩個機動翼，於是再建立中央的方陣，

等到騎兵主力來到後，就又用來增強兩翼。等到部署完成後，他就率領著右翼的騎兵趨向車

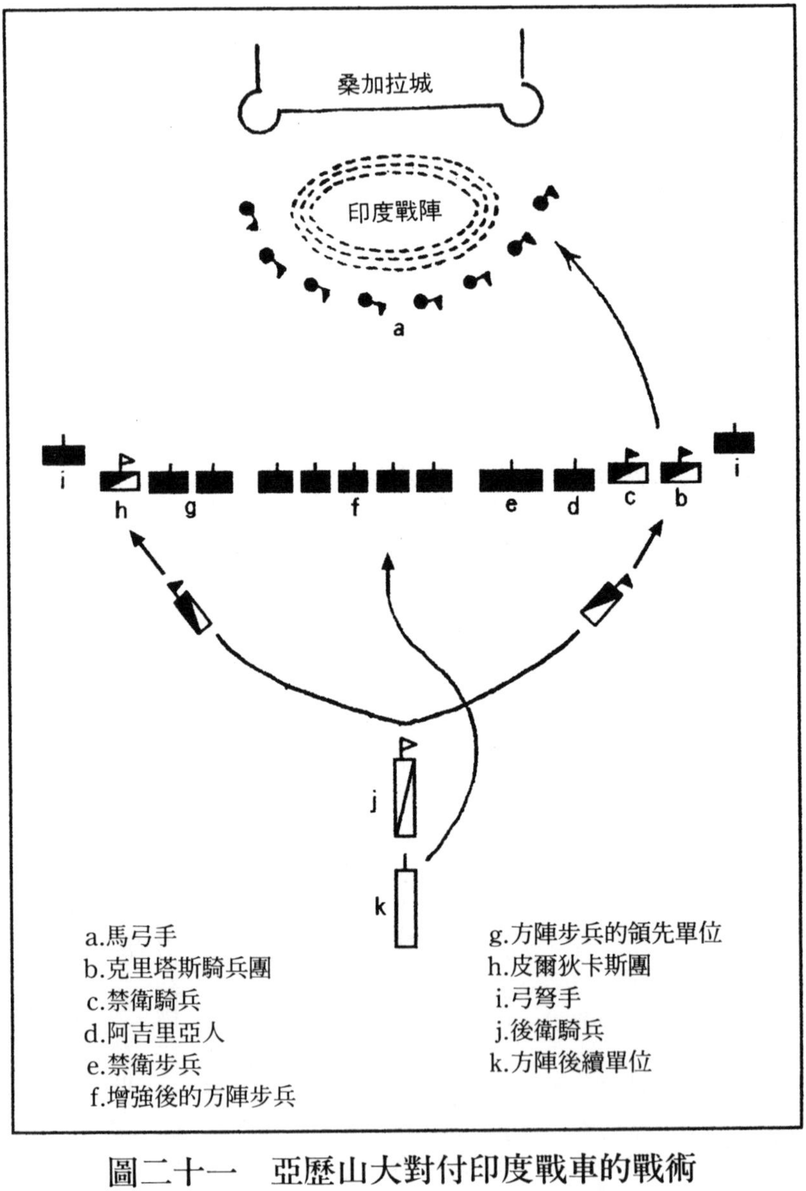

圖二十一　亞歷山大對付印度戰車的戰術

陣的左方，因為他發現在那一方面的車輛停放得不那樣接近。當他走近時，敵方會發射排箭，但卻不衝出陣來，毫無疑問的亞歷山大是希望引誘他們出來。因為騎兵是不適宜攻擊車陣的，所以他又跑回來，下馬領導方陣步兵前進。毫無困難的，他攻破了第一線，但第二線卻頑強的抵抗，經過了苦戰才攻破。於是卡塔安人放棄了第三線，逃入城中閉關自守。關於亞歷山大是否企圖追擊，並無紀錄可考。假使他不曾追擊，可能的原因就是因為在突破車陣時，步兵已經發生了混亂，又或者是車陣的位置太接近城邊，城牆上的弓弩手可以掩護敵人的撤退。

這個戰鬥在戰術方面有一點值得注意，那就是步兵的衝力是從騎兵保護之下發展出來的。在對西徐亞人的戰鬥中（見圖十九），在巴拉克魯斯率領之下的輕步兵構成騎兵縱隊伍(h)的行動基礎。在桑加拉之戰中（二十一），騎兵的兩翼卻構成了方陣突擊的基礎。假使這個車陣的位置距離城市頗遠，則亞歷山大毫無疑問的將會用騎兵去包圍它；但在當時的環境中，他卻不能如此，所以騎兵的任務只限於保護方陣的側翼。在這兩次戰鬥中，戰術原則都是一樣的：首先使敵人喪失機動，其次確保攻擊兵力的兩翼安全，最後才發動突擊。

當卡塔安人撤入城中後，亞歷山大就開始用步兵圍城，對於那個濱湖部分則用騎兵來監視。他之所以如此者，是因為他認為卡塔安人在失敗後，將會在黑夜中棄城逃走。他的猜想一點都不錯，到了二更時，他們從城牆上吊下來（這表示牆不太高），開始逃走。可是他們的企圖失敗了，其領先人員都為馬其頓騎兵所砍倒。

亞歷山大才開始正式圍攻，只有沿湖一帶例外，僅留下強大的監視兵力。其次，他又準備用攻城機器去撞毀一部分的城牆。正當此時，又有逃兵前來報告說，敵人又準備在夜間從淺湖中涉水逃走。他命令托勒密率一部分步兵去攔截他們。

到了四更時，亞歷山大獲知敵人已經開門出城了。他立即用號音通知托勒密。在殺死了五百人之後，托勒密把殘餘的敵人都逐回城中。不久以後，馬其頓軍又一面挖牆，一面用雲梯爬城，將桑加拉城攻下。據說印度人被殺死者為一萬七千人，被俘者七萬人，另有三百輛戰車和五百匹戰馬。阿利安說在全部圍攻中，亞歷山大的損失：死亡不過百餘人，但負傷卻不成比例，超過了一千二百人（註：超過比例也並不過多。在古代的死傷正常比例為一比十，在近代則為一比四）。

馬里人的戰役

公元前三二六年十一月，當亞歷山大從布西法拉沿著基拉姆河順流而下，以求到達阿拉伯海時，一路上對於兩岸的部落民族，或用武力征服，或接受他們的投降。但當他接近了馬里人與阿克斯德拉卡人的疆界時，卻發現他們準備抵抗他的前進，於是他改用較大的速度前進，以求在他們的計畫尚未成熟前，就先將其征服。根據阿利安的記載，他們是這個地區中人數最多和最好戰的民族。寇修斯說他們一共可以出動步兵九萬人、騎兵一萬人和戰車九百輛。狄奧多拉斯則說是步兵八萬人、騎兵一萬人和戰車七百輛。此外，寇修斯又告訴我們說，他們彼此間時常發生戰鬥，但當亞歷山大來到時，他們卻決定締結同盟，息爭共禦外侮了。

寇修斯與狄奧多拉斯所列舉的數字也許都不免過分誇張，但不管怎樣，其戰鬥力的巨大卻已經足以使亞歷山大的人員感到驚懼，因為他們現在只想平安的回家，根本就不想打仗了。經過了十年的轉戰，這種厭戰的心理是不難了解的，因為在這次戰役中，他們的士氣是已經不像過去那樣的高昂，所以寇修斯的話是很值得引述如下：

馬其頓軍中的人員本來以為一切的危險都已成為過去了，現在又聽到將要與印度最好戰的民族發生新的戰爭，他們不禁大感驚訝，開始又想用叛變的手段來脅迫他們的國王了：在被迫渡過了恆河之後，戰爭是永無已時，只不過是戰場有所改變而已。他們現在又面對著未征服的民族，要用血液去為他打開一條達到海洋的路線。他們被迫向天涯海角的洪荒中進發。雖然沿途擊退了許多野蠻部落，但對他們又有什麼好處呢？他們眼看著昏黑的天邊，聽著洶湧的驚濤，真有前途茫茫之感。

除了那些修詞學上的廢話外，這些話也許很可以代表當時士卒的心境。

在知道馬里人與阿克斯德拉卡人將準備反抗大軍的過境後五天，艦隊就達到了基拉姆河與齊納布河的合流點上，在通過那個混亂的匯流處時曾經遭遇相當的困難。此後，亞歷山大就命令尼爾巧斯把他的船隻沿著齊納布河的右岸邊停泊，並修整那些損失。其次，他就命令艦隊再向下游航行，深入到所謂西比（Sibi）人的境內，他自己則從岸上行軍以與尼爾巧斯會合。於是他根據馬里人的位置和地形性質，來決定其戰役計畫。

馬里人的地區是齊納布與拉費兩河交點以北，而阿克斯德拉卡人的地區是拉費河以東。但在齊納布河上的亞歷山大營地與拉費河之間，卻隔著一個無水的沙漠，叫做桑達爾巴爾（Sander-Bar），所以他猜想馬里人一定會以為他將繼續前進到齊納布河與拉費河合流之處為止，然後再從那裏沿拉費河前進。基於此項假定，他就決定了他的計畫。為了使敵人相信他的行動是果然不出其預料之外起見，他就命令尼爾巧斯率領艦隊向兩河合流之處進發，又命令克拉提拉斯，隔三天的間隔，跟在他後面沿齊納布河右岸前進。於是他把其餘的兵力分為三個縱隊，一個由他自己與皮爾狄卡斯率領，其他兩個則分別由希法斯辛和托勒密來指揮。他準備率領自己的縱隊，經過桑達爾巴爾，以便馬里人在與阿克斯德拉卡人會合前就先受到奇襲。但假使馬里人聽到他來到時，即先向南或向西退卻，那麼另外兩個縱隊就可以將其攔住，希法斯辛前五天向南出發，而托勒密則後三天出發。值得奇怪的，他並未提到阿克斯德拉卡人，因為亞歷山大應能認清，當他越過桑達爾巴爾前進時，更可能的是把馬里人向東方趕去，那就是渡過拉費河的方向，而不是向南或向西走。於是希法斯辛和托勒密兩個縱隊將都會變得沒有用了。

亞歷山大的縱隊中有禁衛步兵，弓弩手，阿吉里亞人，派松的方陣團，禁衛騎兵之一半和馬弓手的全部。他率領著他們越過桑達爾巴爾向馬里人的居留地前進，後者似乎位在其東邊。第一天他走了一百個斯塔德（約十二哩）達到了一個水穴，在那裏停下來休息。他命令將所有的革囊都裝滿水，於是繼續前進，在一日夜之間走了四百個斯塔德，到拂曉時他達到了一座城，有許多馬里人都集結在那裏。因為他們完全不曾想到亞歷山大會越過沙漠前進，所以一點防備都沒有。在城外的人全被殺盡，在城內的人則為騎兵所封鎖。據阿利安的說法，他是用騎兵來當作一道柵欄，以等待步兵的來到。當皮爾狄卡斯率領了步兵趕上後，他命令他率領一個支隊去封鎖附近的另一個城，但暫不加以突擊，以等候他的來到，因為他不願意讓那些居民四散逃走，把他已經來了的消息傳播給其餘的部落。第一個城在兩次突擊之下被擊破了，馬里人被屠殺者約三千人。當皮爾狄卡斯前往第二座城時，發現其中人民已於數小時前棄城逃走了。於是他向那些逃亡者追擊，除了極少數藏在拉費河邊沼地中的人以外都完全被屠殺。

在人員吃飽和休息之後，到了一更時，亞歷山大才繼續前進，在夜間走了一大段距離後，拂曉時始達拉費河岸。他發現多數的馬里人都已經渡河逃到東岸上去了——那也就是阿克斯德拉卡人的領域，有些尚在半渡中的人都為他所殺死，但多數卻逃入了一個要塞據點中，但也為派松所攻陷。接著亞歷山大就向阿利安所說的「婆羅門」（Brahmans）的城市前進，等他到達時，他就用步兵圍城，並挖掘牆基。於是其居民放棄外城而退守內城，但亞歷山大卻繼續進攻，並命令準備用雲梯爬城（此處所謂城者，實際上可能是像許多現有的印度村落而已，一大堆茅屋，外面環繞著不太高也不太厚的城牆）。

於是就發生了一個意外事件，這也是第一次足以暗示出馬其頓軍的士氣已經開始低落的事件。當夾在兩個碉樓之間的某一段城牆已經崩潰，而雲梯也已經搭在城牆上時，衝鋒隊卻不願意或拒絕爬上去。這個事實的證明即為阿利安的下述記載：「亞歷山大首先爬上了城牆，大家都看見了，於是其餘的馬其頓人感到羞恥，才陸續也向城上爬了。」由此可以顯示出來，一直到他自己領先上城時為止，部隊都還是不願意踴躍爭先的。印度人放火燒燬自己的房屋，作困獸之鬥，被殺者有五千人之多。

休息了一天之後，又繼續前進，所遭遇到的其他城鎮都已事先放棄，其居民都已經逃入沙漠中。於是派松和狄米提拉斯被派回到拉費河上，並沿河搜殺拒絕投降的馬里人。亞歷山大則率領其餘的兵力，去進攻馬里人的最大城鎮。結果發現也是一座空城，因為馬里人聽到他來之後，就再回到拉費河的西岸上，並在那裏構築一道防禦工事，以來阻止他的前進。

當亞歷山大知道了這個消息後，他立即率領全部的騎兵前進，並命令步兵隨後趕上。當他到達河岸時，發現敵人已在對岸上嚴陣以待，他也就毫不遲疑的，立即涉水渡河。根據阿利安的記載，印度人的兵力有五萬之多，所以看到他只率領著騎兵，遂向他猛烈的反攻，於是他擺脫了攻擊，只將騎兵構成一條包圍線把他們包圍，以等待步兵的來到。不久弓弩手，阿吉里亞人，以及其他輕步兵就開始趕上了，接著步兵的主力（重步兵）也可以看見了，印度人開始感到害怕，衝破了包圍線，向附近的一個城中逃走。亞歷山大立即追擊，殺死了很多人，然後又用騎兵圍城以待步兵趕上，在夜幕低垂時，他就宿營在城下。

次日，全軍分為兩個縱隊，一個由亞歷山大率領，另一個由皮爾狄卡斯率領。等到他們進攻時，印度人又還是放棄外城而退守內城。亞歷山大打開了一個城門，並在皮爾狄卡斯的前面進入城內，後者的縱隊因雲梯留在後面，所以在登城時遭到了相當的困難。

於是接著又有另一次意外事件發生，也足以指出馬其頓軍的士氣是的確已經低落，在這次事件中，亞歷山大更幾乎喪命。亞利安說：亞歷山大因為看到拿雲梯的人員有一點畏縮不前，他就自己搶過一架雲梯，把它靠在牆上，自己領先往上爬。以後的混戰睛形已經在第五章中說過了，這裏不再贅述，他胸部中了一箭，被普希塔斯與里昂拉塔斯所救，才倖免於難。這也就是他在印度的征服大業中的最後一戰，經過了一陣恐怖的屠殺後，馬里人與阿克斯德垃卡人終於正式投降了，於是這次戰役才告結束。所有的兵力都在拉費河與齊納布河的交點上會合在一起（註：根據普魯塔克的記載，亞歷山大在一生中曾經負過八次重傷，但這最後一次即是最危險的一次）。

第九章　亞歷山大的治道

統帥

因為戰爭，除了純粹的土匪行為外，都是一種政治行動，也是一種政策工具，所以「治道」（Statesmanship）與「將道」（Generalship）關係極為密切。雖然通常指導戰爭的責任是由一個政府與其統帥來分任，或者在近代，又換上了一個參謀本部，但是對亞歷山大而言，這些責任卻是合而為一的，因為他一身兼任馬其頓國王和希臘同盟的盟主，所以他一個人握有完全的政治性軍事性的權威。他可以擬定自己的政策，並根據它來發展其戰略，假使在戰爭的指導中，若不能那樣的發揮他做為政治家的天才，則無論在任何環境中，他的將道也就不會有那樣偉大的成就。所以在這一章和下一章中，我們將分別以治道與將道為題，其目的就是想對以上四章（第五、六、七、八）中的記載，加以簡明的綜述與評論。

亞歷山大出生在一個革命的時代，當時舊有的城市國家已經開始衰頹，某些歷史上的大思想家也都在嘗試開出理想的政治藥方，試圖使這種制度起死回生。亞歷山大受這些政治名醫中，最負盛名的一位的教育（即亞里斯多德），同時又在父王菲利普的現實化軍事學校中受過訓練。在那個時代，菲利普的將才也是蓋世無雙的。可是當亞歷山大年僅二十歲，一位刺客的匕首把他送上了御座時，他立即走上了自己所選擇的道路，並且開始發展一種大戰略（Grand Strategy）——那也是國家學（Statecraft）與戰爭學（Warcraft）的結晶。這種大戰略超越了其師傅的教誨，使其父王的偉大成就也顯得黯然無光，使文明的世界換了一個新的政治軸心，這更是那些哲學家所未能想像得到的。

從亞里斯多德和他的父親，他學到了兩個具有無窮價值的教訓。第一個是完全錯誤的，那就是亞里斯多德把人類分為主人和奴隸的思想，並假定所有的人除了希臘人以外，都是屬於後一類的。第二個是絕對正確的，那就是菲利普認清了在戰爭中，軍事力量並非一位將軍的唯一兵器，甚至也不是最有效的。

雖然偶爾亞歷山大對於敵人也會過分的野蠻，但他從來不曾犯下輕視敵人的錯誤。他承認他們也是人類，儘管在文化方面是不同的，但他們也像希臘人與馬其頓人一樣，具有同樣的美德和惡行。假使要想獲得比暫時性的成功更多，就必須要有此種認識。雖然他一定明瞭其父王慣於運用的「馬基維利式」手段，也能夠獲得高利，但是他更認清了這是一種不安全的投資，因為這些手段雖能獲得勝利，但在敵人的心靈中卻會產生惡劣的印象，他們會感覺到他們的失敗乃非戰之罪，所以對於勝利者也絕不會心悅誠服。此外，在恰羅尼亞戰役之後，他自己在雅典所受到的歡迎，也使他產生了一種不可磨滅的印象，在這個時候，他一定充分的認清了，其父對雅典的寬大態度，產生的效果是任何殘酷或陰險的手段所不能比擬的。

當他剛剛即位時，所處的情況非常危險，但他卻能應付自如，度過了難關，以及他對於柯林斯同盟的態度，凡此種種都足以證明，他雖然是年輕而又缺乏經驗，但他卻已經具有一個老政治家的本領。雖然毀滅底比斯的行動似乎是與上述的理論有一點矛盾，但是因為底比斯人在路克特拉會戰後，曾經毀滅了好幾個希臘城市國家，所以也有許多人對亞歷山大的暴行，認為是一種公正的報應。儘管雅典人是與底比斯人同謀的，但他對於雅典的待遇卻完全不同，這可以表示出他在外交手段上的機智，儘管他本性是很急躁的，但有著特殊的自制能力。一定有許多的馬其頓人，勸他採取較強硬無情的行動路線，但他深知雅典所代表的即為希臘精神的精華，所以保存它的文化要比屈辱它，對他本人是有更大的價值。在他一生當中，儘管雅典曾經累次陰謀推翻他，但是他對雅典卻始終採取安撫政策，因為只有雅典才是其偉大成就的王冕。

甚至在即位的初期，他就已經把他父王一生的最高成就——希臘同盟，只當作一種暫時性的方便工具而已。這種同盟，正像現代國際聯盟和聯合國的組織一樣，是用一種人為的親善，以來包裝私利的外衣，理論上是政治性的平等，實質上卻是勾心鬥角。可是做為一種政策工具，他也像同盟的創立者菲利普，同樣的了解其價值。這個同盟使他獲有一種似是而非的合法地位，若是沒有它的掩護，則希臘人也就沒有理由承認他是他們的最高代表人。雖然做為一個政治家，他充分了解一個復仇戰爭，對於激動羣眾感情是具有極廣泛的心理效果，但他也具有極敏銳的眼光，絕不會相信任何有永久性政治價值的東西，是能夠建立在仇恨的基礎之上。儘管如此，他還是一直忠於同盟的原則，直到其統治的末期，他才在不使會員國太喪失面子的情況下，利用其個人的「神化」，而使這個同盟變得有名無實了。

當他越過韃靼尼爾海峽時，其真正的目的是什麼，我們固然無法猜度，但是在他的大本營中包括著歷史、地理、動物、植物、礦物以及其他各種科學專家，由此即可以推斷其志不小。他的第一個任務，就是解放在小亞細亞的那些舊有的希臘城市，因為自從居魯士的時代起，它們就已經受到波斯人的征服。但是解放的本身也不過是一種政治目標而已，一旦達到了以後，又必然的會產生某些戰略後果。從他以後的行動來看，即可顯示出亞歷山大對此深具認識。面對著波斯的財富及海軍優勢，除非愛琴海的兩側都是穩握在希臘人的手中，否則希臘本土也就永遠不會有安全的保障。解放是不夠的，除非那些被解放的城市能夠保障東愛琴海海岸線的安全，否則這種成功只不過是曇花一現而已。又因為這些城市本身並無力量能夠達成這種任務，於是它們本身的安全又必須要加以保護，那麼唯一實際可行的方法就是向東推進愛琴海上的疆界，使其達到哈里斯河為止。所以，從戰役開始時起，復仇的思想目標就早已為安全的戰略目標所取代了。結果亞歷山大遂步向東發展，一直到整個波斯帝國被征服之後，其安全才算是有了保障。

因為決定目標的因素就是安全，它吸引著亞歷山大走向了比斯河上，同時也告訴他必須使用政治手段，否則即不可能達到目標。雖然他是一個馬其頓人，是用解放者的身分前往那些亞洲的希臘城市，但是它們的公民，其實是相當的受到波斯人的優待，所以對於統治者的改變是否對他們有利，自不免會感到懷疑。在格拉尼卡斯會戰中大獲全勝後，他以自由的同盟國來看待這些城市，歡迎他們重建其原有的民主政治，免除那些城市的納貢擔負，到處重建舊有的希臘神廟，並用各種方法來表達他對於希臘傳統的尊敬。所以這些希臘人不僅把他當作一個解放者來看待，更感覺到他好像是一位慈父，把他們當作是他失去已久的孩子來看待。

這種安撫政策很明顯的是經過長期的思考，它證明亞歷山大認清了許多政治家所完全忘記了的一條真理：平民的善意為軍事權力的精神基礎。（拿破崙對於這一點也所見相同。在聖赫勒拿島上，他曾經說過：「我對於亞歷山大特別羨慕的地方，不是他的那些戰役，而是他的政治意識，他具有一種能贏得人民好感的能力。他殺帕爾米尼奧是一點都不錯的，因為那是一位頭腦硬化的人，認為不應該捨棄希臘的風俗習慣。亞歷山大去祭拜阿蒙神是一種極偉大的政治行動，因此他也就征服了埃及」）基於這一條真理，所以在戰爭中有兩條戰線，一條是外在的戰線，或是物質的戰線，這也就是將軍的領域；另一條是內在的戰線，或是心理的戰線，這也就是政治家的領域。在前一條戰線上是用兵器來進行戰鬥的，而在後一條戰線上，所用的卻是思想，這也就是要像政治家對於敵國人民所採取的政策來施行。假使他的政策是想使他們脫離原有政府的控制，換言之，也就是動搖他們的忠心，這樣也就可以逐漸破壞敵方軍事權力的精神基礎了（波蘭的皮爾蘇德斯基元帥〔Marshal Pilsudski〕也認為這個內在戰線，在所有的戰線中算是最危險的一個）。

這種觀念的戰略重要性是絕不可以低估的，因為若不建立一個內在的戰線，則亞歷山大僅憑其所能運用的有限資源，是絕不可能征服波斯的軍事力量，因為它是與其廣大的帝國領土具有密切的關係。若是沒有友好的敵國人口，那麼他對於所占領的一切城市和省區都必須留下駐兵，對於每一哩的交通線，也都必須加以保護，那麼在他尚未到達敵人的帝國中心以前，其戰鬥兵力早就消耗殆盡了。

這種安撫政策又不僅限於希臘人的亞洲城市。在里底亞，因為沙爾提斯的波斯守將，米特里尼斯，不戰即向他投降，所以他給與極光榮的待遇，並且准許沙爾提斯人和其他的里底亞人恢復舊有的法律，那曾被居魯士所取消。

在沙爾提斯，亞歷山大在另一個附帶問題上也顯示出政治家的智慧。當他前進時為了逐漸在他的後方建立和平與安定的秩序，所以波斯的原有行政體系是不應被毀滅，當他在格拉尼卡斯會戰中獲得了勝利之後，他就命令卡拉斯為希里斯朋特—佛里幾亞省區總督，即表示他是有意維持這種制度。可是在沙爾提斯，他卻又對新任命的總督，在權力上加以嚴格的限制，以確保其行政體系的安全。他不讓他們再控制財政、稅務和軍事等權力。這是早就應該進行的改革。波斯總督制度的最大毛病就是尾大不掉，這種改革可以算是對症下藥。為了進一步的保險，在這個帝國中的一切重要要塞，例如沙爾提斯、泰爾、加薩、皮魯蘇門、孟斐斯和巴比倫等，又都另外設有馬其頓人的軍事指揮部，並直接向亞歷山大本人負責。

但是應該注意他又並非採取一種刻板不變的行政制度。他對於每一個城市，地區或省份都是根據當地的情況，來採取個別的解決。在卡利亞，他指派一位亞洲婦人艾達來做總督，在她死了之後，才改用馬其頓人。在腓尼基，除了泰爾以外，他都維持舊有的「城市國王」不變。在埃及他卻廢除了波斯人的總督制，改組了全部的行政體系，並指派一位埃及人為行政首長。這種徹底的改革是有理由的，因為他在埃及是不僅被承認為王，而且也更被認為是神權的代表，所以勢必不能再繼續使用波斯的舊制，否則會影響他的尊嚴。簡言之，做為是一個行政家，亞歷山大除了恢復舊制以外，在時間許可的限度內，他也盡量做改革的試驗，但對於任何經不起實際考驗的制度，他卻絕不堅持。

亞洲主人

在依沙斯會戰勝利後，亞歷山大的政策又開始進入第二階段，雖然在亞歷山大里亞隘路中，幾乎被迫居於一種不利的地位，但大流士卻不能擴張這種優勢，反而以後在會戰中可恥的逃走了，因此更令亞歷山大感覺到今後不用再害怕他了。同時，在他圍攻泰爾城之前，曾向其部將和同盟者致詞，從講詞中可以看到他正確的料中，當大流士戰敗之後，會導致腓尼基和塞浦路斯的艦隊撤出愛琴海，於是斯巴達王艾吉斯就喪失了波斯的海軍支援。因為這樣可以增強其國內基地的安全，所以依沙斯這一戰也解除了亞歷山大對希臘同盟內部動亂的顧慮。不管他今後對其採取何種政策，他相信安提帕特都有能力將其貫徹。依沙斯會戰之後，當大流士第一次要求他釋放其母親、妻子和兒女時，他在回答中第一次以「亞洲主人」（Lord of Asia）自居，這可以表示儘管整個亞洲雖還距離得很遠，但他卻自信這一次勝利已經為他打開了亞洲的門戶，朝著這個方向前進，必將使其權威日益增大，超過其做為同盟盟主和馬其頓國王的地位，最後令他變成一位真正的大帝。

在孟斐斯，他的加冕和他的「神化」又使他向這個目標更邁進了一步。雖然從他部下的眼中看來，這個加冕典禮只不過是表示埃及人對他的屈服而已，但亞歷山大這個人卻具有一種神祕的心靈，他會意味到另一種更深入的意義。所以他寧願越過幾百哩遠的利比亞沙漠，向那位已經認他為義子的天神去祈禱問卜。幾個月以後，他又在阿貝拉對大流士贏得了第二次的偉大勝利，並占領了巴比倫。他在巴比倫所做的第一件事，就是要在巴比倫人的心目中，變成一位替他們的神祇復仇的人（註：做為是一種政治工具，多神教是要比一神教更為有利。因為後者。只承認一個神，而否認其他所有一切的神，所以是一種不寬容而具有侵略性的宗教。前者卻容許教徒可用自己的神去附會敵人的神，最後並能使雙方的神祇締結同盟共存共榮。因為如此，所以在泰爾，在孟斐斯和在巴比倫，亞歷山大都可以很自然的去向當地的神祇犧牲上祭，這的確是一種巨大的政治利益。假使他是一位基督徒或回教徒，則他也許就必須毀滅偶像而侮辱那些異教徒了。對於他而言，一個思想性的宗教戰爭簡直是瀆神的）。

在巴比倫他徹底改變了他的政策。他以前所征服的地區，都可稱之為波斯帝國的「屬地」，也就是說，在底格里斯河以西的地區中，當地人民都非伊朗人，所以他可以自居於解放者的角色。但是到了底格里斯河以東，他進入了伊朗人的故鄉，在這個地區中的人民是效忠於波斯王室的，所以對於他們而言，解放的觀念也就變得毫無意義。這種心理戰爭，在過去雖然曾經獲得極大的政治效果，現在卻已經不靈了。所以亞歷山大現在所遭遇到的，不是一個柔軟的內在戰線，而是一個堅硬的內在戰線。他距離自己的基地已經有一千五百哩了，雖然他那時還不知道，但為了征服整個的波斯大帝國，他還要再繼續前進二千哩。在以前，他的安撫政策和解放政策足以使後方安定，所以其相當小型的軍隊始終可以保持完整，而不至於要分散兵力。現在這些地區中的人口是效忠大流士的，是無法滲透的，那麼又應採取何種對策呢？假使他在底格里斯河以東吃了一次敗仗，則他整個後方（現有組織還是很鬆散的）就可能會發生全面的叛變。假使這些伊朗人的省區是表示敵意的，則他勢必要留下強大的駐軍以供鎮壓之用，那麼所剩下的兵力也許就不足以在會戰中保證勝利。那麼他又應該怎麼辦呢？

他的辦法是很有道理的。因為他既不能贏得人民，於是就決定設法爭取他們的領導人物。他不採用收買政策——這是波斯人慣用的老辦法——這並不是因為他缺少金錢，不能使用這種政策，而是他感覺到這種手段是不光榮的，做為馬其頓的國王，而又是阿蒙所選定的神意代表人，他是從來不用這種手段以來爭取他的對方。他的辦法是不專用馬其頓人，而願意與其敵人共治天下，讓他們分享他的權力。他既然不能向人民號召，於是就改以其總督們為爭取的對象。因為他自己累戰累勝，而大流士則不僅每戰必敗，而且每次都捨棄其臣下先行逃走，其畏怯的態度與他的神勇無敵，恰好成一個對比，所以那些波斯的達官貴人們都起了棄暗投明的念頭。他這種招賢下士的辦法，恰好配合了那些人的私利；所以也就非常的有效。

那麼他又從何處開始推行新政策呢？他的天才指出了這個工具。馬查斯本是敘利亞的前任總督，在阿貝拉會戰中曾經指揮波斯軍的右翼，充分的表現出他的才能，敗戰後藏在巴比倫避難，當亞歷山大來到時，他出來歡迎這個勝利者。若從亞里斯多德的眼中來看，馬查斯只能算是一個野蠻人，他只配當奴隸。但是自從他在埃及與哲學家沙蒙做了一次著名的談話後，亞歷山大的學問遂又已經有了新的進步。他認為勇敢實為最高的美德，所以他就請馬查斯出任巴比倫的總督，而這個人在幾個星期前，還是他的死敵。

這真可以算是一種天才的決定，在古今戰史上也是絕無僅有。收買和起用降將的例子固然很多，但勝利者這樣的立即重用失敗者，卻是很少見的。這至少在理論上是說明了，在勝利後就不再分彼此，他是願意與雙方的優秀人才共治天下。這種平等政策遂開始代替了舊有的解放政策。以後當亞歷山大前進時，凡是任何的總督若肯照馬查斯的先例，不戰迎降的話，他就一定能夠保持著職位。至少在短時間之內，他是不會為馬其頓人所取而代之（有些學者認為亞歷山大是想用通婚混血的手段，以來泯除波斯人與希臘人之間的差異。但亞歷山大應該知道這是不可能的，因為波斯人的數量對希臘人幾乎是二十比一。所以這種兩族通婚的政策並不是為了要想混血，而是表示兩族中的優秀分子〔最高貴的和最好的〕是彼此立於平等的地位）。

為了減少新政策中所含有的內在危險性，亞歷山大還是採用在里底亞所用過的老辦法，取消波斯總督的軍權，將其交給馬其頓人接掌。直到他征服了索格地亞那為止，他都還是繼續任命波斯人為總督，此後他才又改用馬其頓人。這種措施的理由極為明顯：這種辦法的戰略價值已經不存在了，他正擬侵入印度，在那裏根本上沒有波斯總督可以爭取，所以他不是指派馬其頓人為總督，就是修改其政策而與印度「土王」締結同盟，最顯著的就是塔克西里斯與波魯斯。當他從印度回到巴比倫時，他發現有幾個波斯籍總督趁他不在時濫用權力，於是就立即加以撤換。在他逝世的時候，留下來的波斯總督只有三位了。雖然這似乎足以證明，從行政的觀點上來看，用波斯人的政策並不能算太成功，但就戰略的觀點上來看，這卻是一種頗為有效的臨時性措施。它使亞歷山大直到進入印度時為止，都能盡可能的保持兵力的完整，正好像解放政策在他達到底格里斯河以前，能發生同等的功效一樣。當他渡過了印度河後，毫無疑問的是愈向東走就愈困難，他逐漸把兵力用在占領城塞和保護交通線之用，等到他達到比斯河上時，已經感到兵力太少無法再東進了。若非他過去曾經採取解放政策及平等政策，則這樣情況一定早就已經發生了。由此就更足以反證這兩種政策的明智。

大流士死後，戰爭的性質為之一變。直到這時為止，亞歷山大還只是一個外來的征服者；現在憑著征服的權利，他已經變成「大王」（Great king），雖然因為明顯的理由，他始終不曾採取此種尊號，但他心中早已承認伊朗人是他的臣民而不再是他的敵人了。他知道一個國家不可能永遠受到外國軍隊的征服，這也就是其偉大觀念的由來。他的帝國不是希臘的，不是馬其頓的，不是亞洲的，而是亞歷山大的。在這個觀念中已經不再有亞里斯多德思想的遺跡，也早已超出了依索克拉提斯的想像之外，他從來未曾想過亞洲人會與希臘人立於平等的地位共治天下。他突破了希臘世界的基本觀念，而建立了一個新的世界觀。

自從大流士死後，平等政策又作了進一步的推廣。以前還只限於總督制度的維持，和任用波斯人為官吏而已，現在為了表示尊敬新臣民起見，亞歷山大又採用了波斯宮廷的朝儀，並服用波斯人的衣飾。這種創舉，使許多菲利普手下的老兵都大為憤怒。他們對亞歷山大的兼併亞洲行動固然了解，但看到他以平等地位來對待波斯人的時候，卻不免感到不平。這樣遂使費羅塔斯、帕爾米尼奧、克里塔斯以及卡里希尼斯等人都先後死於非命。若是換了一個意志比較不那樣堅定的領袖，則毫無疑問的就會半途而廢了。這些人只知道盲目的仇恨亞洲人，而不知道專憑希臘人或馬其頓人，是不足補充軍隊中的缺額，更不必談擔負補給行政的任務，以及駐防和維持交通線了，換言之，不利用亞洲人的力量，則他們的征服成果也就無法維持。這些人是屬於舊世界的，所以也就不應責備他們不了解新世界的觀念，這是只有先知先覺的亞歷山大才能了解的。

除了一種混合兵力的主要需求以外（那是在大流士死後不久，亞歷山大就已經開始召募的），在他的新政策中又還有另外兩個最強有力的工具，那就是他所建築的城塞，以及他所創立的金融制度。他認清了在帝國之內，貿易是一種最有力量的融合工具，因為它可以使各色人等彼此互相發生接觸。在交換商品時，同時也交換了思想。城市又是貿易的中心，因為在波斯帝國的東半部中城市很少，所以這種缺陷必須補足。他在交通（貿易）要道上，建立了許多新城，都一律定名為「亞歷山大」城。除了埃及的亞歷山大港（那是設計用來當作一個商業中心）和亞歷山大瑞塔以外，其餘所有的新城都是位置在底格里斯河以東的。塔恩稱他為古今歷史上最偉大的城市建立者，有許多他建立的城市到現在還存在。

它們與「希臘化」（Hellenization）運動並無直接關係，那只是其承繼者統治下的副產品。雖然亞歷山大的軍事性殖民（Military Settlements）的設計，主要的是為了戰略目標而不是貿易目標，但其中有許多也都發展為城市。它們也構成其偉大混合殖民制度中的一部分，通常都是由傭兵來駐防，而它們也吸收流亡者和失業者。自從伯羅奔尼撒戰爭以來，這些人對於希臘都是一個難題，於是也因此獲得部分解決。根據史塔波的記載，在巴克特里亞和索格地亞那一共建立了八個這樣的殖民地；賈斯丁則說是十二個。波利比亞斯說，繞著艾克巴塔納的肥沃平原，曾經建立了一圈希臘城市（實際上即為軍事殖民地），以來保護皇家牧場不受野蠻民族的侵略；而寇修斯也說在海爾卡尼亞與巴克特里亞之間的奧薩斯河上，亞歷山大也建立了六個殖民地。此外還有許多其他的殖民地，最著名者為康達哈爾（Kandahar），但有些是無名稱的，或是其地已不可考。

為了想發展貿易，亞歷山大又在印度與波斯之間建立海上交通，並命令在巴比倫與帕塔拉之間，建立巨大的港口與船塢。他也使底格里斯河的航行更為暢通，改善克拉左米拉（Clazomenae）和艾里斯拉（Erythrae）的港口，並在波斯灣海岸上建立一個「新腓尼基」（New Phoenicia）。

為了便於商品的交換，亞歷山大對金融財政也作了革命性的改革。他在征服過程中獲得了大約二十萬台侖的金銀，但大部分都還沒有鑄成錢，因為東方的傳統政策偏好囤積貴重金屬以準備應付未來的需要。但亞歷山大的天才卻告訴他，假若能把這些金銀鑄成錢幣，讓它們去流通，就可以產生巨大的財富，於是未來的問題也自可解決而不必去擔心了。在他奪獲了波斯波里斯所囤積的大量金銀後，他就開始建立一個財政行政體系，命令他的財政大臣哈爾巴拉斯為其首長。他命令把金銀條改鑄為錢幣，向各省區流通，於是逐漸把用實物納稅的辦法，改變成用錢幣納稅。他又建立統一的幣制，使貿易流通便利。在短時間之內，新幣的價值變成了世界上最高的。

此外，因為國家的財產也就是國王的私產，所以亞歷山大又用私人贈與的方式，來使大量的金錢流出。他把二千台侖給與提沙里人和其他的同盟國；用二萬台侖來為軍人們償債，賜與將領們一萬五千台侖；在蘇沙舉行大規模集體結婚典禮時，對於八十位波斯貴婦和一萬平民女子，都曾贈與豐富的嫁粧。他又給亞里斯多德八百台侖的研究費，對於希法斯辛給了一萬台侖的治喪費。萊特教授（Prof. Wright）說：「亞歷山大對於古代世界的最大貢獻，就是建立一個流暢的貨幣制度，結果使貿易大為發展，使希臘文明有了物質的繁榮，這是希臘人過去所從未享受過的。」

假使賈斯丁的估計是正確的，則在亞歷山大逝世時，其府庫中的儲金就已經減到了五萬台侖，若是把七年來的賦稅和其所接收的二十萬台侖合併在一起計算，那麼在他統治的七年當中，亞歷山大實際上應該已發行了總值二十五萬台侖的貨幣。

在亞歷山大死後，他的貨幣經濟仍繼續對埃及與希臘發生明顯的影響。在亞歷山大的承繼者統治下，到處都設立銀行。這是一個極大的進步，誠如卡里（M. Cary）所說，從地區經濟推進到了世界經濟。亞當斯密（Adam Smith）在其《國富論》一書中，對於銀行在貿易上的影響，曾經舉出極顯著的例證，這似乎是值得一提的。他說：「自從設立了銀行後，格拉斯哥（Clasgow）城的貿易在十五年之內增加了一倍。自從在艾丁堡（Edinburgh）建立了兩所公立銀行後，蘇格蘭的貿易差不多增加了四倍以上。」

亞歷山大把波斯的藏金拿出來流通，對於希臘世界的影響，又可以用另外一個例證來說明，那就是克乃武（Robert Clive）對於印度財富的解凍。其效力也是立即且驚人的。在一七五七年以前，英國的棉紡機還是幾乎像印度一樣的原始。可是突然一切都改變了。一七六〇年飛梭出現了，一七六四年有了哈格早費斯（Hargreaves）熱紡紗機，一七六八年又有了卡特萊特（Cartwright）的動力織布機。但是亞當斯（Brosks Adms）卻說：「雖然這些機器可以供時代加速運動的發洩，但它們本身卻並不能產生加速度。發明本身還是消極的，有許多重要的發明都會冬眠達幾個世紀之久，必須等累積了足夠的力量，才能使它們發動。這種力量就應用金錢的形式來表現，但不是囤積的，而是流動的。」（見所著《文明法則與衰頹》一書）

在亞歷山大的戰爭中，過去東西間的舊有障礙被取消了，在以後一代人的時間中，有成千累萬的希臘貿易商和藝術家進入了新世界，到那些新的希臘城市中去尋找他們的幸運，這些城市像雨後春筍一樣的從地面上鑽了出來。這樣的，兩個原先分立的圓圈遂逐漸合而為一，而變成了一個單一的經濟圈。當西地中海被吸入了東方的偉大革命軌道之內以後，終於建立了一個世界商業體系，把全部的古代世界都包括在內，從西班牙以達印度，經由中亞細亞以達中國。這種發展一直到羅馬帝國才完成，但其基礎卻還是亞歷山大的征服印度。（見威爾肯所著的《亞歷山大傳》）

人類的協調者

雖然亞歷山大對於波斯帝國的征服，新建的城市與經濟改革，曾導致希臘王國的興起，再經過羅馬帝國對於它們的吸收，終於奠定了歐洲文化與文明的基礎，但其平等政策的其餘部分則只是曇花一現而已。必須要有相當長的時間，而且還要有幾乎像他一樣能幹的繼承人，這種政策才能開花結果的。民族的精神是太強烈了，不能容許它們在其一生的短促時間中生根長大。在其統治的末期，亞歷山大似乎已經有見及此，他發現了除非他的混合帝國，在他本身以外還能有一個較永久性的焦點，那麼在他死亡之後，這個帝國也將會瓦解。當他逝世的時候，他並不會指定一個繼承人，也許他那時還是春秋鼎盛，自以為還有充分的時間，能夠親自為帝國建立較垂久的基礎。

有許多史學家部分的或全部的，相信狄奧多拉斯的下述說法：在他派克拉提拉斯率領一萬名退役老兵返回馬其頓時，亞歷山大是要準備出發征服迦太基和地中海盆地，以統一當時的整個世界。塔恩卻否定了這種說法，認為那個計畫是後人偽造的。因為在他逝世時，亞歷山大對於波斯帝國都還不曾完成征服工作——從比斯尼亞（Bithynia）到裏海之間的地區尚未馴服，並又已經恢復了獨立——假使他還想去實現狄奧多拉斯的計畫，那他簡直是太不懂治道了。此外，他對於旁遮普地區的控制只是有名無實的，而且他也知道在比斯河以東還有人口稠密的土地存在。假使他還想征服更多的地方，則他必然會先東後西。所以塔恩認為這種說亞歷山大的目標為支配全世界的說法，其實是後人所杜撰的，假使當時他還有更進一步的計畫，那麼應該就只是征服裏海及阿拉伯海地區，及統一其帝國而已。

有兩種考慮足以指明其對於統一的關心：他個人對帝國和勢力範圍內國家所居的地位，那是他在對阿皮士的祈禱。

他的個人地位異常複雜。在馬其頓他是專制帝王而非立憲制度的國王；在埃及他是專制帝王和天神；在亞洲他是皇帝而非天神；在希臘他是天神而非皇帝；在印度則是一個封建的大君。在他的統治下，小亞細亞的希臘城市是自由同盟者；在腓尼基的那些城市國王則是對其臣服的同盟者；在提沙里，他那同盟的領袖地位又不過是一種終身性的任命而已。此外還有許多其他的複雜關係，但上述種種即已足以證明要想鞏固整個帝國，需要的還不僅是馬其頓與波斯兩個民族的合作而已。這兩個民族的融合已經是一種極困難的工作，可是就算這個目的能夠達到，但也還是不能將所有的民族合為一體，因為根本上缺乏一種共同的觀念，來做為吸引所有各地區的磁石。

亞歷山大的問題，從根本上來說，與最原始的基督教會後來所面臨者並無二致。其中心思想是建立一個統一化的社會，使所有人在精神方面都是處於兄弟的關係上。他對阿皮士所做的祈禱即代表這種思想。第一點他認為四海之內皆兄弟也。第二點他覺得他自己有一種神意的使命，要使這個世上一切的人類都能和平共榮，共享太平之福。這當然是一個夢想，但這個夢想卻比他一切的征服都更偉大。

第十章　亞歷山大的將道

天才

雖然在戰爭中沒有兩個戰役或會戰是完全相同的，而所有將領的才能也各有不同，但是有一個因素使古今的「名將」（Great Captains）形成了一個共同的階級；那就是他們的天才，又因為天才是無定形的，所以要想測知其深度和度量其高度，唯一的辦法就只有出之於比較。要想企圖作如此複雜的比較研究，這種任務當然超越了本書的範圍之外。那也許需要寫一部專書才行。但是對於這種將道的主要因素，卻還是有略加分析之必要，因為使軍隊獲得了靈魂，並使他那個時代的世界大感震驚的因素，就是亞歷山大的天才。

拿破崙為古今名將中的一個傑出分子上，毫無疑問的，他也有那種做為是將道主要因素的天才。當他在聖赫勒拿島上對蒙索倫（Montholon）談話時，他曾經說過下面一段名言：

> 將領的個性（Présence）是不可少的，他就是頭腦，他也就是全軍。高盧人不是為羅馬兵團

所征服的，而是為凱撒所征服的。使羅馬感到戰慄的並不是迦太基的軍隊，而是漢尼拔。侵入印度的不是馬其頓的方陣，而是亞歷山大。達到威悉河和茵河的不是法蘭西的陸軍，而是屠雲尼。在七年戰爭中，普魯士面對著歐洲三大強國而仍能自保，這不應歸功於普魯士的軍人，而應歸功於腓特烈大帝。

賈克遜（Robert Jackson）為一位英國將官，他在一八〇四年曾出版過一本奇書，叫《對於軍隊組織、紀律、經濟的綜合研究》，他對於戰爭中精神因素的分析，要比克勞塞維茨高明得多。在這本書中他曾有下述的一段文章：

在不同時代中曾經震驚世界的征服者及名將當中，亞歷山大大帝和瑞典的查理十二世要算是最特殊的；他們要算是最具英雄氣質和最非凡的人物。一支由亞歷山大或查理所率領的軍隊，其性質都會發生變化，它會分享他們的精神，對於危險會喪失感覺，且變得異常的英勇。

此外，賈克遜又指出古往今來，企圖推動軍隊來達到他們的任務，其方式就不外兩種：一種是依賴嚴刑峻罰，使部下畏威；另一種就是依賴「慈愛的印象」，而使部下懷德。可是他又補充說：

經過了無數次的試驗，發現一位指揮官僅憑純粹的恩威，是不足以使部下在各種不同的戰爭環境中都能踴躍用命。畏懼與愛戴只是一種掩護，在它們的後面還應有天才的精神，那卻是深不可測的。因為不管一個指揮官是寬厚還是嚴厲，除非因為某種神祕的原因，而使他成為敬服的對象，則他在部下的心目中就不會產生一種偉大的印象。所以，使部隊發生感應的，只有憑藉指揮官的一種超級和不可測透的天才。指揮官的性格像一面鏡子一樣的站在部隊的前面，當它是明亮和不透光時，才能產生反射作用，反之若是鏡面模糊或透光，那麼就不能產生這種作用了。所以一位指揮官也是一面鏡子，想能夠激發其軍隊，則他本身必須是不可以測透的，但除非他能具有特異的天才，否則也就可以為人所測透。一位特異天才不知道自己的權力究竟有多深多大，所以旁人也就無法知道和衡量，所以它能吸引部下的注意，使他們在實際或理想上獲得一種保護，令他們對恐懼產生一種安全感。

賈克遜對於天才的重要性是如此的推崇，他在著作中的最後兩頁中，曾經有過下面一段分析：

一種智勇兼備的天才，經由將領的性格中表現出來，而使全軍的行動都受到感召和激發……它使部下具有一種優越感，使每個人感覺到他在精神上是與指揮官成為一體了。這種精神上的優勢不久也會變成一種現實。所以在戰爭中能夠保證成功者，不是戰鬥計畫枯燥的機械化智慧，而是領袖的活躍主動精神。……所應注意的，在世界各國中對於戰爭藝術有修養的優秀軍官為數頗多，但是真正的軍事天才卻非常稀少。這不是任何人力所能培養出來的，誰也不能擬定一套製造天才的計畫。戰爭中的天才，也像一位天才詩人一樣，他是獨來獨往的，他是生而知之者，學問對於他只能更加改進而已。……這種不知道畏懼，不怕危難的精神才是一個軍人的靈魂。軍人把他的眼睛固定在勝利之上，這是一種熱烈的意志而不是理智。這也就形成了所謂天才——一種至高無上的天才。

我為什麼在這裏大量的引述賈克遜的話，其原因是在我所知道的軍事作家當中，對於名將天才所作的分析，能夠這樣具有真知灼見者，他要算是獨一無二。他的分析可以解釋為什麼亞歷山大能夠為人所不能為，他的成就是當時其他的人所夢想不到的。神話中的英雄沒有一個能與他相比。

戰略家

「戰略」（Strategy）一字的原文為「Stategos」，意思即為將軍的藝術。在十八世紀，才開始加入在軍用語彙之中，以表示在有限戰爭的時代中，那些流行的運動、前進及背進等理論。今天，在多數的詞典中，它的定義都是一種設計和指導軍事行動的科學或藝術。拿破崙戰爭與二十世紀的戰爭完全不同，其簡單的程度還是使它與亞歷山大的戰爭有相當相似之處。在拿破崙戰爭之後，克勞塞維茨對於戰略曾經擬定了一個定義如下：

戰略就是要使用戰鬥以來達到戰爭的目標，所以它要對全部軍事行動給與一個目標；而這個目標又必須與戰爭的目標符合；換言之，戰略形成戰爭的計畫，而為了達到這個目的，它要連起一連串的行動以來導致最後的決定，那也就是說它擬定個別戰役的計畫，並管制在每個戰役中所要打的戰鬥。

他又補充著說，在它的最高點上，戰略是接近政治科學的邊緣，……或者也可以說二者變成了一體。

亞歷山大也像克勞塞維茨一樣，深知用戰鬥以在戰爭中達到目標的道理。但是他在所謂「目標」的定義方面，卻有完全不同的觀念——那也就是指戰爭的目標或目的而言。在克勞塞維茲的時代中，二十世紀的民主觀念還不曾打進人類的心靈，在這種觀念中，戰爭的目的不僅是在軍事上，而且還要在政治上、經濟上和社會上來殲滅敵人。對於克勞塞維茨而言，戰爭是軍事力量之間的衝突，這種力量保護著雙方的平民人口，每一方面都有一個政治目的，當哪一邊獲得了決定性勝利之後，失敗的方面也就自動的求和，於是勝利者的政治目的就可以用一個談判而成的條約來達到。但是亞歷山大的目的卻不是要迫使大流士接受某種條件，而是要奪取他的帝國，假使征服是對於他有利的，則他不僅應擊敗波斯陸軍，更需在波斯人的心目中獲得承認。和談的問題是不在考慮之列，所以在依沙斯會戰之後，大流士的求和行動只是徒勞而已，因為亞歷山大的目的是征服，並且只希望消耗最小量的力量，和使波斯帝國本身受到最小量的損失和破壞，所以他的政策限制和調節了他的戰略。

根據波利比亞斯的記載，有一位叫做依夏斯（Alexander Isius）的演說家對於馬其頓的菲利普五世（公元前二二一——一七九年）曾經發表一篇講詞。他說菲利普避免與他的敵人作正面的戰鬥，而把他的時間用在燒搶城市的工作上。他又補充著說：

可是馬其頓過去的國王們卻從不採取這種計畫，其行動卻正好相反：因為他們總是彼此野戰，但卻很少去毀滅城市。亞歷山大在亞洲對大流士的戰爭，以及其承繼者之間的爭鬥，都足以明白顯示出來這個事實。……他們寧願彼此公開的會戰，並盡量用武力來打倒對方，但是他們卻不去毀滅城市，因為他們在戰勝後可以順利的接收它們，而受到其人民的敬服。但是假使一個人放棄了戰爭的本身，而去毀滅戰爭的目標，則似乎是一種瘋狂的行為，而且更是最野蠻的瘋狂。

因為亞歷山大的目的是征服，而不是報復或破壞，所以依照賈斯丁的說法，當他前進追擊敵人的時候，他盡量告誡士兵不要騷擾亞洲的地方，他告訴他們說這都是他們自己的財產，應該愛護而不應去毀壞它。威爾肯也指明出來，他對於軍隊的恩賞非常優厚，這也許就是做為禁止他們搶劫的補償。從政治性的理由上來看，他認為這是有必要的。他的戰略目標是想贏得偉大的會戰，政策目標卻又是要安撫而不是觸怒敵人，所以也就限制了他所要打的會戰次數。在沙拉米斯會戰之後，提米斯托克里斯（Themistocles）曾經向雅典提出下述的建議，在觀念上是與亞歷山大的政策頗為接近的：「我自己親眼看過，也曾經聽到許多人說過，有許多已被敵人擊敗的人，在無可奈何的情況中被迫再作困獸之鬥，結果反而轉敗為勝了。」在路克特拉之戰以後，菲拉的賈遜（Jason of Phrae）也曾對底比斯人做同樣的忠告：「這是值得你們思考的，敵人若是被迫放棄生活的希望，則必將作困獸之鬥；而天道卻好還的，它似乎總是歡喜使小的變大，大的變小。」

因為亞歷山大是希望盡可能的達到不流血而征服的目的，所以他對於波斯軍隊與波斯人民之間，劃了一條極顯明的界線；擊敗軍隊為戰略目標，而贏得人民則為政治目標。前者為達到後者的手段，因為只要波斯的野戰軍還存在時，則絕無把握足以使其人民願意接受他。亞歷山大是深知「戰爭僅為政治關係的一部分，所以它本身決不是一個獨立的東西。」

塔克提卡斯（Aenias Tacticus）也曾說過：「假使在變成一個城市的主人後，若採取暴虐和野蠻的態度，將會使其他城市變得具有敵意，於是戰爭的前途會變得日益困難，而勝利也更難於獲得，因為人類若害怕投降後所遭遇到的厄運，則他們也就會變得更為勇敢，準備背城借一了。」

在他說明了其戰略定義後，克勞塞維茨就進一步列舉比較重要的戰略原則；這也是值得加以引述的，因為亞歷山大在前而克勞塞維茨在後，他當然不可能知道這些原則，反之，亞歷山大的事蹟卻也許使這位日耳曼的軍事理論家獲得一些有益的啟示。

克勞塞維茨說，在戰爭中有三個主要的目標：

(a)征服及毀滅敵方的軍事力量。
(b)占有侵略的物質因素，以及敵軍的其他生存資源。
(c)爭取公眾意見。

第一個目標是不必再說明的，只要記著格拉尼卡斯、依沙斯、阿貝拉和海達斯配四大會戰就夠了。

第二個目標也同樣不需要說明，因為一旦亞歷山大已經奪獲波斯在蘇沙和波斯波里斯的國庫後，他也就使大流士不再擁有最重要的工具能來召募新的兵力了。此外也使大流士不能用賄賂的方法在敵人的後方製造叛亂。在亞歷山大的時代中，所謂主要的物質因素不是「主要的城鎮、兵工廠和偉大的要塞」，而是黃金與白銀。

依照克勞塞維茨的說法，必須先獲得偉大的勝利，及占領敵方的首都，然後才能獲得公眾意見的擁護。雖然在十八世紀和十九世紀中，占領了敵人的首都，通常是足以使戰爭告一段落（一八七〇年，巴黎被占領，雖不曾使法國立即投降，但是一九四〇年卻立即發生了效力），但在古代，除了羅馬以外，嚴格的說來是並無首都之存在（在坎尼會戰之後，漢尼拔若能占領羅馬，則他也許就能使第二次迦太基戰爭立即結束），反之卻只有城市國家與皇宮所在地而已，例如巴比倫，蘇沙和波斯波里斯（公元前四八〇年，澤爾西斯曾經占領雅典，並不曾使戰爭結束，同樣的，亞歷山大雖曾占領巴比倫，蘇沙和波斯波里斯，結果亦復相同）。除了兩個城市國家之間的戰爭以外，占領了城市或皇宮都不能使戰爭告一段落，所以誠如本書中所一再指明出來的，亞歷山大遂採取了一種向敵方民間滲透的觀念。今天的俄國人也是採取這種觀念。

克勞塞維茨接著又列舉五個戰略原則：

「第一點，也是克勞塞維茨認為最重要的，就是『使用我們所可能集中的一切力量』。」

「第二點就是集中我們的力量……在準備做決定性打擊的點上，甚至不惜在其他點上甘冒不利的危險，以求在決定點上確保戰果，在那一點上的成功，即足以抵銷在所有其他次要點上的失敗。」

「第三個原則就是不要喪失時機……迅速的行動可以使敵方的許多行動尚在萌芽時即被打消，並也能使公眾意志變得對我方有利。」

第四點為奇襲：「……它是最強有力的制勝因素。」

最後第五點是：「應傾全力來追隨我們已經獲得的成功，追擊失敗的敵人為獲得勝果的唯一手段。」

在我們已經對亞歷山大的將道作了完整的紀錄後，這些原則準備要在下一節中去加以詳細的討論，所以在此處只需概括的指明，亞歷山大也正像克勞塞維茨一樣的重視這些原則。

不管是整個或是部分的戰爭，在所有的戰略問題中一定有兩個主要的戰略因素——建立安全的基地及交通線。前者好比一座房屋的基礎，它們必須是相當的堅固，才能承受建築物的重量；後者好像是「鷹架」（Scaffolding），它們使建築工人可以與地基保持接觸，並且逐步的把泥水匠所需要的物資供給他們使用。假使基礎下沉了，則建築物也會隨之而倒塌；同樣的若是鷹架倒毀了，則必須將其重建，始能再繼續進行工作。

假使把一個戰爭或戰役來與建築物相比較，則基地（即其起點）的重要性也就馬上可以顯示的表示出來。任何其他的將軍也許都不比亞歷山大對此能有更深刻的認識。第一步；他發動了多瑙河戰役和毀滅了底比斯城，以建立一個安穩的國內基地，那也就是他最初的或主要的基地。多瑙河戰役是一種戰略性的行動，其目的為建立一條安全的北疆；毀滅底比斯為一種政治的行動，其目的為建立一條安穩的國內戰線。它們之間是相輔相成的；前者使在希臘以內的反馬其頓黨派，不能再利用馬其頓的邊患以來作反叛的行動；後者用暴力的行動，使希臘境內的反對分子有所畏懼，不敢輕舉妄動，這樣也就使色雷斯人和伊利里亞人，不能再奢望趁著希臘內部的叛亂，而有犯邊的企圖。這兩個行動的成功，遂使終亞歷山大之世，馬其頓基地的安全都能確保無恙。其次，亞歷山大又在愛琴海的東岸上建立作戰基地，在他尚未繼續東進前，他在格拉尼卡斯的勝利即足以確保這個基地之安全。但卻不足以確保其作戰基地與國內基地之間的海上連繫，因為制海權還是在敵人的手中。所以當在哈里斯河以西已經不再有軍隊能阻止其前進時，他的戰略目標就以打擊敵人的海軍基地為主，其最重要者就是位置在腓尼基和塞浦路斯兩個地區中。他在圍攻泰爾之前，在對諸將的訓話中就曾明白的說明其戰略思想。因為他心中顧慮到其國內基地的安全，所以亞歷山大曾經說過，「我害怕假使我們向巴比倫前進追擊大流士，則波斯人就會再度企圖征服濱海地區，並把戰爭帶入希臘境內」。泰爾人雖然表示願意對他不存敵視的態度，但這還是不夠，他對於泰爾與埃及還有占領之必要，因為必須如此，希臘和本土才可以無後顧之憂。他同時也看出，當腓尼基的城市受到威脅時，則腓尼基艦隊投效他的可能性也就更大，於是就足以使他獲得海上的「絕對主權」了。所以他的戰略目標還不僅是使敵人喪失海權，而且同時還想自己贏得海權，並因而控制東地中海，以一勞永逸的使國內基地和在亞細亞所征服的地區都能獲得安全的保障。必須等到這些目的達到了之後，他才認為他可以自由的繼續對大流士進行陸上作戰了。

同樣的，以後當他贏得了阿貝拉會戰時，他又是暫時放棄了對敵人的追擊，而先去打擊敵方軍事權力的「物質」基礎；他首先占領巴比倫，其次又奪獲在蘇沙和波斯波里斯的財富。有了這些財富之後，就真是勝敵而益強了。由此又可以認清亞歷山大的戰略是以增強自己的權力為目的，其手段並不是毀滅敵方權力的基礎，而是接收它們。在波斯艦隊已經落入掌握後，接著波斯的財富也同樣的落入他的手中。他已經變成了亞洲的大財主，而大流士卻已經破產了。

在大流士死後，他第一個行動又不是立即追擊那個篡位自立的比沙斯，而是先征服在艾爾布爾茲山地中的部落民族，以來確保後方的安全——也就是最前進的基地。在這些工作完成之後，他才出發追擊比沙斯，但當他一聽到沙提巴爾查尼斯叛變的消息後，他又立即暫停這個追逐，準備先重建其在後方地區中的權威。在索格地亞那他也採取了同樣的戰略。在比沙斯被捕後，他又突然的發現他居於一種極困難的窘境。希皮塔米尼斯的叛亂不僅威脅了他在馬拉康達的基地，而且也奪去了居魯波里斯與賈克沙爾提斯河的七個邊境要塞。他是夾在兩處森林火災之間——那麼應該先撲滅哪一方面呢？他是否應轉身先撲滅希皮塔米尼斯呢？他是這次叛亂的禍首？不，他必須首先鞏固作戰基地，換言之，即應重占居魯波里斯等據點，並擊敗西徐亞人。等到後方已經安穩後，他才可以自由的去解決希皮塔米尼斯。以後，他又還是採取同樣的基本戰略。當他占領了在史瓦特河谷中的部落民族城市後，他並不立刻進攻他們在阿爾拉斯的堅強要塞，反而先向南進入皮夏華爾河谷，以建立一個穩固的作戰基地，以便在對阿爾拉斯作戰時交通線可以不受阻礙。不久以後，當他尚未進攻波魯斯以前，又還是先在塔克西拉建立前進基地。

值得一提的是亞歷山大用來鞏固比較重要基地（即掩護廣大地區者）的手段，都是政治性重於軍事性的。它們的行政體系都曾經加以慎重的組織，重建其和平條件，刺激貿易發展，所留下來的駐兵都是警察兵力和殖民者，而不是占領軍。當他的征服地區逐漸擴大時，他的帝國也逐漸成形，他一面進行戰爭，一面也贏得和平，並且利用交通體系將其全部合為一體（在西班牙內戰中，佛朗哥也曾採取同樣的手段，每逢克服了一個地區後，就立即使其恢復和平的情況）。

在今天，戰略是與交通——道路、鐵路、河川、運河、海洋和空中——具有密切的關係。所以在一個沒有地圖的世界中，一切的交通都只限於少數的商隊路線和無數的小徑時，其戰略問題實在是很難以想像的。在希臘除了重要都市附近外，根本上就沒有正式的道路，亞歷山大與其承繼人的朝代中，都不曾有過建築道路的紀錄（從很早的時候起，羅馬人就深知道路的重要。但其最早的一條大路也還是到公元前三一二年才修建的，即為在羅馬與卡普亞〔Capua〕之間的阿庇安大道〔Via Appia〕，不過照本書第四章中的記載，從大流士一世的時代起，在波斯帝國中即已有某些主要道路的存在，可能從愛琴海上的以弗所起，經過沙爾提斯、巴比倫、艾克巴塔納和巴克特拉，有一條大路一直可以通到塔克西拉。這一條大路即為亞歷山大的交通軸線——一種古代的西伯利亞鐵路）。

除了這一條大路和一些支道以外，亞歷山大又還有海運之便，在戰爭開始時，安提帕特的主要任務之一就是要使韃靼尼爾的交通線不被切斷。在泰爾被攻陷後，對於愛琴海的威脅也消除了，這個責任又改由費羅克尼斯（Philoxenes）來擔負，依照普魯塔克的記載，他的官銜為「小亞細亞海岸線總督」，實際上，比較合適的頭銜應為基地指揮官。他的司令部設在以弗所，就是主要交通線的西端頂點，他在那裏集中補給品和從馬其頓及希臘派來的補充人員，並將他們轉送給亞歷山大。當蘇沙被占領後，亞歷山大又指派米尼斯（Menes），指揮在腓尼基與西方之間的海上交通，當提沙里部隊服役期滿之後，他又命令從海上把他們由敘利亞運往歐波亞。最後到其統治將終時，亞歷山大又在忙於開闢帕塔拉（在印度河上）與巴比倫（幼發拉底河上）之間的海上交通線，以便幫助他控制印度。

從西至東，以主要大道為樞軸，亞歷山大將其陸上交通分成幾個區，每一個由一位軍官負責指揮。最西面的一個區包括小亞細亞在內，由安提哥那負責，其司令部設立在佛里幾亞的西萊拉。在其東面的一區，可能是到米西德或希拉特為止，首先由帕爾米尼奧指揮，以後又改為克林德，司令部設在艾克巴塔納。再往東可能就是巴克特里亞地區，再往東去即為印度地區，不過對於這兩個地區卻已經沒有什麼記載了。

雖然我們對亞歷山大的交通組織已經無法得知其詳情，但是從其補充和補給可以源源送達一點上看來，可以想見它是有高度組織的。沿著主要的大道，設立了許多倉庫，其間的距離都是一天的行軍里程。此外，對於波斯的驛站制度不僅繼續使用，並且改良。根據普魯塔克的記載，當亞歷山大在撒馬爾罕（Samarkand）時，有人從海邊把希臘的水果送到了御營之中——這個距離是在三千哩以上。很巧合的，這些水果也正是克里塔斯送命的間接原因，因為亞歷山大看到這些水果真是美麗而新鮮，就請克里塔斯等人來與他共進晚餐，結果在酒醉之後，遂釀成了親手殺死其救命恩人的悲劇。

在所有的亞洲戰役中，亞歷山大只有一次與國內基地喪失了接觸，那正是在依沙斯會戰前的二十四小時。他的補給體系遭到破壞，那也只有一次紀錄，那是在他越過吉德羅西亞（Gedrosia）的行軍途中。由此可以說明其大本營中的參謀業務實在是很優良。

他雖然缺乏地圖，但卻有一種高度組織的情報工作。對於他所想征服的國家，他總是事先獲取一切有關的情報，在他的行動中從來沒有盲目的冒險。他也像拿破崙與威靈頓一樣，只要可能的話，他總是親自去觀察一切，若從他的行動上來看，他一定也會同意拿破崙的說法：「一位將軍若透過他人的眼睛來看事情，則他對於軍隊的指揮也就絕不能如理想。」實際上威靈頓的話也好像就是他所說的一樣：「我能成功的真正原因，就是因為我總是在場。我親眼看見一切，並親自做一切的事情。」假使這不可能，這也是經常的事情，他總是站在敵人的立場上來考慮一切，從敵人的眼中去看情況，並推測他的意圖。雖然他是歷史上著名的勇將之一，但是他卻從不作盲目的投機，其一切冒險是經過深思熟慮的。

戰術家

做為是一個戰術家，亞歷山大最大的資本就是他從父親手中所承繼得來的軍隊。若沒有這支兵力，則他雖有天才，還是無法完成其征服的偉業——這種工具恰好配合了他的戰術。詳細的內容已見本書第二章，在這裏只擬對其組織略加檢討，因為是以此種組織為基礎，亞歷山大才能發展其戰術。

在巨著《戰爭論》的第一頁中，克勞塞維茨曾經說了一句非常簡單而又深奧的話。那就是說：「戰爭者無他，不過就是一種大規模的決鬥而已。」他認為戰爭很像兩個角力家（Wrestlers）之間的搏鬥，實際上兩個拳師（Pugilists）之間的搏鬥似乎是一種更適當的比喻。假使是如此，我們若從兩個徒手者之間的最簡單戰鬥形式中，來觀察戰術的要點。那麼它們就是：思考、防護、運動和打擊。

在雙方尚未開始搏鬥前，每個人都應考慮如何才是擊倒對方的最好方法，雖然在戰鬥的過程中，他可能會被迫改變方法，但他應永遠不放棄他的目標。在開始時，他應採取守勢，直到他把對方的本領摸清楚為止。其次，他在守勢的掩護下，改向前進，最後移動他的腳步，仍在守勢掩護之下，採取攻勢而企圖將敵擊倒。用軍事的術語來說，這四個主要的戰術因素即為：一、目標或目的；二、安全；三、機動；四、攻勢。

假使兩位拳師都是精通武藝的，他又應該認清下述三種加重因素的價值。他們必須節約體力，於是不至於過早感到匱竭；他們應集中力量以來打擊所選定的決定點，他的左右膊，或是太陽穴；而在整個搏鬥中，又必須隨時奇襲敵人——換言之，乘其不備，出其不意，使其防不勝防。用軍事術語來說，這三個加重的因素為：一、力量的經濟（節約）；二、力量的集中；三、奇襲。

以上述的粗淺分析為基礎，現在就可以來考慮菲利普的戰術組織了。它分為三個部分，不僅是像慣例一樣，總是一個方陣，再在側面上加上兩支負責掩護的騎兵兵力；而是一個方陣再加兩條戰鬥的「臂膀」，它們比軀幹具有更多的機動性，這兩條「臂膀」都可以用來防禦或打擊，其中右臂又比較強而有力，因為亞歷山大是決定把他的打擊力量集中在這一方面。他的軍隊是一個巨無霸性的拳師，而在一個高明的領袖手中，它也可以像拳師一樣的搏鬥——不管它是有意的，偶然的，還是試驗出來的，那都無關大雅。

唯一值得注意之點，雖然在城市之間的戰爭中，打擊主力幾乎完全是步兵，可是菲利普卻決定以騎兵為打擊主力，這不僅是因為騎兵要比步兵具有更大的機動性，而且較易於迅速打擊在決定點上，而且在古今的歷史上，騎兵的衝鋒也都多少具有一種不可抗拒的恐怖效力。步兵通常總是害怕騎兵的踐踏——所以騎馬的警察要比徒步的警察更為有效。換言之，只要騎兵能夠衝鋒，則兩個動物——人與馬——聯合起來所產生的精神效力，再加上機動性，就自然是任何步兵所無法相較的。

在多數的軍事教科書中，尤其是所謂「野戰教範」（Field Service Regulations）中，通常總是列舉出一套所謂「戰爭原則」的東西。克勞塞維茨所列舉的五條是已見前述。此外對於這些所謂原則者也還有各種不同的說法，但實際上這不過是幾顆釘子，用來懸掛我們的戰術思想，它們也並非絕對性的，偶然也可以完全棄置不顧，但是從軍事史的研究上看來，要想捨棄它們必須先經過深思熟慮然後可。它們應該是一種主要的「指南」，而並非「原則」，照著者看來，最簡單和最有用的觀念，就是從上述的七種戰術因素所引伸出來的——目標、安全、機動、攻勢、節約、集中和奇襲。此外它們對於戰略（在計畫中的動作）和戰術（在行動中的動作）也都同樣的適用，這兩個名詞之間並無嚴格的分界，因為其內容是互相流通，共同組成一種戰爭的藝術。誠如柯齊格魯上尉（Capt. Cochegrue）所說的話：「在偉大的戰鬥中，他總是想盡量打擊人家而自己不受打擊，這也就是戰爭中所必須解決的唯一問題。」若能對亞歷山大的軍事行動加以分析，以來研究他對於上述七大原則是如何的運用，那實在是非常有意義的。

目標維持的原則：「征服本身並無意義，一個人應從其成功中來獲得利潤。」

——拿破崙

第一個值得我們注意之點，那就是亞歷山大的一切戰術行動，都是毫無例外的與每個戰役的戰略目標，具有臣屬的關係。舉例來說，當他剛剛承繼馬其頓王位時，希臘內部正在醞釀著叛亂，因為他已經計畫對波斯發動戰爭，所以戰略目標就是盡最快的速度，和使用和平的手段，以來建立權威。他用像閃電一樣快的速度來進行工作，所以只要一顯示其戰爭力量，即足以兵不血刃而達到了他的目的。不久以後，當底比斯再度反叛時，因為他的目的還是一樣，所以他首先勸他們作有條件的投降，但當他們拒絕投降時，他就決心毀滅底比斯城，以對其他同盟國產生殺雞儆猴的效力。這樣只犧牲了一個城市就達到了他的目的。在依沙斯會戰勝利之後，他放棄了追擊而先去圍攻泰爾城，這也是為了維持其戰略目標，那就是消滅敵人的海權。在阿貝拉會戰之後，那又是犧牲了追擊，以求先占領巴比倫、蘇沙與波斯波里斯，因為儲存在這些城市中的財富才是波斯政治及軍事權力的基礎。在他所有的戰役中，都是這樣的，其戰略是用來支持政治目標，而戰術目標又是用來支持戰略目標，這樣一連串運用的結果，即為有系統的和有條理的征服。

在四大會戰中的每一個，亞歷山大目的都是從一個安全的基礎上，發動突擊並殲滅敵人的抵抗力。他的基礎就是他的戰鬥序列，除了在海達斯配會戰中以外，那是從來不會改變的。他的方陣就是他的胸部，他的左翼是他的左臂，是用來防禦的；右翼是他的右臂，是用來進攻以突破敵人的正面，並擾亂其組織。透入就是他的戰術手段，在其所有的偉大會戰中，他都是堅持這種觀念。在格拉尼卡斯會戰中，他親率禁衛騎兵以突破波斯的騎兵；在依沙斯會戰中，他突破了波斯的步兵，而在阿貝拉會戰中，他又是從波斯軍正面上的一個空隙中透入。僅僅在海達斯配，那是他最精彩的一次會戰，他卻是用方陣來做決定性的打擊，因為其騎兵無法對抗印度的戰象。

在戰鬥的狂熱中，他從來不曾忘記他的戰術目標。在格拉尼卡斯，當他一旦透入後，就立即轉向希臘僱傭步兵；在依沙斯也是一樣的；在阿貝拉，他首先援救正受到重壓的右翼，然後又去援救其左翼，那是正受到馬查斯的壓迫，換言之，那也就是勝負尚未決定之點。在泰爾、加薩，和阿爾拉斯的圍攻中，他都是在立定決心後，即堅持其戰術目標不變。但他並不是一個頭腦硬化的將軍。在其多瑙河戰役中，他原先決定攻占普斯島，以後當他發現其成本過大和困難太多時，他就決定放棄，而改採取較有利的作戰。在波斯門時他也是那樣。而在對馬里人的戰役中，他本來僅用騎兵攻擊扼守拉費河對岸的印度人，以後發現他們準備頑抗，於是就立即擺脫，改用騎兵將其包圍，以等候步兵的趕上。雖然他似乎總是企圖做不可能的事情，但他卻實際上避免一切明顯不利的行動。

安全的原則：「整個戰爭的藝術就是首先建立了一個合理而周密的防禦，然後繼之以迅速而大膽的攻擊。」

——拿破崙

關於亞歷山大在休息時，在行軍時，或在會戰時，所採取的一切安全措施，很可惜已經很少有紀錄可考了。我們所看到的紀錄就只有他使其營地要塞化，命令挖掘戰壕，和沿著行軍路線布置哨兵。他在艾爾布爾茲山地中的行動即為一例。阿利安對於這次行動的記載中說，每當他認為沿路有危險時，他就在側面上派駐哨兵，以保護行軍縱隊免受山地人的襲擊。此外，他也經常採取夜間行動以隱藏意圖或奇襲敵人，在阿貝拉和海達斯配兩次會戰前，以及在波斯波里斯戰役中，都會有過這一類的例證。為何缺乏此類資料的原因，可能是因為亞歷山大與凱撒不同，他並不是一位塹壕將軍，同時其戰役的戰術條件也不要求他採取此種措施，因為波斯人很少採取攻勢，而那些部落民族也不喜歡做夜間攻擊。

在會戰中，其軍隊的安全是受到其組織的保障，再配合其慣用的斜行序列方式。其中央只要方陣能維持完整，則是不可能透入的，其機動的兩翼，包括步兵與騎兵，也具有自衛能力，能夠隨情況的變化而進攻或退守。雖然在以前是不曾聽見有人說過預備隊的，但在依沙斯會戰中，據說亞歷山大曾經把希臘傭兵保留當作預備隊；而在阿貝拉，因為馬其頓的正面在兩翼上都要比波斯的短，為了使側面免受側擊或背面的攻擊時，他又在第一線後面構成了一個第二方陣以來做為預備隊，當第一線的兩翼向後縮回時，於是就能構成一個中空方陣，這樣也就可以供給四周性的防禦。不過最奇怪的，卻是在依沙斯或阿貝拉，他對於其方陣存在的一個最大的危險，卻並不曾設法加以補救。那就是因為他採取斜進的方式，而且其右翼是迅速的進攻，所以其方陣是易於分裂成兩半，在這兩次會戰中都是如此，為了補救起見，只要把方陣中的一個團撤出，將其位置在中央的後方即可，等到方陣本身發生了空隙時，這個團即可以填入而使其保持完整。

在亞歷山大所使用的各種保護性工具中，最有趣的即為他把彈射機當作野戰砲兵使用。雖然早就已經有了這種攻城的兵器，可是在他的伊利里亞戰役之前，是從來不曾有人將它們當作野戰兵器使用。這是有史以來第一次，使用彈射機來掩護渡河，以後他在賈克沙爾提斯河上對付西徐亞人，也曾使用同樣的辦法。此外在掩護對阿爾拉斯的突擊，也曾經發生相當的效力，這種例證還有很多，不勝列舉。無論亞歷山大走到哪裏，其野戰砲兵也都跟著他走，而在他死亡之後，在其承繼者的手中，也就變成了所有一切組織良好陸軍中，一個公認的兵種了，直到火砲發明時為止，世界上的砲兵都是由彈射機所組成的。亞歷山大在歷史上也是第一個使用野戰砲兵的人。

機動的原則：「在戰爭中，也像在力學中一樣，速度是重量與力量之間的最大因素。」

——拿破崙

除了拿破崙以外，可能沒有第二位將軍能夠趕得上亞歷山大，如此充分的了解機動在戰爭中的價值。從他一生事業的開始到結束時為止，速度支配了其一切的行動。結果是他所能運用的時間總是比較多，因此在任何指定階段中，其成就也成比例的要比對方來得多。

在其第一次戰役，他前進的速度使敵人完全癱瘓，因為他們已經來不及集結兵力，當他向西里西亞門前進時，雖然據守隘路的艾爾沙米斯已獲報告，但他卻為其速度所嚇倒，只好自動放棄隘路逃走。不管是在平原上對付一個有組織的敵軍，或是在山地中對付部落民族，速度的利益即為一連串的奇襲，使亞歷山大能用極少的兵力達到重大的任務，假使他的速度減低了，則也許增加兵力都不能獲致同樣的戰果。

在歷史上他是第一位將軍懂得下述的道理：一個偉大會戰的成果是必須要在追擊中去獲取。在阿貝拉會戰中，當他使左翼方面的安全獲得了保證後，他馬上又立即率領禁衛騎兵，去追擊大流士，儘管他們是人疲馬倦，但他仍然一直挺進到阿貝拉為止，那是在戰場的東面相距三十哩以外了。當他在波斯門擊敗了艾羅巴查尼斯後，儘管是經過了最疲勞的夜行軍和戰鬥，他還是一直向八十哩到一百哩以外的波斯波里斯挺進，並於次日拂曉時達到了目的地。此外在波斯的炎熱夏季中，在一個大部分缺水的區域中，他曾對大流士做過七天的連續追擊，平均每天的速度為三十哩或三十六哩。誠如塔恩所說的：他曾經教西方人學會一個教訓，那是其後輩所永遠不應忘記的，「在戰爭中距離已不再是一個不能克服的因素。」同時他又使西方人了解分成二部分行軍之利益；一部分為輕裝的精兵，另一部分為速度較緩的部隊和附屬人員。

這樣的高速運動偶爾會使他遭遇困難，那也是無可諱言的。在其伊利里亞戰役中，格勞卡斯曾經威脅他的後方，在依沙斯他曾喪失了交通線並受到奇襲。但是在其十二年的戰役中，這種例外卻是非常稀少，通常卻足以證明，那個比敵人行動快一倍的人，作戰時間也就可以比敵人多一倍，換言之，也使敵人的作戰時間減少了一半。這幾乎成為一條規律。在贏得時間的本領上，亞歷山大是可以說前無古人，後無來者。

攻勢的原則：「簡言之，我的想法是與腓特烈相似，一個人必須經常先下手攻擊。」

——拿破崙

為什麼所有的名將都具有攻勢的心靈，其理由不僅是因為會戰就是戰爭的戰術目標，而且也誠如老毛奇在《對大軍指揮官的訓令》中所指示的：「攻勢知道它所要求的是什麼，而守勢卻是經常處於不安的情況中。」換言之，用攻勢行動要比守勢行動更易於發揮主動精神；它不僅使一位將軍能夠發展其計畫，選定其攻擊點，並奇襲對方，而且也更能刺激部隊的精神。誠如腓特烈所說的，「征服就是前進」。雖然拿破崙在萊比錫、羅提里（La Rothiere）和艾爾希斯（Arcis）都曾經被迫採取守勢，但他從來不曾一開始即決心打一個防禦戰。亞歷山大也是如此的，其一切的攻勢戰鬥都是馬到成功的。

值得注意的是他曾經累次變化戰術，以擊倒對方。對於他相當熟悉的敵人——希臘的傭兵或波斯的騎兵——他固然是戰無不勝的，但是對於其完全不了解的對手，例如西徐亞人、印度山地人、或是擁有戰象的波魯斯等，他也同樣能夠應付裕如。在許多次戰鬥中，從他能用閃電一樣的速度以使自己的行動與新環境相適應的能力上，就可以顯示出其戰術天才之橫溢。他是從來不照抄過去的成功，所以他能夠累次的獲得成功，這也是一個主要原因。（孫子說：「故其戰勝不復，而應形於無窮。」）

雖然在大會戰中，他總是依賴禁衛騎兵來當作主要的攻勢兵器，但是除非他能確定他們的突擊是具有決定性時，他從不輕易使用。在格拉尼卡斯，因為波斯騎兵的部署錯誤，所以當其對波斯左翼的佯攻一開始生效時，他就立即衝鋒，於是在其餘的部隊尚未渡河前，會戰實際上即已確定勝負了。在依沙斯會戰中，他首先控制其突擊兵力，等到其右側面上的敵軍已經肅清之後，才開始向波斯步兵做正面的衝鋒。在阿貝拉，他首先利用其右側衛來作一個拉長時間的防禦戰，這樣引誘敵人上當，以為決定性的騎兵衝鋒創造有利的機會。等到這個機會來到後，他像閃電一樣的抓著了主動權，衝入了波斯正面上的空隙。這種在時機上的配合可以說是盡善盡美，誠如拿破崙所云：「一個會戰的命運決定於頃刻之間……當決定性的時機來到了，精神的火花點著了，於是極少量的預備兵力即足以決定勝負。」他又說：「在會戰中，在某一個剎那之間，只要極小的行動即能具有決定性而獲得勝利；只要一滴水即足以使船翻過來。」在其右翼中的最後預備隊即為禁衛騎兵，其突擊是具有決定性的，但在海達斯配會戰中，這個突擊卻是由方陣步兵來擔負。

經濟與集中的原則：「戰爭的藝術就是要使一個劣勢的軍隊，在其攻擊或被攻的點上，能夠保持著兵力的優勢。」

——拿玻崙

這兩個原則彼此間是具有密切的關係，其應用大致說來是受著兵力縱深的支配。今天，這個縱深可以達到許多哩，使大量的部隊都變成了預備隊，因此會戰通常都是時間很長的，而應由預備隊來決定勝負，所以，兵力的節約（經濟）——即預備隊的合理使用——是非常重要的。但當所有的部隊都集中在戰鬥正面上，而後方並無預備隊時，則所謂兵力的經濟者就只能限於手中現有的部隊；而在亞歷山大的時代中，那又是僅限於騎兵與輕步兵，因為一旦交戰後，重步兵即不可能作任何的活用。在阿貝拉會戰中，亞歷山大對其右側衛兵力的運用即可當作一個極好的例證，以來說明這種有限形式的兵力節約。他巧妙的把輕騎兵一中隊又一中隊的投入戰鬥中，以引誘敵人把左翼方面的騎兵主力全數投入，這樣才造成那個送命的空隙，而使他們自尋毀滅。在海達斯配會戰中，也可以找到另一個同樣顯著的例證。因為大象阻止了亞歷山大做其慣例性的騎兵衝鋒，所以他才被迫改用方陣去突破敵人的正面。但為了保障其前進的安全起見，又必須先牽制全部的印度騎兵，使其不能從側面或後方攻擊其方陣。在達到這個任務時，他對於自己的騎兵又曾作最經濟巧妙的利用。

當克勞塞維茨在書中說：「最大量的部隊應盡可能用在決定點上」時，他心中所想的都是拿破崙戰爭中的戰例，當時兩軍的縱深已經相當可觀了。但在古代的會戰中，縱深是很少超過一百步的，通常即為一個方陣的縱深，那是如此的單薄，只要正面一被突破，通常即變成了碎片，所有的人員也就會轉身逃跑了。不過要想確實的突破一個正面，則還是要像拿破崙的時代中一樣（今天也還是一樣的）必須把優勢的兵力用在決定點上——不過這種優勢又是質重於量的。亞歷山大的辦法就是利用優秀的禁衛騎兵，再加上其斜行的前進序列。這種前進的方式使攻勢的右翼自動針對著敵方正面上預定透入之點，而他的中央和左翼，雖是縮回的，但與敵人的中央和右翼卻也還是夠接近的。假使敵人企圖壓倒亞歷山大的左翼，則他必須要使用騎兵，於是也就減少了可以用來阻止亞歷山大右翼的騎兵實力。反之，假使他集中騎兵對抗亞歷山大的右翼，於是右翼就有受到提沙里騎兵透入的危險，而他們的數量是像禁衛騎兵一樣的強大，只不過素質稍遜而已。

唯一逃避這種矛盾難題的途徑就是爭取主動，先下手發動攻擊。大流士在阿貝拉會戰中就是這樣的，但他還是被亞歷山大運用節約原則所挫敗。與主動相配合的，亞歷山大的斜行前進序列也使他能集中優勢的兵力在決定點上，同時在其發動打擊之前，其全軍的其餘部分實際上都是被控制做為預備隊，換言之，也就是符合節約的原則。首先是突擊，然後再繼之以全面的攻擊，這也是在一九一七年康布萊（Cambrai）會戰中，由於戰車的出現而重新恢復的一種新戰術，在第二次大戰中，許多戰車攻勢也都是如此的。

奇襲的原則：「戰爭的藝術無它，不過就是擴大對我們有利機會的藝術而已。」

——拿破崙

依照克勞塞維茨的說法，「奇襲為一切軍事行動的基礎，毫無例外。」在將軍所能運用的一切手段中，這是最足以獲得精神或物質優勢的。他又說：「若無奇襲，則在決定點上的優勢也就是不可以想像的。」但決定點（Decisive point）又是在哪裏呢？

在整個戰爭史中，其位置是永遠不變的；它就是指揮在其計畫中所表達出來的意志，加上其部隊在行動中所表達出來的意志。所有的「決定點」（Points of decision）都應與這個最後目標有關，因為它們不過是走向它的踏腳石而已。所以「應在何處去尋找決定點」的問題是不會發生的；而問題卻是「如何才能違反敵人的意志，以來形成最好的力量優勢？」

對於這個問題又有兩種答案：一、做某些敵人不能預防的事情；二、做某些他所不曾預料到的事情。第一種行動是在敵人張開眼睛的條件下來奇襲他，第二種行動是在敵人閉著眼睛的條件下來奇襲他。在格拉尼卡斯、依沙斯和阿貝拉三次大會戰中，波斯人所受到的都是第一種奇襲，因為他們對於亞歷山大的偉大騎兵衝鋒，是毫無對抗的準備。至於在波斯門和在海達斯配會戰中，艾羅巴查尼斯與波魯斯卻又都是閉著眼睛的受害者。雖然波斯門之戰是一種迅速的應急行動，而海達斯配則是一種有計畫的作戰，但其基礎卻是一個共同的因素，那就是使敵人的注意力和意志固定在某一個方向上，然後再從其他的方向上來加以奇襲。在所有這些奇襲行動中，不管其路線為直接和有形的，或為間接和無形的，亞歷山大都是首先粉碎敵人的計畫，以癱瘓敵人的意志。但必須記著的，是他那個時代中的戰爭，一個指揮官的意志要比現在更足以代表其個人的本錢。在今天有參謀本部及各級指揮官來分擔統帥的責任，在亞歷山大的時代中則並不如此。

在亞歷山大的小戰中，更是充滿了奇襲的意味，這也是意料中事，因為這些部落民族雖然擅長狙擊與詭計，但因為他們缺乏紀律和害怕權威，卻使他們最易於感受奇襲。亞歷山大使用巧計來引誘提巴里亞人接受會戰；出其不意的渡過多瑙河以使吉塔人受到奇襲；用一種會操式的表演使格勞卡斯放鬆戒備；用出其不意的夜間攻擊以來俘獲皮命；趁他們在村落中熟睡，以來奇襲烏克西亞人；從意想不到的點上，奪回居魯波里斯；用誘敵之計以使西徐亞人進入會戰；攀登最險陡的岩壁，以來攻占索格地亞岩塞；用詐敗以來引誘艾沙西尼亞人出戰；出乎意料之外的越過一個無水的沙漠，來打擊馬里人。此外，只要可能的話他總是趁冬季攻擊山地部落，因為大雪足以把他們拘留在村落之中。這些奇襲行動所能產生的兵力節約作用是非常的巨大，若非如此，其軍隊早已迅速熔化完畢了。

領袖

現代的會戰是如此的巨大，如此的複雜，如此的必須依賴預備隊的運用，所以一位統帥已經不再能親率軍隊直接參加戰鬥，他只能從組織極為宏大的總部中去指導戰爭，它也許位置在戰線的後方一百哩以外。因此對於人員的領導，勢必要託付那些低級的軍官。

在古代的會戰中，將軍與尉官是立於一線之上的，所以統帥的個人領導也就非常重要。當亞歷山大在戰場上的時候，他對於他的軍隊在思想與戰鬥上都同樣是頭腦。在戰鬥中，他毫無疑問的是能夠以身作則的，他的英勇是超出了常人的水準之上；在行軍時他也與士卒同甘苦，在圍城戰中他也和部下一同工作。只要他出現時人員的精神就會為之一振，使他們發生一種神祕的信念，並且使他們相信他是無所不敢和無所不能的。誠如德爾菲的女巫所說的，他是「無敵的」（ANIKHTOE）。在以前各章中有許多例證，在這裏，我們所要討論的就只是限於他如何獲得軍官的忠忱和人員的愛戴——這不過是其領導能力之一方面而已。

馬其頓的軍隊不易領導，尤其是因為在菲利普的領導下，它已經贏得了威望，於是使軍官們依照年齡分成了兩大類：年長的為菲利普時代的宿將，也分享了他的成功；年少的都是亞歷山大兒時的夥伴，在戰爭開始時還尚無赫赫的戰功。這樣就產生了帕爾米尼奧派和亞歷山大派。前者為頭腦硬化的菲利普主義者，後者則為思想開明的亞歷山大主義者。這些人像希法斯辛、尼爾巧斯、托勒密等，都是亞歷山大的童年遊伴。因為受了馬其頓王國憲法的影響，要想消滅妒嫉心是很困難的，這個王國還是屬於一種部落民族的典型。國王只是馬其頓各部落的世襲軍事領袖。他受到武裝人民（陸軍）大會的承認，但是他的權力卻受到其他「會長」的限制，那些人都是貴族的領袖，也都是他的親友。依照馬頓的習慣，重罪（例如暗殺或謀反等）的審判權不是操在國王和其內閣手中，而是應交給軍隊公審的，例如費羅塔斯的案件。所以亞歷山大雖然是一位專制帝王，但卻並不能為所欲為。

儘管他的權力是具有這種限制，亞歷山大對於部下卻是一秉至公的，他很少對任何人存疑忌的心理。在埃及時，就有人告訴他費羅塔斯有謀叛的陰謀，因為他們之間有長久的友誼，所以他根本上不相信這是可能的。當艾伐爾提斯（Ephialtes）和希沙斯（Cissus）來告訴他，哈爾巴拉斯已經貪汙了五千台侖，他把他們兩人下獄，因為他不相信兒時的朋友哈爾巴拉斯會對他不忠。他對於一切部下都非常的寬厚，不惜以高官厚爵來獎賞他們，所以他的母親認為他太浮濫，已經使他們與國王居於平等的地位了。但是無論在什麼時候，他卻還是他們的主人。在印度有一次克拉提拉斯與希法斯辛間發生了爭吵。他首先公開的把希法斯辛痛罵了一頓，說他是蠢蛋，不知道若無他的寵信，則他將是一錢不值。接著又祕密的把克拉提拉斯痛斥了一頓。「然後再把他們叫在一起，給他們講和，要他們宣誓言歸於好。他說他愛他們有過於其他一切的人；但他若聽到他們之間再有吵架的事情發生，那他就會將他們一同處死，或至少是那個開始吵鬧的人。」（見普魯塔克的記載。）

這絕不是一種空言的威脅，因為任何有損其權威的行為都是他絕不能忍受的。普魯塔克曾經說過：「有一次，他的一位伴侶，叫做米南德爾（Menander）的人，奉命指揮一個留守部隊，但他卻不願意留在那裏，於是他就立刻下令將他處死。」在他的晚年，有一次在巴比倫，當卡桑德（Cassander），安提帕特的兒子，看見波斯人向亞歷山大頓首時，他不禁發聲大笑，於是亞歷山大勃然大怒，用雙手將他的頭髮抓起，將他的頭在牆上猛撞。

「據說，卡桑德經過了這次教訓，遂對亞歷山大產生了一種極大的恐怖心理，許多年後，當他已是馬其頓的國王和希臘的主人，有一次他在德爾菲神廟中瞻仰那些神像，突然間他好像看到了亞歷山大的一個影子；於是他立即身發抖，歷久不能恢復。」（見普魯塔克的記載。卡桑德也並非常人，他曾經重建底比斯城，又建立了卡桑德里亞〔Cassandreia〕和帖薩隆尼加〔Thessalonica，即今之薩羅尼加〕，他曾經殺死亞歷山大的母親和遺孀，並且在亞里斯多德學派中有許多朋友。）

不管是戰場上或是在軍營中，羣臣諸將都是受著他的支配。經由其超越的性格與天才，他贏得了他們的信仰與愛戴，其中有許多也都是非常傑出的人才，像卡桑德就是其中之一。我們應記著馬其頓人本是一種半野蠻的民族，國王中有不少的都是喪命在匕首之下，可是儘管亞歷山大的親波斯政策曾經使菲利普的舊人們深感不滿，但他卻能貫徹其征服事業，而並未受到影響。

對於他的部下，亞歷山大不僅是他們的國王，而且也是他們的戰友。他們對於他的愛戴與依賴可以從阿利安的記載中發現。在突擊馬里衛城時，他負了重傷，他的特殊英勇加上其部下的猶豫不前，使他們有了一種憤怒和愧咎的自責。所以他們才對不幸的馬里人與阿克德拉卡人玉石不分的加以屠殺。當營中謠傳說亞歷山大已經傷重殞命時，他們立即感到極端的恐懼與失望。周圍到處分布著好戰的民族，若沒有他的領導，則他們如何能希望返回故土呢？接著又有流傳說他還活著，可是他們已經是如此的沮喪，以至於都不敢相信。所以一等傷勢許可後，亞歷山大就命令把他抬到一艘船上，向兩岸營地之間駛去。但是他的部下還不相信他是活的，一直等到他把手舉起來與他們打招呼後，於是開始歡聲雷動。他被抬上背並送上他的馬背，等到他在御營之前下馬時，他的部下看見他還能走路，於是大家都一擁上前，有的人摸他的身體，有的人摸他的腳，有的人僅摸到了他的衣服，更有人只能到附近去看他一眼。他們都為他祝福，也有些人向他獻花。

他們之所以對他如此的愛戴，不僅僅只是崇拜英雄而已，更因為他經常關心他們的福利與幸福，而且也了解如何打動他們的心弦。在會戰之前，他曾騎馬走到行列之中，高聲喊叫他們的姓名，不僅是將領們，而且還有那些在過去立有殊勳的士兵。這個時候呼喚勇士的姓名，也就會使一切聽到這種呼喚的人都有觸電之感。在會戰之後，他對於負傷的人予以最好的照料，這也足以贏得一切人員的愛戴。他又把所有死者的遺體集中在一起，然後舉行一種備極哀榮的軍事喪禮，全軍都要盛裝參加。於是他親自為這些死者祈禱，對於他們的英勇事蹟總是頌揚備至，他的措詞極為得體，使得大家極為感動。在長期停頓或大捷之後，他又會舉行運動大會或其他的慶祝節目，使軍人的活力有所發洩，並慶祝他們的偉大成功。

使他的部下最感動的，就是他對他們出乎一般人意料之外的仁慈；例如在攻克了哈里卡納蘇斯後，他就把那些新婚的人在冬季時送回去與眷屬團聚；當他把提沙里人從艾克巴塔納送回國去的時候，他也給與他們以極好的照料；在阿皮士的大團結之後，他不僅對於遣返的老兵們給與極優厚的犒賞，而且也命令那些遺屬們也應享受其亡父的分內賞金。

他從不要求部下做他自己所不願意做的事情。當他出發向印度行軍前，他發現軍中的輜重中都是塞滿了私人的贓物，於是他命令首先將自己車輛內不必要的物件焚燬，然後才及於其將領。同時他總是把部下的需要放在自己的前面。在通過吉德羅西亞的行軍中，他為了以身作則起見，也親自率領步兵，當他感覺口渴時，某些輕步兵在一個水穴發現有一點水，就趕緊用一個頭盔裝著，將其獻與國王。

他接受之後，首先向那些獻水的人致謝，然後在其全部人員的眼前，將水倒在地上。這一個行動使全軍都為之感動，無異於每個人都飲了亞歷山大所倒出來的水一樣。這不僅表示他有驚人的忍耐力，而且可以說明他是如何的善於爭取人心。」（見阿利安的記載）

像這一類的小事都足以使部下與他自己之間，存在一種無形和不會破裂的精神連繫。他把他的大無畏精神灌注在他們的身上，在他的領導之下，他們不惜涉險犯難，向天涯海角勇敢前進。

結論：歷史的價值

在古今中外的歷史上，戰爭從不曾間斷，但是說也奇怪，身負戰爭指導重任的政治家對於過去的紀錄，卻不曾給與太多的注意。這也就是歷史會一再重演的原因，因為對於歷史的愚昧無知，才會有這樣的結果，而且同樣的錯誤也在每一個時代中不斷的出現，二千多年以前，波利比亞斯就曾說過：「歷史，而且也僅有歷史，可以使我們不被捲入實際的危險，它能使我們的判斷成熟，並獲得正確的觀點。」這些話毫無疑問是真實的，不過有一個唯一的保留條件，那就是說，假使希望過去是對現在有利的，那麼只有在相似的條件下，才可能找到有利的教訓。

亞歷山大的戰役可以使今日的軍人獲得有價值的教訓，那是毫無疑問的，因為不管在哪一個時代中，戰爭的藝術都是以同一套原則為基礎，而只有這些原則的應用，才會因時代不同而有所變化。但是比較令人感到疑惑的，則是菲利普與亞歷山大的時代，對於當今的政治家們，是否也能提供有利的教訓呢？

有不少的歷史學家對於這個問題都給與肯定的答案。一九二一年，在其對《希臘的遺產》（*The Legacy of Greece*）一書作序時，李芬斯東爵士（Sir Richard Livingstone）曾這樣寫著說：「假使二十世紀要想向過去的時代中，尋找在精神最與它接近的時代，那麼就應該是從公元前五世紀起，一直到耶穌降生為止的這個階段。」最近，巴拉克勞（Geoffrey Barraclough）教授在其所著《多變世界中的歷史》（*History a Changing World*）一書中，也曾有下述的意見：

假使你相信歷史的研究對於當前世局還是有關係的話，那麼你若肯研究亞歷山大、凱撒和羅馬革命等時代的歷史，則一定可以獲益良多。把這種事實堅定的灌入我們的心靈之中，也許是非常的重要，在現有政策中的最嚴重錯誤，即莫過於假定能使歐洲回到十九世紀那樣的情況，或是希望能夠重建所謂「傳統的秩序」。

在第一章中，我們發現在公元前五世紀及四世紀的情況，與我們現有的這個時代極為相似。當時的城市國家與今天的民族國家是很相似的，它們之間有無數的紛爭戰爭發生，它們也都一樣的盲目，不肯犧牲少許的主權，以對抗一個外來專制國家的蠶食威脅。民主政治的感情用事和缺乏理性，也是有古今一例之感。煽動之風盛行；社會福利國家的制度也很普遍，公民出席其大會也像今天的國會議員一樣，可以拿到津貼。在柏拉圖的理想國中，其對於個人的壓迫，和對於國外旅行的禁止，祕密警察制度的使用，也都與今天的共產國家差不多。傭兵制也就是一種私人軍隊，這又可以與希特勒的褐衫，墨索里尼的黑衫，列寧的「赤卡」（Cheka）相比較。

馬其頓的菲利普知道如何挑撥對方國內的鬥爭，以建立內在的戰線，亞歷山大更改良了其父王的滲透戰，以征服波斯帝國。假使他們父子都僅只依賴軍事力量，則他們也都不可能達到其目的。因為在最近兩次世界大戰之間的二十年當中，一切的政治與社會條件都和菲利普及亞歷山大的時代中類似，那麼在這個時代中的政治家為什麼不能從那兩位偉大的軍人政治家身上學會一個極有價值的教訓呢？這個教訓在第二次大戰中對他們也是極具價值的。

他們應該能認清戰爭只是政策的一種有利工具，而政策又必須依照現有的政治條件來加以形成。他們最大的錯誤就是不曾認清第一次世界大戰，也像伯羅奔尼撒戰爭一樣，已經把產生這個戰爭的政治時代毀滅掉了；他們不知道他們正生活在一個新的時代中，這個時代又要求一種完全不同的戰爭政策，進一步說，在執行這種政策時又需要不同的工具。

第一次世界大戰所引起的最大政治變化即為一連串的革命：奧匈帝國解體了，俄國產生了馬克思共產主義，義大利產生了法西斯主義，德國產生了納粹主義，而且在世上許多國家中，各種不同色彩的共產黨及法西斯黨運動也都紛紛生根，並且向十九世紀的文明挑戰。也就是說，在一九一四年時，所有一切的交戰國事實上其內部都是團結一致的，其人民都忠誠的擁護政府。可是在下一次戰爭中，尤其是在那些已經建立革命政府的國家中，都已經有了反動的內在戰線之存在。這些含有敵意的分子是願意與敵人合作，以來從內部向其政府進攻。一九三九年的政治家們是否曾經認清了這種變局呢？

希特勒的政治目的，就是在歐洲建立一個日耳曼的霸權。要想達到這個目的，則又必須先解決兩個問題。一，如何征服及兼併歐俄的大部分，這樣才能使第三帝國在經濟上變得那樣的強有力，並足以支配歐洲的其餘部分。二，假若英法兩國支援俄國，則又應如何去擊敗它們。在性質上，這兩個問題是完全不同。在英法兩國簡直沒有反政府的內在戰線存在，法國雖然有許多人反對戰爭，但他們卻不一定不效忠國家。在俄國的情形卻恰好相反。在其西部的多數省區中，即所謂烏克蘭和白俄羅斯的部分，有四千萬人民都是為俄羅斯人所征服的，又因為大多數的俄國人也都痛恨共產黨的統治，所以俄國的內在戰線是很廣大的。在一九三九年，俄國的情形還是像一百年前，蒙森（Theodore Mommsen）所說的差不多：「它完全是靠政府的統治所維繫著，只要統治一放鬆，就馬上崩潰了。」所以希特勒對西方的問題是以軍事性為主，而對東方的問題則是以政治性為主。

希特勒在企圖建立霸權時，所採取的路線有許多地方與菲利普完全一樣。他以機動為基礎而建立了一種新型陸軍，在發動戰爭前，先欺騙史達林與其締結一個虛偽的同盟。接著他在二十七天內征服了波蘭，但為了向蘇俄表示友好起見，又與俄國人平分了贓物。於是他又轉向西方，在一天之內征服了丹麥，二十三天之內征服了挪威，五天之內征服了荷蘭，十八天之內征服了比利時，三十九天之內征服了法蘭西，十二天之內征服了南斯拉夫，二十一天之內征服了希臘。即使菲利普再生，對於希特勒的此種戰略，似乎也都不能再有任何的改進了。假使當他的卍字旗正在雅典的衛城上招展時，希特勒就死亡了，那麼他在歷史上的英名也就可以與那位馬其頓霸權建立者相比擬了。可是他沒有死，而在他心靈之內的菲利普靈光，卻在他要執行亞歷山大式的任務而最需要其照明時，突然的熄滅了。

在戰爭爆發的前幾天，當他與勞希林（Hermann Raushning）談話時，據說希特勒曾發表過下述高見：

在塹壕中，步兵尚未做正面攻擊，通常是由砲兵為其做準備射擊，在未來戰爭中，革命的宣傳所居的地位，是正好與這種砲兵相當，它是要在軍隊開始行動前，先從心理上打垮敵人，……如何在戰爭之前就使敵人的精神崩潰——這也就是我最感興趣的問題。凡是在第一線上有過戰爭經驗的人，都無不希望盡可能的避免不必要的流血……：我不應害怕發動革命……革命的教訓，即為新戰略的祕密。我曾經向布爾什維克黨人學習。我毫不猶豫的作這樣的說法，一個人從其敵人手中往往可以學到較多的教訓。你了解「武裝政變」（Coup détat）的思想麼？應該研究它，於是你就可以了解我們的任務……我已經把革命的思想當作是我的政策基礎。

這也完全就菲利普的戰略：從內部來顛覆你的敵人。只要政治上是可能的話，則它總比敲開他的硬殼容易而有利。

假使在準備戰爭時，這種思想是正確的，那麼在進行戰爭時就加倍的正確，而在對俄戰爭中更是三倍的正確，因為它具有極廣泛的內在戰線。法國是已經被擊倒並退出了戰場，英國暫時也已經無能為力，所以這一方面的問題是已經完全解決了，希特勒現在所要解決的，即為另外一個問題，如何征服及兼併蘇俄在歐洲地區的大部分，這正是使用革命的好機會。換言之，他應與俄國的被壓迫人民締造同盟，從內部來毀滅蘇俄帝國，正好像亞歷山大的毀滅波斯帝國一樣。

羅森堡博士（Dr. Alfred Rosenberg）曾經力勸希特勒採取這種路線，他是希特勒的外交問題專家，本身是波羅的海地區的德國人，對於俄國的內部情形非常有研究。他向希特勒指出，俄國從來不是一個「民族國家」（National state），而是一個「民族的國家」（A state of nationalities）。所以德國人的問題不是要重建一個俄羅斯帝國，而是要將其解散。不是要對於其所征服的人民實行一種新政治制度，而是要承認並培植每一個民族的獨立。他說「我們應宣布我們不是向俄國人民作戰，而是向布爾什維克制度作戰」以及「我們的戰爭應以民族自決的思想來當作號召」。換言之，希特勒應宣布他的戰爭目標就是要解救在俄國西部被壓迫的人民，這也正是亞歷山大的政策。但是希特勒是已經為其軍事成功所陶醉了，所以他忘了他過去曾向勞希林說明的思想，他已經不再想依賴革命戰略了。他認為俄國也會像法國一樣的崩潰，儘管事實上，俄國人是有無限的空間可以撤退，這是過去所有侵入俄國的人都曾經付出成本來學習的一個教訓。他滿不在乎的把羅森堡的建議擱在一邊，並且宣布著說：「我們的政策就是要很技巧的來切開這個大蛋糕，以後第一步是統治，第二步是管理，第三步是搾取……這也是自然的程序。」他又說：「對於這個巨大的地域是必須盡可能提早的加以綏靖。最好的方法就是槍斃一切敢表示不滿的人。」所以他不特不把自由給與那些被壓迫的人民，反之卻是想要奴役他們，假使他們表示反抗，就將他們殺絕為止。

在侵入戰的最初階段中，德國幾乎是到處都受到歡迎，一般人民都把他們當作解放者來看待；烏克蘭人把希特勒當作歐洲的救主來看待，白俄羅斯人都願意為德國人而戰，整團的哥薩克騎兵向敵人投降，喬治亞人、亞美尼亞人、土庫曼人、韃靼人、烏茲別克人、也都像烏克蘭人、白俄羅斯人和哥薩克人一樣的向敵人成羣結隊的投降。克恩（Erich Kern）是當時參戰的一位士官，在其所著的《死亡之舞》（*Dance of Death*）一書中，曾經說過：「在羅斯托夫，全城的人民都站在街上來歡迎德軍的入城，真是夾道歡呼，這種熱烈情形為我畢生所僅見。」他又說：「這是一種突然的轉變。布爾什維克主義已經不再存在了。敵人已經走了，我們在每一個地方，所看到的就是笑臉和揮手的人民，蘇俄帝國正在崩潰之中。」

於是希姆萊（Himmler）和他的劊子手登場了。克思說：「他們使俄國人民激起了一種反拿破崙式的精神。這樣共產黨才能以『愛國戰爭』為號召了。」高爾茲（Walter Gorlitz）在其所著《德國參謀本部》一書中也說：「事實上，德國人不是想毀滅共產主義，而是要奴役斯拉夫民族，這是整個戰役中的最大錯誤。」

有許多歷史學家都認為希特勒在一九四一年未能占領莫斯科，要算是戰爭的轉捩點，但事實上，這個轉捩點卻是在其政策。假使他不以屠夫的姿態出現，而改以解放者的姿態出現，則他非常可能在美國投入戰爭前，就已經使蘇俄帝國崩潰了。於是他也就可以避免所最害怕的一件事——兩線戰爭。固然在軍事上他也錯誤百出，但他最大的錯誤卻還是政治的而不是戰略的，假使他能夠採取革命的手段，而非征服的手段，則也許上述的轉捩點就根本不會存在。他不是為俄國人所擊敗的，而是因為他自己的愚蠢，所以才會遭到決定性的失敗。

在德國方面，自從一九三三年納粹黨奪得了政權以後，其國內也產生一個很強大的內在戰線。不僅是幾乎所有四十歲以上的人都包括在內，而且許多高級的文官和軍官也都有分，其中有總司令、參謀總長和反情報機關的首長等。依照英國的情報來源，認為在一九三九年反對希特勒的勢力是已經如此的強大，所以納粹的政權隨時都有被推翻的危險。當一九三九年九月三日，英法兩國政府宣布他們的目的為毀滅希特勒及希特勒主義時，同盟國的戰略也可以說是準備採取一種革命的路線。次日，英國的總理，張伯倫先生，又向德國人民發表下述的廣播，也就更足以增強這種觀念：「在這個戰爭中，我們並不是向德國人民作戰，因為我們之間並無惡感，我們所要打倒的是一個暴政的統治者。」為了使此種政策發生效力起見，就應該傾全力來援助反對希特勒的德國人，假使他們能夠推翻希特勒，則應允許給與最優厚的條件。當對希特勒採取軍事行動時，應同時盡可能建立這種內在戰線，以收裏應外合之效。

一九四〇年五月十日，邱吉爾接替張伯倫出任大英帝國的首相，雖然他是一向主張對德國實行思想戰，而且當英國宣戰時，他又曾在英國眾議院中宣布說：「我們是為了使全世界免受納粹暴政蹂躪而戰。」可是他一上台之後，卻立即廢棄了張伯倫將德國人分為親希特勒與反希特勒兩類的政策，而只想專用軍事手段來贏得戰爭。這是一種戰略矛盾，也是同盟國在戰爭中所犯的最大錯誤。

在他就任首相後的第三天，對眾院致詞時，他說：「你們說，什麼是我們的目標？這可以用一個字來答覆，那就是勝利——不惜一切成本的勝利，不惜一切恐怖的勝利，不管這個道路有多長和多難……來吧，讓我們團結一切的力量，來共同向這條路走去。」

雖然這種大話曾經獲得熱烈的喝彩，但無論就哪一種戰爭的指導而言，這都是不合於政治家的道理，而尤其是以思想為然。因為在戰爭中，勝利不過是一種達到目的的手段而已；和平才是真正的目的。假使勝利導致了一種悲慘的和平，則就政治而言，這個戰爭就已經失敗了。不惜一切成本的勝利就戰略而言，那簡直是胡說。

一年以後，因為英國政府已經明白希特勒的侵入俄國，在德國是一件極不得民心的行動，而且也深為德國參謀本部所反對，所以設法贏得及協助德國國內正在日益增大的反希特勒勢力，似乎此其時也。

在希特勒侵俄之日，上午九時，邱吉爾先生曾經對英國人民作下述的廣播：

> 我們只有一個百折不回的單純目標。我們是決心毀滅希特勒，和納粹政權的一切餘孽……我們決不退讓，也絕不與希特勒或其任何黨羽談判……任何對納粹作戰的人員或國家都可以獲致我們的援助。任何與希特勒合作的人員或國家也就是我們的敵人……這是我們的政策……所以我們對於俄國及俄國人民將給與一切的援助。

那麼邱吉爾為什麼不採取行動以來支援這種強有力的宣言呢？假使每個人只要是對希特勒作戰就是同盟國的人，那麼他為什麼不盡可能用一切的辦法，來支援在德國境內反希特勒的「第五縱隊」呢？假使亞歷山大是居於邱吉爾的地位，那麼他一定會採取這種政策。最可能的解釋，似乎是他的眼睛已經為其好戰的宣傳煙火所迷瞎了，所以他也就犯了和希特勒同樣的錯誤，後者對於蘇俄的人民也是不分親史達林及反史達林的。

在德國，這種危險曾為戈培爾博士（Dr. Goedblels）所明白的看出，他不僅反對希特勒的愚蠢對俄政策；而且他在日記中曾經這樣寫道：

假使我是站在敵人那一邊，那麼我從第一天起就會採取對納粹主義作戰，而不對德國人民作戰的宣傳口號。張伯倫最初曾作如此的號召，但應感謝上帝，英國人卻並不曾真正走這種路線。……因為德國人民認為這次戰爭是打擊其國家民族的命脈，所以他們才決心團結戰鬥到底。

因為他們採取如此盲目的政策，所以羅斯福與邱吉爾才會宣布無條件投降的原則。希特勒之流當然不會投降而自取滅亡，反希特勒的勢力又不能獲得同盟國政府的承認，結果德國人民在無可奈何的情況中，就只好繼續擁護希特勒打到底了，這正好像俄國的人民是被迫擁護史達林一樣。這也就使戰爭無限的延長，增加了許多的傷亡數字，使許多德國城市變成了廢墟，並且在東歐與中歐造成了一個戰略真空，那也就只有一個權力——蘇俄——可以填塞了。

在這個「無條件投降」的原則廣播出來以後，史達林這位革命戰爭的老手，卻又宣布著說：「若對於希特勒的黨羽與德國人民不加以區別，那才是一種荒謬的想法。」可是當每一個外國被克服之後，他就立即建立一個傀儡政府，並利用紅軍的力量以來排除異己。所以到了戰爭結束時，史達林已經能夠在愛沙尼亞、拉脫維亞、立陶宛、芬蘭的一部分，波蘭、東德與中德、奧國的三分之一，南斯拉夫、匈牙利、羅馬尼亞和保加利亞等地區中建立其專制的暴政。而且在對於征服世界的工作完成了準備後，他又立即開始加強在各國中的內在戰線。

當我們把西方同盟國的戰爭政策，與菲利普及亞歷山大的政策作一個比較之後，我們就可以說二十世紀的民主政治家從這些古代史中應能學得最有價值的教訓。他們對歷史的無知是他們的報應，而他們的戰爭就是一個希臘的悲劇。

國家圖書館出版品預行編目資料

亞歷山大的將道／富勒將軍 (J. F. C. Fuller) 著；鈕先鍾譯 . -- 二版 . --
臺北市：麥田出版：家庭傳媒城邦分公司發行 , 2013.05
　面；　公分 . -- (軍事叢書 ; 101)
譯自 : The Generalship of Alexander the Great

ISBN 978-986-173-919-9(平裝)

1. 亞歷山大 (Alexander, the Great, 356-323 B.C.) 2. 傳記 3. 古希臘

740.2137　　102006758

軍事叢書 101

亞歷山大的將道 ***The Generalship of Alexander the Great***

作　　者／富勒將軍（J.F.C. Fuller）
譯　　者／鈕先鍾
責任編輯／莊文松

副總編輯／林秀梅
編輯總監／劉麗真
總 經 理／陳逸瑛
發 行 人／凃玉雲
出　　版／麥田出版
台北市104民生東路二段141號5樓
電話：(886)2-2500-7696　傳真：(886)2-2500-1966、2500-1967
發　　行／英屬蓋曼群島商家庭傳媒股份有限公司城邦分公司
台北市民生東路二段141號2樓
客服服務專線：(886)2-2500-7718、2500-7719
24小時傳真服務：(886)2-2500-1990、2500-1991
服務時間：週一至週五09:30-12:00；13:30-17:00
劃撥帳號：19863813　戶名：書虫股份有限公司
讀者服務信箱：service@readingclub.com.tw
麥田部落格／http://ryefield.pixnet.net/blog
香港發行所／城邦（香港）出版集團有限公司
香港灣仔駱克道193號東超商業中心1樓
電話：852-25086231　傳真：852-25789337
E-mail: hkcite@biznetvigator.com
馬新發行所／城邦（馬新）出版集團 Cite(M) Sdn. Bhd. (458372 U)
11, Jalan 30D/146, Desa Tasik, Sungai Besi,
57000 Kuala Lumpur, Malaysia
電話：603-90563833　傳真：603-90562833

設　　計／蔡南昇
印　　刷／宏玖國際有限公司

2000年10月 初版一刷
2013年 5 月 二版一刷
定價／360元
ISBN：978-986-173-919-9